Münch

Von Heidelberg nach Berlin

Schriftenreihe der
Stiftung Reichspräsident-
Friedrich-Ebert-
Gedenkstätte

Band 2

R. Oldenbourg Verlag München 1991

Ronald A. Münch

VON HEIDELBERG NACH BERLIN: FRIEDRICH EBERT 1871–1905

R. Oldenbourg Verlag München 1991

Für
Karin Münch und Karl Will

Schriftleitung: Walter Mühlhausen

Die Deutsche Bibliothek – CIP-Einheitsaufnahme

Münch, Ronald A.:
Von Heidelberg nach Berlin: Friedrich Ebert 1871–1905 /
Ronald A. Münch. – München : Oldenbourg, 1991
(Schriftenreihe der Stiftung Reichspräsident-Friedrich-Ebert-Gedenkstätte ; Bd. 2)
ISBN 3-486-55889-7
NE: Stiftung Reichspräsident-Friedrich-Ebert-Gedenkstätte: Schriftenreihe der Stiftung …

Umschlaggestaltung: Dieter Vollendorf
Satz und Druck: Rieder, Schrobenhausen.

ISBN 3-486-55889-7

Inhalt

Vorwort

Über Friedrich Eberts Familie, seine Kindheit und Jugend und über seine politische Sozialisation waren bisher nur wenige gesicherte Informationen verfügbar. Wohlmeinende, aber Fakten und Fiktionen vermengende Autoren haben in den zwanziger Jahren hiervon ein Bild entworfen, das an die sprichwörtliche amerikanische Erfolgsstory erinnert: Ein aus ärmlichen Verhältnissen stammender Schneiderssohn erringt ausschließlich durch seine eigenen Leistungen das höchste Staatsamt der Deutschen Republik. Solche Legendenbildung hat sich als äußerst zählebig erwiesen. Denn trotz mancher Skepsis gegenüber diesen älteren Biographien haben auch neuere wissenschaftliche Arbeiten – immer unter dem Gesichtspunkt, es handle sich ja dabei nur um die Vorgeschichte zu den eigentlich interessierenden Fragen nach dem Parteiführer, Volksbeauftragten und Reichspräsidenten – deren Ergebnisse im wesentlichen übernommen.

Die Studie von Ronald A. Münch, die hier als Band 2 der Schriftenreihe der Stiftung Reichspräsident-Friedrich-Ebert-Gedenkstätte vorgelegt wird, hat sich die Aufgabe gestellt, unter Auswertung des gesamten verfügbaren Quellenmaterials endlich ein zutreffendes, überprüfbares Bild von Herkunft, Ausbildung und politischer Sozialisation Friedrich Eberts zu entwerfen. Viele bisher unbekannte Details des familiären Hintergrunds, der Heidelberger Lebenswelt des jungen Ebert und über seinen Weg zur sozialistischen Arbeiterbewegung, bei dem der Vater offensichtlich eine viel wichtigere Rolle, als dies bisher angenommen wurde, gespielt hat, werden plastisch herausgearbeitet. Nicht eine eher proletarische Existenz, wie sich dies aus den älteren Arbeiten ableiten ließ, sondern wohlbehütete kleinbürgerliche Lebenswelt vermochte der Schneidermeister Karl Ebert seinen Kindern zu bieten. Materielle Not, wie sie für Proletarier damals alltägliche Erfahrung war, Arbeitslosigkeit, Hunger oder dauernden Wohnungswechsel – solche Erfahrungen blieben dem jungen Friedrich Ebert offensichtlich erspart, und trotz aller unverkennbaren Dürftigkeit der gesamten Lebensumstände blieb noch Raum für die Befriedigung von geistig-kulturellen Bedürfnissen, fand der junge Ebert Anregungen schon im Elternhaus, die ihn zur sozialistischen Arbeiterbewegung führten. Der zweite – nicht nur für die Biographie Eberts, sondern für die Geschichte der Arbeiterbewegung insgesamt – bedeutsame Beitrag von Ronald A. Münchs Arbeit besteht in der sorgfältigen, unter geschickter Ausnutzung auch indirekter Zeugnisse vorgenommenen Analyse der Bremer Jahre Friedrich Eberts. Auch hier leistet Münch „Aufräumarbeit"; manche bisher gesichert erscheinende Fakten werden durch akribische Quellenarbeit widerlegt – so etwa die bisher als sicher angenommene Autorschaft Eberts an der Untersuchung über die Arbeits- und Lebensumstände der Bremer Bäcker. Bedeutsamer aber noch ist ein anderes, gut belegtes Ergebnis von Münchs Studie: die Entstehung eines neuen Typus von Funktionär der sozialistischen Arbeiterbewegung in den 1890er Jahren. Der fließende Übergang vom Leben „für" die Partei zum Leben „von" der Partei (oder den Gewerkschaften) wird am Beispiel Friedrich Eberts ebenso deutlich wie die sich allmählich vollziehende Professionalisierung der Parteiarbeit. Dabei wird überzeugend herausgearbeitet, in wie starkem Maße das Engagement dieser neuen Funktionärsgeneration in allen kommunalpolitischen Angelegenheiten, die im damaligen politischen System Deutschlands viel stärker als heute die Lebenschancen der Menschen bestimmten, für die Herausbildung politischer Überzeugungen, Taktiken und Strategien bedeutsam war. Daß Friedrich Ebert als Bremer Parteifunktionär, Arbeitersekretär und Bürgerschaftsabgeordneter sich hierin von vielen anderen in der Arbeiterbewegung tätigen Männern nicht unterscheidet, wird bei Münch sichtbar; seine Studie läßt aber auch erkennen, wieso gerade Ebert – bei allen Zufälligkeiten, die für seine 1905 erfolgende Wahl in den Parteivorstand eine Rolle gespielt haben – dann doch so schnell zu dem kompetenten, von allen Flügeln unterschiedslos geschätzten Parteimanager aufsteigen konnte: Eine ungewöhnliche, auch die „kleinen Akten", das gänzlich Unspektakuläre nicht scheuende Arbeitskraft, eine wache Intelligenz, eine von nüchterner Trockenheit bis zur kunstvoll eingesetzten Ironie alle Register beherrschende Rhetorik paarten sich bei ihm mit zielstrebiger Hartnäckigkeit, die ihn – ob in innerparteilichen Auseinandersetzungen oder im Ringen um konkrete Verbesserungen für das Bremer Proletariat in der Bürgerschaft – trotz aller Schwierigkeiten und Rückschläge nie bei der Verfolgung seiner Ziele erlahmen ließen. Nicht Flucht in eine auf eine ferne Zukunft gerichtete Heilserwartung, mit der sich auch viele der führenden Sozialdemokraten zufrieden gaben, sondern das beharrliche Insistieren auf die (noch so kleine) Verbesserung im Hier und Heute war seine Maxime. Dies machte aus ihm, jedenfalls wenn man Max Webers Definition folgen will, den wirklichen Politiker, der über den Tellerrand der eigenen Partei hinauszuschauen imstande war.

Peter-Christian Witt

Ein Wort des Dankes

Der vorliegende Beitrag zur Biographie Friedrich Eberts ist eine verbesserte und erweiterte Fassung meiner Staatsexamensarbeit, die ich 1986 am Historischen Seminar der Universität Heidelberg einreichte. Mein besonderer Dank geht an:

Prof. Dr. Detlef Junker vom Historischen Seminar der Universität Heidelberg, bei dem ich mein handwerkliches Rüstzeug erwarb und der meine Examensarbeit betreute.

Dr. Walter Mühlhausen von der Stiftung Reichspräsident-Friedrich-Ebert-Gedenkstätte Heidelberg, der durch sein beharrliches Drängen den Abschluß des Manuskripts erreichte und die Drucklegung ermöglichte. Ihm habe ich wichtige Hinweise und zahlreiche Verbesserungsvorschläge zu verdanken.

Reinhold Zundel, Heidelberger Oberbürgermeister i.R., und Dr. Günter Heinemann, ehemaliger Leiter des Amtes für Öffentlichkeitsarbeit der Stadt Heidelberg, die mich zusammen mit ihren Mitarbeiterinnen und Mitarbeitern jederzeit unterstützten.

Dr. Rudolf Benl vom Stadtarchiv Heidelberg und die Mitarbeiterinnen und Mitarbeiter vom Staatsarchiv Bremen sowie in allen anderen Archiven und Bibliotheken, die mir bei meinen Recherchen halfen.

Philipp Schwahn, der das Manuskript kritisch durchleuchtete und mit mir erörterte. Karin Münch, Ingrid Thoennes, Dr. Karin Göbel und Dr. Manfred Berg, die Korrektur lasen und mich auf Verbesserungsmöglichkeiten aufmerksam machten.

Die Stiftung Reichspräsident-Friedrich-Ebert-Gedenkstätte Heidelberg für die Aufnahme der Studie in ihre Schriftenreihe.

Daß ich der Arbeit stets mit Humor und Gelassenheit begegnen konnte, dafür danke ich Dr. Susanne Himmelheber und Peter Pausch sowie meinen Freunden aus der Pfaffengasse 8: Susanne Röttele, Tilly Junglas, Eva und Sotiris Herzhauser.

I. Einleitung

Friedrich Ebert ist im Gedächtnis der Nachwelt verankert als der erste Reichspräsident der Weimarer Republik, als das erste demokratisch gewählte Staatsoberhaupt der deutschen Geschichte. Zweifellos liegt der für die politische Geschichte Deutschlands bedeutsame Teil seines Lebensweges im 20. Jahrhundert. Doch Horizont und Erfahrungswelt, die Eberts Politik beeinflußten, wurzeln im 19. Jahrhundert: „Wir Alten," so hebt er 1922 mitten in den Krisenjahren der Weimarer Republik hervor, „die aus der Zeit des Sozialistengesetzes den steilen Weg bis 1918 gegangen sind, werden nicht ungeduldig, wenn es nicht so schnell vorwärts geht, wie wir hofften."[1] 1871, im Jahr der Gründung des Deutschen Reiches, beginnt dieser Weg, über dessen ersten, im 19. Jahrhundert liegenden Teil noch heute nur wenige Fakten bekannt sind; wenige im Vergleich zu den Fakten über Herkunft und Entwicklung derjenigen, die das Reich gegründet und regiert hatten, das Ebert in der Novemberrevolution 1918 als Konkursverwalter übernahm. Familiärer Hintergrund, Kindheit und Jugend, Bildung und Wanderschaft sowie politische Anfänge Eberts – der Blick darauf bleibt undeutlich und verschwommen oder durch Stilisierung und Idealisierung verstellt. Die Gründe dafür liegen vor allem in den spärlich fließenden Quellen. Und dennoch läßt sich unter Heranziehen einiger unbekannter Quellen Farbe in das unvollständige Bild seiner frühen Entwicklung bringen. Die vorliegende Untersuchung macht es sich zur Aufgabe, das überlieferte Bild zu ergänzen und dort, wo es notwendig erscheint, zu korrigieren. Sie konzentriert sich auf die Zeit zwischen 1871 und 1905, dem Zeitpunkt seiner Wahl in den Parteivorstand der SPD. Eberts politische Laufbahn innerhalb der Arbeiterbewegung erfährt durch diese Wahl insofern eine Zäsur, als er nun von der lokalen auf die nationale Ebene überwechselt.

Es ist nicht zu bestreiten: Das politische Wirken Eberts verdient eine kritische Auseinandersetzung. Als führender Kommunalpolitiker und Arbeitersekretär in Bremen, als Mitglied des Parteivorstandes der SPD und seit 1913 als einer ihrer Vorsitzenden, als Reichskanzler, Volksbeauftragter und Reichspräsident darf er für sich in Anspruch nehmen, in der Geschichte der Arbeiterbewegung und in der politischen Geschichte Deutschlands eine herausragende Rolle gespielt zu haben. Um so erstaunlicher mutet daher die Tatsache an, daß die Erforschung des Lebens und der Politik Friedrich Eberts als unbefriedigend zu bezeichnen ist. Zwar gibt es zahlreiche biographische Werke, die sich dem Wirken Eberts

[1] Ebert, Schriften, Bd. 2, S. 277.

widmen, doch eine umfassende historisch-kritische Biographie, die auf breiter Quellengrundlage erarbeitet ist, bleibt bis jetzt ein Desiderat.[2]

Skizziert man die chronologische Entwicklung der biographischen Beschäftigung mit Ebert im deutschsprachigen Raum, so lassen sich grob vier Phasen unterscheiden. Die erste Phase setzte 1919 zu einem Zeitpunkt ein, als Ebert bereits seine herausragende politische Stellung eingenommen hatte. Es erschienen nun die ersten biographischen Skizzen, wobei diejenigen von Franz Diederich[3] und Paul Kampffmeyer[4] hervorzuheben sind. In der zweiten Phase, vom Tod Eberts bis zum Ende der zwanziger Jahre, wurden Arbeiten veröffentlicht, die vor allem die politischen Leistungen dieses Mannes würdigten. Zu nennen wäre hier das große Gedenkwerk „Friedrich Ebert und seine Zeit"[5], aber auch der Fritz-Ebert-Roman von Emil Felden[6]. Die Autoren dieser Veröffentlichungen wollten zwar keine kritischen Biographien schreiben, doch dürfen ihre Werke wissenschaftliches Interesse beanspruchen, da sie Eberts Politik aus der Sicht von Sozialdemokraten kommentieren, die, mit Ausnahme Emil Feldens, eng mit ihm zusammengearbeitet haben.

Nach dem Zweiten Weltkrieg, vor allem in den fünfziger Jahren, setzte erneut die Beschäftigung mit Ebert ein. Dabei stand die politisch-pädagogische Absicht im Vordergrund, Eberts politisches Wirken der neuen Demokratie als vorbildhaft vor Augen zu führen.[7] 1963 schließlich erschien Georg Kotowskis politische Biographie[8], die zum ersten Mal den Anspruch erhob, Eberts Leben und Politik wissenschaftlich zu untersuchen, und damit die vierte Phase einleitete. Kotowskis Arbeit genügt jedoch den Anforderungen nicht, die an eine historisch-kritische Biographie gestellt werden müssen. Die Quellen sind nur unzureichend ausgeschöpft worden. Die Untersuchung der Herkunft und Kindheit Eberts, seiner Wanderschaft und auch teilweise die der Bremer Jahre stützt sich völlig unkritisch auf die frühen biographischen Skizzen über Ebert, die als Hauptquellen herangezogen werden. Eine quellenkritische Erörterung fehlt. Darüber hinaus blieb die Biographie unvollendet, da bislang lediglich der erste Band erschienen ist, der Eberts Entwicklung bis 1917 beschreibt.

Der „biographische Versuch" von Peter-Christian Witt[9] und die „politische Biographie" von Werner Maser[10] sind die bislang letzten umfangreichen Darstellungen über Ebert. Witt verzichtete ausdrücklich darauf, die noch fehlende politische Biographie zu liefern. Dennoch ist sein „Versuch", wie er seine Arbeit charakterisiert wissen will, die einzige Biographie im deutschsprachigen Raum,

[2] Witt, Friedrich Ebert, in: Friedrich Ebert 1871–1925, 2. veränd. Aufl., S. 9. Siehe jetzt auch ders., Friedrich Ebert: Stadien der Forschung nach 1945, S. 11–33, hier S. 13.
[3] Diederich, Fritz Ebert (1919).
[4] Kampffmeyer, Fritz Ebert (1923).
[5] Friedrich Ebert und seine Zeit (o. J.).
[6] Felden, Eines Menschen Weg (1927).
[7] Zum Beispiel: Peters, Friedrich Ebert (1950).
[8] Kotowski, Friedrich Ebert (1963).
[9] Witt, Friedrich Ebert, in: Friedrich Ebert 1871–1925 (1980).
[10] Maser, Friedrich Ebert (1987).

die wissenschaftlichen Ansprüchen genügt. Eigenes Quellenstudium betrieb er allerdings lediglich für die Untersuchung der Jahre 1905 bis 1925. Für die Jahre davor stützt er sich bei seiner Darstellung auf die vorhandene Literatur. Die Veröffentlichung Werner Masers hingegen weist, was die Erschließung der Quellen und vorhandenen Literatur betrifft, nicht über die Studien von Witt hinaus. Zudem wird der wissenschaftliche Wert dieser Biographie dadurch begrenzt, daß den Angaben und Zitaten in der Regel keine Belege beigefügt sind. Hinsichtlich der Darstellung der Jugend- und Wanderzeit Eberts sowie seiner politischen Tätigkeit in Bremen stützt sich der Autor außerdem auf zweifelhafte Quellen, etwa auf Emil Feldens Roman „Eines Menschen Weg“.[11]

In den USA stellt sich die Situation der Ebert-Forschung anders dar. Dort entstanden seit den fünfziger Jahren vier, allerdings ungedruckte Dissertationen, die jeweils einen bestimmten Zeitabschnitt in Eberts Leben schwerpunktmäßig untersuchen. John W. Mishark konzentrierte sich in seiner Dissertation auf die Jahre von 1914 bis 1919[12], George W. Earley auf die Revolutionsphase 1918/1919[13] und Orville W. Rook auf die Zeit der Präsidentschaft Eberts.[14] Dieter K. Buse setzte sich als Untersuchungszeitraum die Jahre zwischen 1871 und 1919.[15] Er arbeitete auf verhältnismäßig breiter Quellengrundlage, doch über den Familienhintergrund Eberts und sein Wirken bis zu seiner Ankunft in Bremen vermag er nur wenig Neues beizusteuern. Erst für die Bremer Zeit zog Buse umfangreiches Quellenmaterial heran. Dennoch erwies es sich für die vorliegende Arbeit als notwendig, bei der Darstellung der Bremer Zeit erneut auf die Quellen zurückzugreifen. Wie noch zu zeigen sein wird, ist Buse in einigen nicht unwesentlichen Punkten zu korrigieren. Außerdem müssen die Grundzüge des politischen Denkens bei Ebert stärker hervorgehoben und in Zusammenhang mit seinen vorangegangenen Erfahrungen gebracht werden.

Neben einer über die Arbeit von Buse hinausführenden Darstellung der Bremer Zeit stellt sich für die Ebert-Forschung vor allem die Aufgabe, den Familienhintergrund, das soziale Milieu, in dem Ebert aufgewachsen ist, seine Kindheit, Jugend und die Zeit seiner Wanderschaft systematisch zu untersuchen. Das ist eine der Hauptaufgaben der vorliegenden biographischen Darstellung über Friedich Eberts Weg von Heidelberg nach Berlin.

Die Quellenlage für eine historisch-kritische Biographie Eberts und insbesondere für die Darstellung seiner frühen Entwicklung ist schwierig. Der Nachlaß

[11] Siehe dazu weiter unten S. 16. Obwohl Maser, Friedrich Ebert, S. 17, selbst den Quellenwert des Romans von Felden in Zweifel zieht, übernimmt er aus ihm zahlreiche Episoden: vgl. beispielsweise Felden, Eines Menschen Weg, S. 111ff. und S. 118f. mit Maser, Friedrich Ebert, S. 24 und S. 28.

[12] Mishark, Friedrich Ebert (1954).

[13] Earley, Friedrich Ebert (1970).

[14] Rook, Friedrich Ebert (1958). Diese Dissertation stützt sich zwar weitgehend auf Memoirenliteratur. Dennoch ist es erstaunlich, daß spätere Arbeiten von dieser Dissertation keine Kenntnis genommen haben.

[15] Buse, Friedrich Ebert (1972).

Eberts gilt heute als verschollen.[16] Eine Autobiographie steht der Forschung ebenfalls nicht zur Verfügung. Briefe sind nur vereinzelt überliefert[17], und seinen Reden lassen sich nur sporadisch Hinweise auf seine eigene Entwicklung entnehmen.

Dennoch kann man sich bei der Untersuchung der Bremer Jahre Eberts auf umfangreicher Quellengrundlage bewegen. Erhalten geblieben sind aus dieser Zeit vor allem die Politischen Akten der Polizeidirektion Bremen, die Berichte der „Bremer Bürger-Zeitung" sowie die Protokolle der Verhandlungen der Bremer Bürgerschaft. Diese Quellen, die zahlreiche Reden Eberts teilweise wörtlich wiedergeben, sind in Auszügen veröffentlicht worden.[18]

Als sehr viel problematischer erweist sich die Untersuchung der Herkunft Eberts und der sozialen Umgebung, in welcher der spätere Reichspräsident aufgewachsen ist. Hier steht man außerordentlich unterschiedlichem Quellenmaterial gegenüber: Adreß-, Heimat- und Kirchenbücher, Melderegister, Ortskataster, Polizeiberichte, Steuerkataster sowie Zeitungsberichte und -anzeigen müssen als Arbeitsgrundlage dienen. Diese Quellen wurden hier unter dem oben genannten Gesichtspunkt systematisch ausgewertet.

Aus der Zeit der Wanderschaft Eberts gibt es kaum schriftliche Überlieferungen. Die wenigen vorhandenen Quellen beschränken sich auf Eintragungen in Meldebüchern, die wegen ihres lapidaren Charakters von geringer Aussagekraft sind. Immerhin geben solche Vermerke aber zuverlässige Anhaltspunkte, wann sich Ebert wie lange in welchen Städten aufgehalten hat. Der Mangel an schriftlichem Material erklärt sich nicht allein aus kriegsbedingten Verlusten in den Archivbeständen der jeweiligen Städte, denn auch dort, wo solche Verluste nicht zu beklagen sind, wie in Braunschweig und Wuppertal, stehen keine anderen Quellen zur Verfügung. Das gibt bereits zu der Vermutung Anlaß, daß Ebert während seiner Wanderschaft innerhalb der gewerkschaftlichen oder sozialdemokratischen Arbeiterbewegung noch nicht an exponierter Stelle tätig war. Die Quellen beginnen mit der Übernahme von ersten verantwortungsvollen Aufgaben in der Arbeiterbewegung reichhaltiger zu fließen.

Da die Quellenlage für Eberts Jugend und für die Zeit seiner Wanderschaft dürftig ist, müssen dafür nach wie vor die ersten biographischen Arbeiten über

[16] Witt, Friedrich Ebert, in: Friedrich Ebert 1871–1925, S. 10f.; vgl. die Anmerkung des ehemaligen Rektors der Universität Heidelberg, Prof. Fritz Ernst, zu seiner Rede über Friedrich Ebert, in: Ruperto-Carola 31 (Juni 1962), S. 39. Siehe auch die Tagungsbilanz von Dieter Rebentisch, Verpaßte Chancen, S. 170.

[17] Briefe Eberts, die zu seinem Werdegang bis 1905 aussagekräftig sind, z. T. aber aus späterer Zeit stammen, befinden sich unter anderem im AdsD Bonn, bei der HiKo/Berlin und im Internationalen Institut für Sozialgeschichte/Amsterdam. Darüber hinaus hat die Stiftung Reichspräsident-Friedrich-Ebert-Gedenkstätte seit ihrer Gründung 1986 bisher unbekanntes Material in Privathand ermitteln können.

[18] Schulz, Die Bremer Anfänge, druckt die meisten Artikel aus der „Bremer Bürger-Zeitung" (nachfolg.: BBZ), die sich auf Ebert beziehen, und zahlreiche Polizeiberichte aus den Jahren 1891 bis 1899 ab. Schulz, Friedrich Ebert in Bremen, beschränkt sich auf den Abdruck einiger Reden Eberts vor der Bremer Bürgerschaft.

Ebert herangezogen werden. Franz Diederich[19], Hugo Efferoth[20], Johannes Fischart[21] und Paul Kampffmeyer[22] veröffentlichten ihre biographischen Skizzen zwischen 1919 und 1923, also gut dreißig Jahre nach dem Zeitraum, der hier von Interesse ist. Diese zeitliche Brechung hat mehrere Konsequenzen. Zum einen wurden die Erinnerungen der Zeitzeugen, auf die sich die Autoren zum Teil stützen mußten, unschärfer. Zum anderen standen alle Biographen unter dem Eindruck der hervorragenden politischen Stellung, die Ebert Ende 1918 eingenommen hatte. Dadurch erst wurde ja das Interesse an Ebert geweckt, wie schon der Umstand zeigt, daß die ersten drei biographischen Skizzen im Jahre 1919 erschienen, nachdem Ebert zum Reichspräsidenten gewählt worden war. Zugleich glaubte man nun, Eberts Aufstieg zu bedeutenden Partei- und Staatsämtern als Folge seines frühen politischen Wirkens ansehen zu können. Mit der Annahme, Ebert habe konsequent einen Weg eingeschlagen, der ihn zu seiner späteren herausragenden politischen Bedeutung führte, erlagen die Autoren auch der Versuchung, die politische Tätigkeit Eberts während seiner Wanderschaft überzubewerten. Sie förderten dadurch die Legendenbildung und leisteten einer späteren letztlich zweifelhaften Idealisierungsarbeit Vorschub.

Bei den biographischen Quellen bleibt ferner die unterschiedlich enge Bekanntschaft des jeweiligen Autors mit Ebert zu beachten. Der einzige Biograph, der Ebert bereits in Bremen kennengelernt und dort jahrelang mit ihm zusammengearbeitet hatte, war der 1865 in Hannover geborene Dr. Franz Diederich. Er übernahm, nachdem er zuvor als Redakteur in Leipzig und Dortmund tätig gewesen war, 1895 die Chefredaktion der „Bremer Bürger-Zeitung" und damit eine führende Funktion in der Bremer SPD. Auch nach seinem Umzug nach Dresden im Herbst 1902 blieben er und Ebert freundschaftlich miteinander verbunden.[23] Die archivalischen Belege, die bislang über Eberts Aufenthalt in einzelnen Städten gefunden wurden, bestätigen die Angaben Diederichs weitgehend. Seine Aussagen können daher einen hohen Grad von Glaubwürdigkeit beanspruchen. Auch den Parteiarchivar Paul Kampffmeyer kannte Ebert persönlich.[24] Vermutlich haben sie sich zum ersten Mal im Frankfurter Arbeitersekretariat getroffen, das Ebert während einer Studienreise im Jahre 1900, nachdem er in Bremen zum Arbeitersekretär bestimmt worden war, besuchte, und in dem Kampffmeyer zu dieser Zeit tätig war. Im Gegensatz zu Diederich hatte Kampffmeyer jedoch nicht längere Zeit mit Ebert zusammengearbeitet. In sei-

[19] Diederich, Fritz Ebert, Berlin 1919.

[20] Efferoth, Vom Sattlergehilfen, Leipzig 1919.

[21] Fischart, Friedrich Ebert, in: ders., Das alte und das neue System, S. 16ff., Berlin 1919.

[22] Kampffmeyer, Fritz Ebert, Berlin 1923.

[23] Zu Diederich vgl. Moring, Die Sozialdemokratische Partei, S. 44f. und S. 69. Einige Briefe von Ebert an Diederich aus den Jahren 1905 bis 1913 befinden sich im AdsD, Best. Fotokopien von Originalbriefen und Dokumenten, auch ein persönliches Beileidsschreiben (3. 3. 1921) an Frau Diederich zum Tode ihres Mannes.

[24] Das geht aus einem Brief Eberts an Paul Kampffmeyer vom 23. 12. 1923 hervor, in dem er sich für die Übersendung von Kampffmeyers Schrift über seine, Eberts, Lebensarbeit bedankt, IISG Amsterdam: Best. Kleine Korrespondenz Ebert. Vgl. Buse, Friedrich Ebert, S. 51, Anm. 1; zu Kampffmeyer vgl. die Kurzbiographie in: Beier, Arbeiterbewegung in Hessen, S. 459.

nem Bericht über Eberts Wanderschaft muß er sich daher teilweise ganz auf Diederich stützen.[25] Bei den anderen Ebert-Biographen kann eine engere persönliche Bekanntschaft mit Ebert während seiner Zeit der Wanderschaft und Tätigkeit in Bremen nicht nachgewiesen werden.

Abschließend sei noch auf Feldens „Fritz-Ebert-Roman"[26] eingegangen, der immer wieder als Quelle zitiert wird. Der 1874 in Montigny-lez-Metz im damals vom Deutschen Reich annektierten Lothringen geborene Emil Felden wurde erst im Oktober 1907 als Pastor an St. Martini nach Bremen berufen, zwei Jahre nach der Übersiedlung Eberts nach Berlin.[27] Eine persönliche Bekanntschaft mit Ebert ist nicht belegt.[28] Er mußte sich daher das Material über seinen Protagonisten erst zusammentragen.[29] Felden, der, wie er selbst hervorhebt, gewohnt war, „nur mit der Phantasie zu arbeiten"[30], bezeichnet seine Biographie ausdrücklich als „Roman". Die fiktiven Elemente treten bei der Schilderung vor allem der Kindheit und Jugend Eberts in den Vordergrund. Ein realer Kern läßt sich jedenfalls nicht mehr zweifelsfrei herausschälen.[31] Prinzipiell trifft das auch für die Darstellung der Bremer Zeit zu, in die zwar originäres Quellenmaterial eingeflossen ist, das aber durch neuere Quellenpublikationen leicht zugänglich gemacht wurde.[32] Dieser Roman eignet sich daher nicht als Quelle für eine wissenschaftliche Biographie Friedrich Eberts.

[25] Kampffmeyer, Fritz Ebert, S. 24.
[26] Felden, Eines Menschen Weg.
[27] Huntemann, Emil Felden; zu Felden siehe auch Donat, Emil Felden, S. 109–114.
[28] Vgl. Schulz, Die Bremer Anfänge, S. 7, und Buse, Friedrich Ebert, S. 51, Anm. 1.
[29] Felden an H. Müller, 29. 7. 1926, HiKo : Gewerkschaftliche Restakten, NB 110/33.
[30] Ebd.
[31] Dies wurde bereits kurz nach der Veröffentlichung des Werkes kritisiert. So beispielsweise in einem Artikel von Dr. Wolfard in den „Bremer Nachrichten", 21. 1. 1927.
[32] Siehe Anm. 18.

II. Friedrich Eberts Jugendjahre in Heidelberg (1871–1888). Herkunft und soziales Umfeld

1. Das Elternhaus

Friedrich Eberts Eltern stammten beide aus dem Gebiet um Mosbach und Eberbach im südöstlichen Odenwald. Ihre Vorfahren waren Bauern, Handwerker, Waldhüter und Tagelöhner. Der Vater, Schneidermeister Karl Ebert, unehelicher Sohn der Landwirts- und Schneiderstochter Anna Maria Ebert, wurde am 7. November 1834 in Krumbach, Kreis Mosbach, geboren, katholisch getauft und war Bürger in Krumbach. Anna Maria Ebert heiratete 1837 Georg Strötz. Friedrichs Eberts Mutter, Katharina Hinkel, Tochter des Tagelöhners Johann Peter Hinkel, wurde am 6. August 1834 in Neckargerach geboren und war evangelisch.[1]

Der südöstliche Odenwald war im neunzehnten Jahrhundert wegen zunehmender Überbevölkerung und schwacher Wirtschaftsstruktur eines der größten Notstandsgebiete Badens. Die Lage verschärfte sich drastisch während der großen europäischen Agrarkrise, die durch Mißernten in den Jahren 1845 und 1846 ausgelöst wurde und die von kleinbäuerlichen Betrieben geprägte Lebenswelt des Odenwaldes besonders hart traf.[2] Die in ihrer Existenz bedrohten Landwirte suchten in anderen Bereichen Arbeit und vergrößerten dadurch das Heer der Tagelöhner. Die handwerklichen Kleinbetriebe der Region konnten nicht für Entlastung auf dem Arbeitsmarkt sorgen, denn sie hatten unter wirtschaftlicher Stagnation zu leiden. Die geringen Verdienstmöglichkeiten und die allgemeine, durch die Krise hervorgerufene Verarmung wurden zur Hauptursache einer Landwirtschaft und Handwerk erfassenden Auswanderungswelle vorwiegend nach Übersee. Von seiten des Staates wurde die Auswanderung sogar als Mittel der Krisenbekämpfung und als Ventil für den Bevölkerungsüberschuß unterstützt.[3] Ganze Siedlungen im Odenwald verödeten auf diese Weise. Die wirtschaftlichen Schwierigkeiten führten darüber hinaus in den folgenden Jahrzehnten zu einer verstärkten Abwanderung in angrenzende Industriegebiete. Ein Ziel derjenigen, die ihre Heimat im südöstlichen Odenwald verließen, war der Großraum Mannheim-Heidelberg.[4]

[1] Huschke, Herkunft, S. 365; vgl. auch: Ahnentafeln, hrsg. von Wecken, S. 276f.
[2] Kühne, Der südöstliche Odenwald, S. 45ff. und S. 126ff.
[3] Ott, Die wirtschaftliche und soziale Entwicklung, S. 108ff.
[4] Vgl. Schott, Zur Ortsgebürtigkeit, zwischen S. 180f. Schott weist dort auf einer Karte zur Ortsgebür-

Auch die Eltern Friedrich Eberts verließen ihre Heimat. Nacheinander zogen Karl Ebert und Katharina Hinkel Anfang der sechziger Jahre nach Heidelberg. Karl Ebert war vor seiner späteren Lebensgefährtin in die Universitätsstadt gekommen. Er versuchte wohl erst in der Stadt als Schneider beruflich Fuß zu fassen, bevor er Katharina Hinkel nachholte und heiratete. Kennengelernt hatten sie sich schon im Odenwald. Bereits vor der Eheschließung hatten sie zwei gemeinsame Kinder, die in Neckargerach zur Welt kamen und dort entsprechend der Konfession Katharinas evangelisch getauft wurden: Elisabeth Emilie Hinkel (geb. 11. September 1861, gest. am 14. April 1862) und Elisabeth Karoline Hinkel (geb. am 4. März 1863, gest. am 5. Januar 1926). Für die erste gemeinsame Tochter Elisabeth Emilie liegt eine Vaterschaftsanerkennung durch Karl Ebert vom 18. September 1861 vor, der in diesem Dokument als Schneider aus Heidelberg bezeichnet wird.[5]

Die erste Erwähnung von Karl Ebert in Heidelberger Quellen findet sich im Mitgliederverzeichnis des örtlichen Arbeiterbildungsvereins[6], der sich am 2. Mai 1863 konstituiert hatte und zu dessen ersten Mitgliedern Ebert zählte. Im April 1864 schied Karl Ebert aus, möglicherweise wegen seiner bevorstehenden Heirat mit Katharina Hinkel[7], die er am 19. Juni 1864 ehelichte, wahrscheinlich aber auch deshalb, weil ihn seine Arbeit mehr in Anspruch nahm, nachdem er sich als Schneider selbständig gemacht hatte. Denn in dem Heidelberger Adreßbuch von 1865/66, in dem Karl Ebert zum ersten Mal registriert wurde, weist ihn das Branchenverzeichnis bereits als selbständigen Schneider aus. Er wohnte damals in der Unteren Straße 34.

Nach dem für 1876 im Steuerkataster angegebenen Gewerbesteuerkapital von 2100 Gulden (= 3590 Mark)[8] zu urteilen, gehörte Eberts Schneiderwerkstatt durchaus zu den gutgehenden Betrieben, lag doch das durchschnittliche Gewerbesteuerkapital der selbständigen Heidelberger Schneider bei 1322 Gulden

tigkeit der Mannheimer Bevölkerung (1900) nach, daß ein großer Teil der im späten 19. Jh. nach Mannheim eingewanderten Bevölkerung aus dem Amtsbereich Mosbach stammte. In dieser Hinsicht ist Heidelberg sicherlich mit Mannheim zu vergleichen, wenn auch eine ähnliche Statistik für Heidelberg nicht vorliegt.

[5] Siehe dazu Ebert-Gedenkstätte, Sammlung Friedrich Ebert, Vorfahren, und die in Vorbereitung befindliche Dokumentation von Briefen Friedrich Eberts an die Geschwister, hrsg. von Walter Mühlhausen. Als weitere unehelich geborene Tochter Katharinas wird in den Taufbüchern von Neckargerach Katharina Friederika Hinkel (geb. am 25. Januar 1859, gest. am 22. Juli 1859) angeführt. Ihr Vater war jedoch nicht Karl Ebert. Für Elisabeth Karoline, die im Kreis ihrer Geschwister Elise genannt wurde, liegt keine Vaterschaftsanerkennung vor, doch darf sie als gemeinsames Kind von Karl Ebert und Katharina Hinkel gelten. Eine Vaterschaftsanerkennung war offensichtlich angesichts des bevorstehenden Umzugs und der bevorstehenden Heirat nicht mehr notwendig. Vgl. die Edition von Mühlhausen.

[6] Der Nachweis der Mitgliedschaft Karl Eberts im Heidelberger Arbeiterbildungsverein bei Schadt, Der erste Reichspräsident, S. 22. Karl Eberts Mitgliedschaft ist verzeichnet in: UB HD, Hs. 2137, Bl. 2.

[7] So Schadt, Der erste Reichspräsident, S. 22.

[8] Steuerkataster 1876, StadtA HD: Amtsbücher 77g. Nach § 2 der „Verordnung. Die Einführung der Reichsmarkrechnung betreffend" vom 19. 7. 1874 betrug der Wert von 1 Gulden = 1,71 Mark, in: Gesetzes- und Verordnungs-Blatt für das Großherzogthum Baden, 1874, Nr. XXXIII.

(= 2261 Mark) im Jahr. Nach der badischen Gewerbesteuerordnung handelte es sich beim Gewerbesteuerkapital um die Summe des Betriebskapitals (Maschinen, Werkzeuge, Vorräte aller Art, Forderungen etc.) und des persönlichen Verdienstes aus der gewerblichen Tätigkeit.[9] Der persönliche Jahresverdienst Eberts läßt sich aus dem oben genannten Wert nicht mehr genau ermitteln. Er muß aber wesentlich über dem von Tagelöhnern gelegen haben, deren Steuerkapital nur selten über 500 Gulden im Jahr lag.[10] Vergleicht man aber im Steuerkataster die Angaben zu Karl Ebert mit dem durchschnittlichen Gewerbesteuerkapital der Meisterbetriebe in anderen traditionellen Handwerksberufen, wie beispielsweise mit dem der Schuhmacher (2462 fl.), der Sattler (3262 fl.), der Schreiner (3969 fl.) und der Bäcker (7306 fl.)[11], dann kann man nur von einem relativ bescheidenen Wohlstand der Familie sprechen. Zwar konnte Karl Ebert in den nächsten Jahren den betrieblichen Umsatz steigern. Im Steuerkataster von 1885 wird das Steuerkapital mit 7000 Mark angegeben.[12] Wegen der guten Auftragslage konnte er außerdem mehrere Lehrlinge und Gehilfen in seiner Werkstatt beschäftigen. Das Kataster weist auf drei männliche Gehilfen über siebzehn Jahre und auf einen unter siebzehn Jahre hin.[13] Das zu versteuernde Jahreseinkommen Eberts aus dem Geschäftsbetrieb, nun als selbständige Größe erfaßt, betrug 2100 Mark und lag damit deutlich über dem durchschnittlichen Arbeitseinkommen von 1259 Mark der selbständigen Heidelberger Schneider. 80% der Einwohner Badens verdienten zu dieser Zeit weniger als 2000 Mark im Jahr.[14] Und dennoch zählten Karl Eberts Einkünfte nach einer vergleichenden zeitgenössischen Übersicht der Einkommensteuerveranlagungen im Großherzogtum noch zu den kleinen Einkommen. Erst ab 3000 Mark wurde der Arbeitsverdienst in die Gruppe der mittleren Einkommen eingeordnet, ab 20000 Mark in die der größeren Einkommen.[15] Gegenüber Einnahmen von zum Teil weit über 3000 Mark, wie bei einigen Heidelberger Schneidern, vor allem aber bei Schreinern und Bäckern üblich, fiel der materielle Zugewinn für die Familie Ebert bescheiden aus. Zudem erhöhten sich die Lebenshaltungskosten durch die Kinder, die aus der Ehe hervorgingen.[16] Die beengte Wohnsituation der Fami-

[9] Zur badischen Gewerbesteuerordnung siehe das „Gesetz, die Besteuerung der Gewerbe betreffend" vom 23. 3. 1854, in: Großherzoglich Badisches Regierungsblatt, 1854, Nr. XIV, und das „Gesetz. Die Erwerbsteuer betreffend" vom 25. 8. 1876, in: Gesetzes- und Verordnungs-Blatt für das Großherzogthum Baden, 1876, Nr. XXXVII, sowie Lewald, Die direkten Steuern.

[10] Steuerkataster 1876, StadtA HD: Amtsbücher 77 g.

[11] Die hier angegebenen Durchschnittswerte beruhen auf den im Steuerkataster von 1876 veranschlagten Einkommen und Vermögen, die aus dem Gewerbe und aus dem Grund- sowie Häuserbesitz flossen. Der entsprechende Durchschnittswert bei den Schneidern lag bei 1702 fl.

[12] Steuerkataster 1885, StadtA HD: Amtsbücher 77 g.

[13] Ebd.

[14] Lewald, Die direkten Steuern, S. 357f.

[15] Voigtel, Die direkten Staats- und Gemeindesteuern, S. 39f.

[16] Von den sieben ehelich geborenen Kindern überlebten jedoch nur fünf das Kindesalter: 1. *Bernhard* Ebert, geb. am 4. August 1864, gest. am 30. Januar 1865; 2. *Wilhelm* Karl Ebert, geb. am 12. Dezember 1865, gest. am 7. Dezember 1911; 3. Karl *Oskar* Ebert, geb. am 10. August 1867, gest. am 29. September 1906; 4. *Karl* Wilhelm Ebert, geb. am 14. Juni 1869, gest. am 29. Mai 1872; 5. *Friedrich* Ebert, geb. am 4. Februar 1871, gest. am 28. Februar 1925; 6. *Albin* Joseph Ebert, geb. am 18. Dezember 1872, gest. am 20. Februar 1930; 7. Margarethe *Mathilde* Ebert, geb. am 17. April 1876, gest. 1909.

lie Ebert unterstreicht den kargen kleinbürgerlichen Zuschnitt ihrer materiellen Existenzgrundlage. Spätestens im Jahre 1866 bezog die Familie in der Unteren Straße 27 das zur Pfaffengasse hin gelegene Seitengebäude.[17] Wie aus einem zeitgenössischen Einquartierungsverzeichnis vom Anfang der siebziger Jahre zu entnehmen ist, wohnte sie dort im ersten Stock.[18] Die Wohnung war über eine Holztreppe zu erreichen, die vom Hof in den ersten Stock führte.[19] Nach der amtlichen Aufnahme durch die Einquartierungskommission bestand die Wohnung aus einem Zimmer, einem Alkoven und einer Küche.[20] Die Wohnfläche betrug insgesamt 46,5 m². Die Größe der Familie wurde zu diesem Zeitpunkt mit sechs Personen angegeben. Nach der Geburt der jüngsten Tochter 1876 dürften es sogar acht Personen gewesen sein: die Eltern und sechs Kinder, nämlich die vor der Ehe geborene Elisabeth Karoline sowie Wilhelm, Oskar, Friedrich, Albin und Mathilde.

Mit Sicherheit befand sich auch die Ebertsche Schneiderwerkstatt in der Wohnung, denn der Branchenteil des Adreßbuchs weist die Werkstatt Eberts in der Unteren Straße 27, Eingang Pfaffengasse, auf. Die Einheit von Wohn- und Produktionsstätte war für die Berufsgruppe der Schneider durchaus typisch. Berücksichtigt man noch die Gesellen, die Ebert beschäftigte, und die sich zumindest tagsüber in der Wohnung aufgehalten haben dürften, so verdeutlicht das die äußerst beengten Wohnverhältnisse. Allerdings war diese Enge für die Wohnsituation in der Pfaffengasse typisch, und für viele Bewohner blieb sie es bis heute.

Gegen die häufig zu findende Feststellung, der bescheidene Wohlstand der Familie sei auf einen Mangel an Geschäftssinn bei Karl Ebert zurückzuführen[21], spricht nicht nur das ohnehin hohe Einkommen Karl Eberts, sondern auch der Umstand, daß die Betriebseinkünfte nicht ohne weiteres gesteigert werden konnten, weil das Schneiderhandwerk unter einen zunehmenden Konkurrenzdruck geriet; denn die Zahl der in Heidelberg ansässigen Schneidermeister stieg von 165 Kleidermachern und Kleidermacherinnen im Jahr 1878 auf 225 im Jahr 1886 an, was einer Zunahme von 36,4 % entspricht.[22] Die in Heimarbeit tätigen Näherinnen sind dabei noch gar nicht berücksichtigt. In dem Zeitraum von 1875 bis 1885 stieg die Zahl der Einwohner Heidelbergs dagegen lediglich um 20,5 %, von 22334 auf 26928.[23] Die Schneider zählten daher bereits zum überbesetzten Handwerk. Sie hatten außerdem unter der zunehmenden Indu-

Katholisches Kirchenbuchamt Heidelberg: Taufbücher der Pfarrei Heiliggeist. Vgl. auch Ebert-Gedenkstätte, Sammlung Friedrich Ebert, Vorfahren, sowie die in Anm. 5 genannte Dokumentation von Mühlhausen. Eberts Taufbucheintrag als Dokument auf S. 37.

17 Adreßbuch Heidelberg für 1867/1868, StadtA HD. 1887 war die Familie in der Unteren Straße 16 gemeldet. Von 1889 schließlich bis zum Tod Karl Eberts 1892 wohnte sie in der (Mittel-)Badgasse 14.

18 Ortskataster IV.ter Bezirk, S. 175, StadtA HD: Amtsbücher 63d.

19 Stellungnahme des Großherzoglichen Bezirksamts vom 28. 2. 1895, in: Stadtplanungs- und Vermessungsamt der Stadt Heidelberg, Bauaktenheft für das Anwesen Untere Str. 27, Jahr 1895.

20 Ortskataster IV.ter Bezirk, S. 175, StadtA HD: Amtbücher 63d.

21 Kotowski, Friedrich Ebert, S. 34.

22 Die Zahlen sind aus dem Branchenbuch der jeweiligen Adreßbücher entnommen.

23 Die Angaben sind dem Adreßbuch von 1887 entnommen.

strialisierung zu leiden, die zu einer Ausweitung des billigen Angebots an fabrikmäßig hergestellten Kleidern und zum Aufkommen eigener Kleiderverkaufsläden führte.[24]

Festzuhalten bleibt, daß es Karl Ebert gelang, sich in einem traditionellen Handwerksberuf zu etablieren, was sich an der Beschäftigung von Gehilfen in seinem Betrieb zeigt. Die materielle Grundlage bewahrte die Familie daher nicht nur vor Hunger und akuter Not, sondern ermöglichte auch einen bescheidenen Wohlstand, worauf die Höhe des Einkommens hinweist. Von einer „Sorge um die nackte Existenz", wie dies Kampffmeyer behauptet[25], kann daher keine Rede sein. Es sei an dieser Stelle noch darauf hingewiesen, daß die kleinbürgerliche Herkunft führender Sozialdemokraten, vor allem in Süddeutschland, für die Generation Friedrich Eberts typisch war.[26]

2. Karl Ebert und die Arbeiterbewegung

Die Annahme, Friedrich Eberts Vater sei an sich unpolitisch gewesen[27], muß bei einer differenzierten Betrachtung weichen, denn die Mitgliedschaft Karl Eberts im Arbeiterbildungsverein zeigt ja sein Interesse und seine Beteiligung an der aufkommenden Arbeiterbewegung. Und die Tatsache, daß er im November 1863 sogar in den zehnköpfigen Vorstand gewählt wurde, weist auf sein großes Engagement im Arbeiterverein hin. Darüber hinaus war Karl Ebert auch gewerkschaftlich aktiv.[28] In einer Anzeige des deutschen Schneiderverbandes, Filiale Heidelberg, aus dem Jahre 1889 wird er als Bevollmächtigter dieses Verbandes bezeichnet.[29] Besonderen Einfluß auf seine parteipolitische Ausrichtung dürfte schließlich die enge persönliche Beziehung zu seinem Stiefbruder Wilhelm Strötz, von Beruf ebenfalls Schneider, gehabt haben. Das ausgesprochen gute Verhältnis der Stiefbrüder kommt darin zum Ausdruck, daß Strötz bei fünf der sieben ehelich geborenen Kinder Karl Eberts (außer bei dem früh verstorbenen Bernhard und bei Albin) als alleiniger Taufpate in den Taufbüchern des katholischen Pfarramts Heiliggeist genannt wird.[30] Strötz hatte sich bis mindestens Juni 1869 in Heidelberg aufgehalten[31] und war im November 1865 eben-

[24] Schmoller, Zur Geschichte, S. 228ff., bes. S. 232ff.

[25] Kampffmeyer, Fritz Ebert, S. 9.

[26] Vgl. zum Beispiel die biographischen Skizzen badischer Sozialdemokraten in: Wie wir den Weg zum Sozialismus fanden.

[27] Die Friedrich-Ebert-Gedenkstätte, S. 14. Die Ebert-Biographen erwähnen Karl Eberts Engagement in der Arbeiterbewegung nicht. Maser, Friedrich Ebert, S. 22f, weist auf Karl Eberts Mitgliedschaft im Arbeiterbildungsverein hin.

[28] Der Nachweis der Mitgliedschaft Karl Eberts im Fachverein gelang Schadt, Der erste Reichspräsident, S. 26.

[29] Heidelberger Anzeiger, Nr. 254, 30. 10. 1889, S. 1.

[30] Schadt, Der erste Reichspräsident, S. 22.

[31] Im Taufbuch des katholischen Pfarramts Heiliggeist im katholischen Kirchenbuchamt Heidelberg wird Strötz im Eintrag vom 14. 6. 1869 bei der Taufe von Karl Ebert zum letzten Mal als in Heidelberg ansässiger Schneider bezeichnet.

falls Mitglied des Heidelberger Arbeiterbildungsvereins gewesen.[32] Nach seinem Umzug nach Mannheim entwickelte er sich bald zu einem engagierten und profilierten Sozialdemokraten und Gewerkschafter.[33] Schon im April 1872 trat er als Bevollmächtigter streikender Schneider in Mannheim auf.[34]

Der nach Mannheimer Vorbild am 2. Mai 1863 in Heidelberg gegründete Arbeiterbildungsverein stieß bei den Heidelberger Handwerkern und Gesellen auf großes Interesse. Er zählte im ersten Jahr seines Bestehens 286 Mitglieder[35], eine Zahl, die viele großstädtische Arbeiterbildungsvereine in den sechziger Jahren nicht erreichten. So lag zum Beispiel in München mit 110000 Einwohnern (1850) die Zahl der eingeschriebenen Mitglieder bei 200. In Elberfeld-Barmen, heute Wuppertal, dem späteren Reichstagswahlkreis Friedrich Eberts, gab es bei einer Einwohnerzahl von 84000 (1850) in den 60er Jahren überhaupt keinen solchen Verein.[36] Wie in anderen Städten war auch der Arbeiterbildungsverein in Heidelberg eine Gründung liberaler Politiker, Lehrer und Universitätsprofessoren.[37] Vor allem die Gruppe der Universitätslehrer und Privatdozenten besaß hier maßgeblichen Einfluß auf den Verein. So bestand der zehnköpfige Vorstand allein aus vier Universitätslehrern. Daneben wurden noch ein Buchdrucker und fünf weitere Handwerker – alle Schneider oder Schuhmacher, unter ihnen Karl Ebert als Schriftführer – in den Vorstand gewählt.[38]

Das Ziel des Heidelberger Arbeiterbildungsvereins war es, die Arbeiter in Elementarfächern auszubilden, Gesang zu pflegen und „belehrende und anständige Unterhaltung“ zu bieten.[39] Eine Vereinskasse wurde eingerichtet, die den Mitgliedern später als Krankenkasse dienen sollte.[40] Als Unterrichtsthemen bestimmte man deutsche Sprache, Buchführung, Rechnen und Schreiben[41], wodurch man die Bildungssituation des Handwerkers mit unzureichender Volksschulbildung verbessern wollte. Ferner wurden Diskussionsabende eingerichtet und Vorträge gehalten, die sich unter anderem mit historischen Themen und Versicherungsfragen beschäftigten.[42]

Die Arbeit für konkrete, praktische Ziele stand im Vordergrund. Weder die in den Vorträgen behandelten Themen noch das Programm des Arbeiterbildungsvereins erstrebten eine klassenspezifische Emanzipation der eingeschriebenen Arbeiter, Gesellen und Handwerker; außerdem blieben, so bestimmte es die

[32] UB HD, Hs. 2137, Bl. 34.
[33] Schadt, Die Sozialdemokratische Partei, S. 114, Anm. 181.
[34] „Neuer Social-Demokrat“, 14. 4. 1872.
[35] UB HD, Hs. 2137, Bl. 15.
[36] Birker, Die deutschen Arbeiterbildungsvereine, S. 137.
[37] Um die Gründung des ABV hatte sich beispielsweise Dr. Eduard Pickford bemüht, der in UB HD, Hs. 2137, Bl. 1, als erstes Mitglied im ABV eingetragen wurde. Pickford war seit 1865 im Ausschuß des deutschen Nationalvereins und Parteiführer der badischen Fortschrittspartei, vgl. Cantor, Eduard Pickford, in: Badische Biographieen, 2. Teil, S. 136ff.
[38] UB HD, Hs. 2137, Bl. 312.
[39] Satzungen des Heidelberger-Arbeiter-Bildungsvereins, § 1, in StadtA HD: D 43c.
[40] Ebd.
[41] UB HD, Hs. 2139, S. 4.
[42] UB HD, Hs. 2137, S. 316.

Satzung des Heidelberger Vereins, „kirchliche und alle auf Staatsform und Staatsverfassung bezüglichen Erörterungen ausgeschlossen".[43] Nicht eine Veränderung der bestehenden sozialen Verhältnisse wurde von den liberalen Gründungsmitgliedern ins Auge gefaßt, sondern die Integration der Gesellen und Handwerker in die bürgerliche Gesellschaft und der Versuch, diese für liberale und nationale Ideen zu gewinnen.[44]

Im allgemeinen trugen die Arbeiterbildungsvereine trotz ihrer gemäßigten liberalen Haltung in einem erheblichen Maße zur Förderung einer kritischen Haltung ihrer Mitglieder bei.[45] Ihre politische Bedeutung lag darin, daß die Organisationsfähigkeit der Mitglieder gesteigert und die Notwendigkeit von Solidarität verdeutlicht wurden.[46] In Heidelberg kommt dies darin zum Ausdruck, daß Mitglieder des Arbeiterbildungsvereins später auch in der sozialdemokratischen Partei tätig wurden, wie zum Beispiel Wilhelm Strötz, oder sich in der gewerkschaftlichen Bewegung engagierten, wie Karl Ebert.

In der Universitätsstadt am Neckar hatte es vor dem von Bismarck im Reichstag eingebrachten und am 18. Oktober 1878 verabschiedeten Sozialistengesetz, mit dem die Organisationen der Sozialdemokratischen Partei und der sozialistischen Gewerkschaften zerschlagen werden sollten, bereits Gewerkschaftsorganisationen gegeben, unter anderem einen Zweigverein des „Allgemeinen Deutschen Schneidervereins".[47] Nachdem die Gewerkschaftsbewegung dem Bismarckschen Kampfgesetz zum Opfer gefallen war, setzte sie in den achtziger Jahren mit der Bildung von Fachvereinen neu ein. Sie wurden von den Behörden aufmerksam überwacht. Tarnungsmaßnahmen wie Neugliederung, Statutenänderung oder auch Auflösung bei gleichzeitiger Neugründung waren daher erforderlich.[48] Auch in Heidelberg standen die Fachvereine unter der argwöhnischen Beobachtung des Bezirksamtes, weil sie zu den Vereinen gerechnet wurden, „welche den gemeingefährlichen Bestrebungen der Sozialdemokratie huldigen".[49]

Der Fachverein der Schneider hatte sich im Juli 1889 in Heidelberg gebildet und bestand ein Jahr später aus achtunddreißig Mitgliedern.[50] Karl Ebert gehörte dem Vorstand an und zählte somit, wie schon im Arbeiterbildungsverein, zu den aktivsten Mitgliedern. Über ihre Arbeit gibt es kaum Hinweise. Einer Notiz im „Heidelberger Anzeiger" läßt sich lediglich entnehmen, daß man einen Zuschneidekurs eingerichtet hatte.[51] Wenn auch die konkreten Ziele bescheiden

[43] Satzungen des Heidelberger Arbeiter-Bildungs-Vereins, § 1, StadtA HD: D 43c.
[44] Birker, Die badischen Arbeiterbildungsvereine S. 11.
[45] Birker, Die deutschen Arbeiterbildungsvereine, S. 185.
[46] Ebd., S. 92.
[47] Protokoll der Gendarmerie Heidelberg über die Vorladung des Bevollmächtigten der Gewerkschaftsgenossenschaften vom 4. 11. 1878, GLA Karlsruhe: 356/4387. Jetzt abgedruckt in: Damit nichts bleibt wie es ist, S. 18ff. Zur gewerkschaftlichen Organisation der Schneider vor und während des Sozialistengesetzes im Reich siehe allgemein Albrecht, Fachverein, S. 493–497.
[48] Ritter, Der Durchbruch, in: ders., Arbeiterbewegung, S. 68.
[49] Bericht des Polizeicommissärs Ege vom 8. April 1890, GLA Karlsruhe: 356/4388. Abgedruckt in: Damit nichts bleibt wie es ist, S. 20f.; hier S. 24.
[50] Ebd.
[51] „Heidelberger Anzeiger", Nr. 254, 30. 10. 1889, S. 1.

Aus dem Bericht des Polizeicommissärs Ege vom 8. April 1890, in dem Karl Ebert als Vorstandsmitglied des Heidelberger Fachvereins der Schneider genannt wird.

gewesen sein mögen, so ist doch bemerkenswert, daß Karl Ebert in einer Zeit scharfer staatlicher Repressalien gegen die Arbeiterbewegung bereit war, sich gewerkschaftlich organisierten Schneidern anzuschließen und hier engagiert mitzuarbeiten. Sein Eintreten für den Fachverein ist sicher nicht Folge einer spontanen Entscheidung gewesen. Seine exponierte Stellung weist vielmehr darauf hin, daß er über einen längeren Zeitraum hinweg aktiv an den Vorbereitungen zur Gründung des Vereins beteiligt gewesen sein muß. Man darf daher annehmen, daß sein Sohn Friedrich, noch bevor dieser Ende 1888 auf Wanderschaft ging, an den gewerkschaftlichen Plänen und Tätigkeiten seines Vaters Anteil nehmen konnte.

Angesichts seines nachweisbaren Engagements in der Arbeiterbewegung ist es nicht unwahrscheinlich, daß Karl Ebert auch Kontakte zur Sozialdemokratie unterhielt. Die entsprechenden Voraussetzungen dafür waren in Heidelberg gegeben. Bereits 1869 hatte sich der Student Philipp August Rüdt, Bevollmächtigter des 1863 unter Führung von Ferdinand Lassalle gegründeten Allgemeinen Deutschen Arbeitervereins, als Redner in Heidelberg und Umgebung hervorgetan.[52] Er war es, der 1869 zuerst in Heidelberg, dann in Mannheim, „Die Waffe“ herausgegeben hatte[53], die erste sozialdemokratische Regionalzeitung im badisch-pfälzischen Raum.[54] Auch in den folgenden Jahren regten sich in Heidelberg Vereinigungen der Lassalleaner, zu denen Karl Ebert möglicherweise bereits Kontakt hatte[55], und der von August Bebel und Wilhelm Liebknecht 1869 ins Leben gerufenen Sozialdemokratischen Arbeiterpartei. Nach dem Zusammenschluß des Allgemeinen Deutschen Arbeitervereins mit der Sozialdemokratischen Arbeiterpartei 1875 in Gotha hatte die neue Sozialistische Arbeiterpartei unter Leitung von August Bebel und Wilhelm Hasenclever daher bereits organisatorische Anknüpfungspunkte in Heidelberg. In den Jahren 1877 und 1878 lassen sich zahlreiche Parteiveranstaltungen nachweisen, die allerdings stets von Rednern aus Mannheim beschickt wurden.[56] Besonders häufig trat der in Düsseldorf geborene, aber in Mannheim lebende Schreinermeister August Dreesbach hervor, der zu den damals einflußreichsten Persönlichkeiten der südwestdeutschen Sozialdemokratie zählte.[57] An den Veranstaltungen, die meist im Wirtshaus „Fauler Pelz“ stattfanden, nahmen bis zu 200 Personen teil. Die eigentlichen Mitgliedertreffen im Vereinslokal „Alte Gundtei“ wurden dagegen „gewöhnlich nur von 12 bis 15 Mann besucht“.[58] Obwohl das Sozialistengesetz

[52] „Heidelberger Zeitung“, 8. und 10. 4. 1869. Abgedruckt in: Damit nichts bleibt wie es ist, S. 11–15.
[53] Ein Exemplar der ersten Ausgabe der „Waffe“ befindet sich im StadtA HD: D 44g.
[54] Schadt, Die Sozialdemokratische Partei. S 35.
[55] Friedrich Eberts Vater Karl soll in den 70er Jahren zu einem kleinen Häuflein von Lassalleanern gehört haben; vgl. Mühlhausen, „Hoch das Maienfest der Arbeit“. Die Anfänge der Maifeiern, S. 16, unter Verweis auf einen Bericht eines Parteisekretärs in den 20er Jahren.
[56] Bericht der Gendarmerie Heidelberg an das Bezirksamt Heidelberg über Versammlungen der Sozialdemokratischen Arbeiterpartei, GLA Karlsruhe: 356/4386. Abgedruckt in: Damit nichts bleibt wie es ist, S. 15–18.
[57] Schadt, Die Sozialdemokratische Partei, S. 49.
[58] Siehe Anm. 52.

den sozialdemokratischen Aktivitäten einen Riegel vorschob, kam die Parteiarbeit in Heidelberg nicht völlig zum Erliegen. Vielmehr gründete man 1889 wie bereits zuvor in Mannheim und anderen badischen Städten, einen Arbeiterwahlverein zur Unterstützung der Partei bei Wahlen.[59] Berücksichtigt man die engen personellen Beziehungen zwischen Gewerkschaften und Partei, so liegt die Vermutung nahe, daß Karl Ebert als Vorsitzender des Fachvereins der Schneider Verbindung zur Sozialistischen Partei unterhielt. Auf privater Ebene bestand dieser Kontakt ja ohnehin schon. Sein Stiefbruder Wilhelm Strötz wurde bereits 1878 Mitglied der sozialdemokratischen Stadtverordnetenfraktion in Mannheim.[60] Über seinen Vater könnte Friedrich Ebert demnach bereits in Heidelberg nicht nur mit der Gewerkschafts-, sondern auch mit der Parteiarbeit in Berührung gekommen sein.

3. Friedrich Eberts Jugend. Kindheit im Arme-Leute-Viertel

Zur Kindheit, Jugend und Erziehung von Friedrich Ebert, der am 4. Februar 1871 in Heidelberg geboren wurde, gibt es nur spärliche Hinweise, was angesichts der sozialen Umgebung, in der er aufwuchs, nicht verwundern kann. Die überlieferten Erzählungen und Anekdoten über die Abenteuer und Streiche des jungen Ebert erwähnen keine Besonderheiten. Als Beispiel seien drei Episoden zitiert, die von der Schwägerin Friedrich Eberts, Philippine (genannt Binchen), der Witwe des ältesten Bruders Wilhelm, überliefert wurden, welche die Begebenheiten bestimmten Jahren zuordnet:

1876

Wenn in Heidelberg irgendeine Fensterscheibe zertrümmert, eine Laterne ausgedreht oder eine alte Frau durch unheimliche Rufe erschreckt worden war – dann kamen in der ganzen Umgegend der Pfaffengasse nur zwei Familien als Urheber in Betracht, die sechs Buben von Frankes und die vier des alten Schneidermeisters Ebert. Das stand so fest, und wurde so allgemein vermutet, daß auch von den betreffenden Vätern mit den fälligen Prügeln nicht erst lange gewartet wurde. Und alle, die Übeltäter mit einbegriffen, waren mit dieser Ordnung der Dinge einverstanden. Denn, was es einmal zu viel gab, das wurde beim nächsten Male weggelassen. Viel Kopfzerbrechen darüber gab es in unserer Jugend nicht.

1877

Zwischen kleinen Buben und großen Studenten herrscht Fehde seit Urbeginn. Was kann es Schöneres geben, als einem Studio, der doch an Kräften weit überlegen ist, einen Streich zu spielen. Wenn Meß' ist, bekommt der Friederle einen Groschen geschenkt, mit dem er anfangen darf, was er will. Am besten kauft man davon eine „Schritzbüchs" – eine hübsche, handliche Wasserspritze. Eines Tages steht man dann bei Hasemüllers im Gang, die gefüllte Schritzbüchs in der Hand. Plötzlich kommt draußen ein Westfale vorbei, an nichts denkend, er führt seinen Kater spazieren. Kaum erblickt ihn der Fritz, als er auch schon

[59] Schadt, Die Sozialdemokratische Partei, S. 97f. Vgl. ders., Vor 100 Jahren, S. 15. Vgl. dazu auch: „Heidelberger Anzeiger", Nr. 256, 1. 11. 1889, S. 1.

[60] Schadt, Die Sozialdemokratische Partei, S. 114, Anm. 181.

anlegt und abdrückt. Patsch! hat der Studio eine Abkühlung, und zwar gerade über dem schmerzenden Schädel. Aber besonders in diesem Zustand versteht ein Herr Akademiker keinen Spaß... und so dringt er in den dunklen Gang ein und verspricht dem Friederle die schönsten Prügel, wenn... Der aber ist flink wie nur ein Bub durch die Hintertür entwischt und hat sich am Neckar in Sicherheit gebracht.

1879

Mutter Ebert, vielgeplagte Hausfrau, will sich an einem Herbstsommertag einmal die Arbeit ein wenig erleichtern. Sie schickt deshalb ihren Willy und ihren Fritz mit zwei leeren Fässern, in denen im Winter Sauerkraut und Bohnen eingestampft waren, zum Neckar hinunter. Die Buben sollen ihr eine leichte Mühe abnehmen, die Fässer spülen und dann in die Sonne legen zum Auslaugen. Die beiden kommen abends auffallend leise zurück, machen sonderbar wenig Aufhebens von sich. Aber die Mutter schnuppert plötzlich in der Luft herum: „Wonach riecht's hier nur in der Küche so arg... nach Sauerkraut und Bohnen..., ich hab' doch nix davon da." – Plötzlich fällt ihr Blick auf Willy und Fritz! Da waren die beiden Lausbuben, um sich die Arbeit vergnüglicher zu machen, in die Fässer hineingekrochen und die ganze abschüssige Pfaffengasse zum Neckar hinuntergetrudelt. Die Fässer haben gehalten, nur die Kleider wurden schmutzig. Und Frau Ebert kann einen halben Tag mit Waschen verbringen, wo sie doch so gerne fünf Minuten erspart hätte...[61]

Einzelne Begebenheiten herausgreifen zu wollen, wäre aber auch deswegen unangebracht, weil sich ihr vielleicht realer Kern von den fiktiven Elementen nicht mehr trennen läßt. In ihrer Gesamtheit jedoch umreißen diese Berichte die Grenzen seiner damaligen Lebenswelt: die Werkstatt des Vaters, den Neckar, wo er als „Neckarschleimer" mit Freunden spielte, die Gassen der Heidelberger Altstadt, die er durchstreifte. Es war die Welt des Kleinbürgertums, des unteren Mittelstandes.[62] Zeitgenössische Familiendokumente, die darüber hinaus Auskunft über seine Erziehung geben könnten, fehlen. In seinem Elternhaus dürfte er jedoch zur Pflichterfüllung und strengen Arbeitsdisziplin ermahnt worden sein, zu Tugenden also, die angesichts des harten Konkurrenzkampfes im Schneiderhandwerk eine Voraussetzung waren, um bestehen zu können. Und da die Eltern unterschiedlichen Konfessionen angehörten, bildete das Einüben religiöser Toleranz sicherlich ein weiteres Erziehungsprinzip.

Von Ostern 1877 bis zum 28. März 1885 besuchte Friedrich Ebert die acht Jahrgangsstufen der Volksschule, die sich damals in der Sandgasse befand.[63] Für den Unterricht eines Kindes mußten die Eltern in der Regel jährlich 7 Mark zahlen.[64] Schulgeldermäßigung oder -erlaß standen nur den Ärmsten zu, so daß die Familie Ebert wohl das volle Schulgeld zu entrichten hatte. Bei seiner Einschulung, die zu dieser Zeit im Frühjahr erfolgte, dürften über 60 Schüler in seiner Klasse gewesen sein. Die durchschnittliche Klassenstärke betrug zu die-

[61] Überliefert in Ebert, Kämpfe und Ziele, S. 325f. Siehe auch Felden, Eines Menschen Weg, S. 46f; Kampffmeyer, Fritz Ebert, S. 10.

[62] Vgl. auch Buse, Friedrich Ebert, S. 21f.

[63] Angaben zur Schule finden sich in der Sammlung August Job, eines Mitschülers von Ebert, in der Ebert-Gedenkstätte.

[64] Diese und weitere Angaben über die Verhältnisse in den Heidelberger Volksschulen finden sich in einer städtischen Aufstellung vom 30. 12. 1878, StadtA HD: UA 265/4.

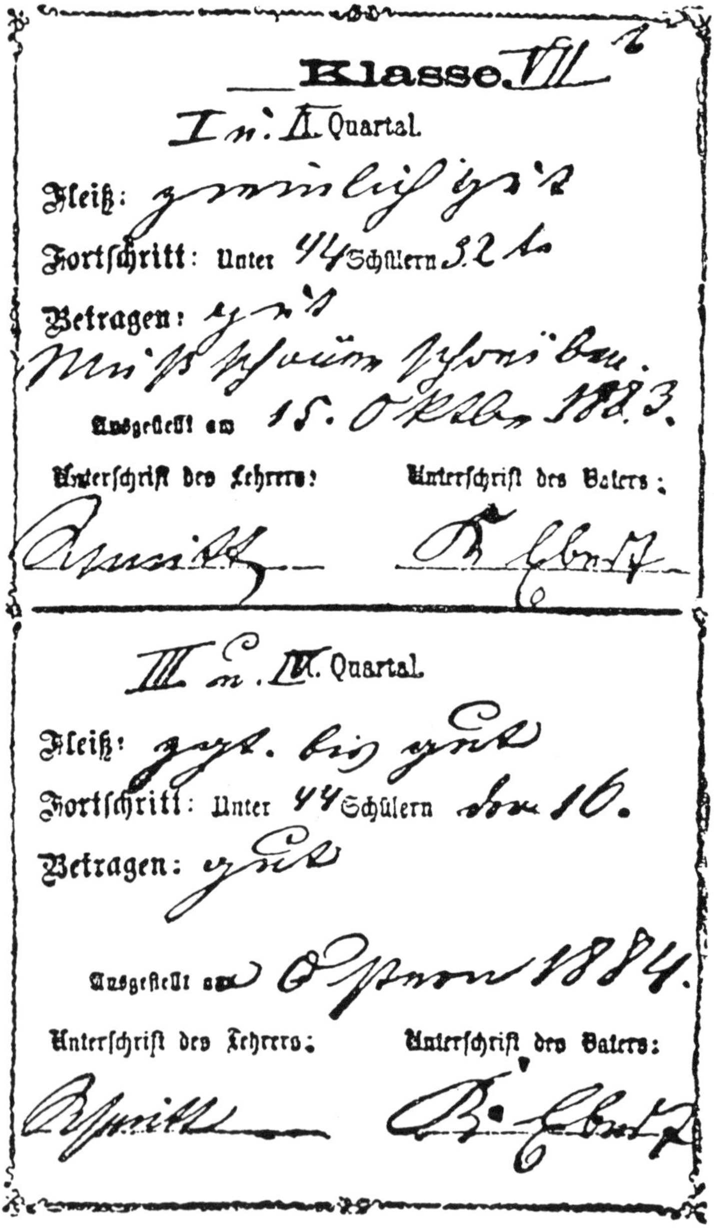

Klasse VII b

I u. II. Quartal

Fleiß: ziemlich gut

Fortschritt: Unter 44 Schülern 32te

Betragen: gut

Muß schöner schreiben.

Ausgestellt am 15. Oktober 1883.

Unterschrift des Lehrers: Unterschrift des Vaters:

III u. IV. Quartal

Fleiß: ggt. bis gut

Fortschritt: Unter 44 Schülern der 16.

Betragen: gut

Ausgestellt am Ostern 1884.

Unterschrift des Lehrers: Unterschrift des Vaters:

Die Halbjahreszeugnisse Friedrich Eberts aus der siebten Klasse 1883/84.

sem Zeitpunkt etwa 62 Schüler.[65] Insgesamt wurden 1878 vier Klassen eingerichtet.[66] Die beiden als Kopie erhaltenen Halbjahreszeugnisse Eberts aus der siebten Klasse, ausgestellt im Oktober 1883 und an Ostern 1884, weisen auf eine Klassenstärke von noch 44 Schülern hin.[67] Im übrigen zeigt dieses Zeugnis, daß Ebert zu den mittelmäßigen Schülern zählte. Er absolvierte das Schuljahr im ersten und zweiten Quartal als 32., im dritten und vierten Quartal als 16. von 44 Schülern. Diese Hinweise werden ergänzt durch den Eintrag: „Muß schöner schreiben". Später versicherte er seinem ehemaligen Lehrer Heinrich Zeuner, der ihm zu seiner am 11. Februar 1919 in Weimar erfolgten Wahl zum Reichspräsidenten gratuliert hatte, daß er „immer dankbar auf die Volksschule in Heidelberg zurückgeblickt habe." Erklärend fügt er hinzu, Zeuner habe am Abschluß seiner, Eberts, Schulzeit sein Lehramt „mit besonderer Energie, aber auch mit gutem Erfolg" ausgeübt: „Wenn ich mich noch recht entsinne – verzeihen Sie, wenn ich mich irren sollte – waren nicht alle Heidelberger Buben damals von Ihnen entzückt. Das spätere Leben wird sie aber alle, ebenso wie mich, überzeugt haben, daß für den Lebensweg in hohem Maße das entscheidend ist, was einem die Schule gegeben und vor allem das, was man von ihr mitgenommen hat."[68]

Wenn sich über die Kindheit und Jugend auch nur wenig in Erfahrung bringen läßt, so lassen sich doch einige Aussagen über das Milieu machen, in dem Ebert aufwuchs. Es war geprägt von Handwerkern: Fischer, Kleidermacher, Kübler, Maurer, Schlosser, Schreiner, Schuhmacher und Zimmerleute umfaßten im Jahre 1877[69] mehr als die Hälfte der Haushaltungsvorstände in der Pfaffengasse, nämlich 33 von 61. Von diesen Handwerkern waren jedoch lediglich 15 im Branchenverzeichnis registriert; das bedeutet, daß wahrscheinlich weniger als die Hälfte einen eigenen Betrieb führte, der größte Teil hingegen abhängig beschäftigt war. Anteilmäßig ist bei den Handwerkern die Gruppe der Kleidermacher mit 10 Haushaltungsvorständen hervorzuheben. Sie zählten jedoch, darauf wurde bereits hingewiesen[70], zu den wirtschaftlich Schwächeren innerhalb des Kleinbürgertums. Neben den Handwerkern lassen sich drei Kutscher, zwei Händler, zwei Schutzleute, eine Hebamme, ein Metallgießer und ein Geometer nachweisen, unter denen sich auch zahlreiche Hausbesitzer befanden.[71] Darüber hinaus gab es einen außerordentlich hohen Anteil nicht qualifizierter Arbeitskräfte wie Tagelöhner, Wäscherinnen, Kostgeberinnen und Diener. Etwa

[65] Ebd.

[66] Sammlung August Job, Ebert-Gedenkstätte.

[67] Ebert, Kämpfe und Ziele, S. 324. Siehe das Dokument auf S. 28. Die 8. Abschlußklasse umfaßte dann 43 Schüler; Ebert-Gedenkstätte, Sammlung August Job. In der Ausstellung der Ebert-Gedenkstätte wird ein Schülerverzeichnis der 8. Knabenklasse 1885 gezeigt.

[68] Ebert an Heinrich Zeuner, 18. 2. 1919, Ebert-Gedenkstätte, Sammlung Heinrich Zeuner. Siehe das Dokument auf S. 30. Zeuner war Lehrer der 8. Abschlußklasse.

[69] Im Jahre 1877 wurde das erste Heidelberger Adreßbuch aufgestellt, das sowohl ein vollständiges Einwohner- und Häuserverzeichnis als auch einen Branchenteil enthält.

[70] Vgl. oben S. 18f.

[71] Unter den 11 in der Pfaffengasse wohnenden Hausbesitzern befanden sich trotz ihrer Überzahl lediglich 5 Handwerker.

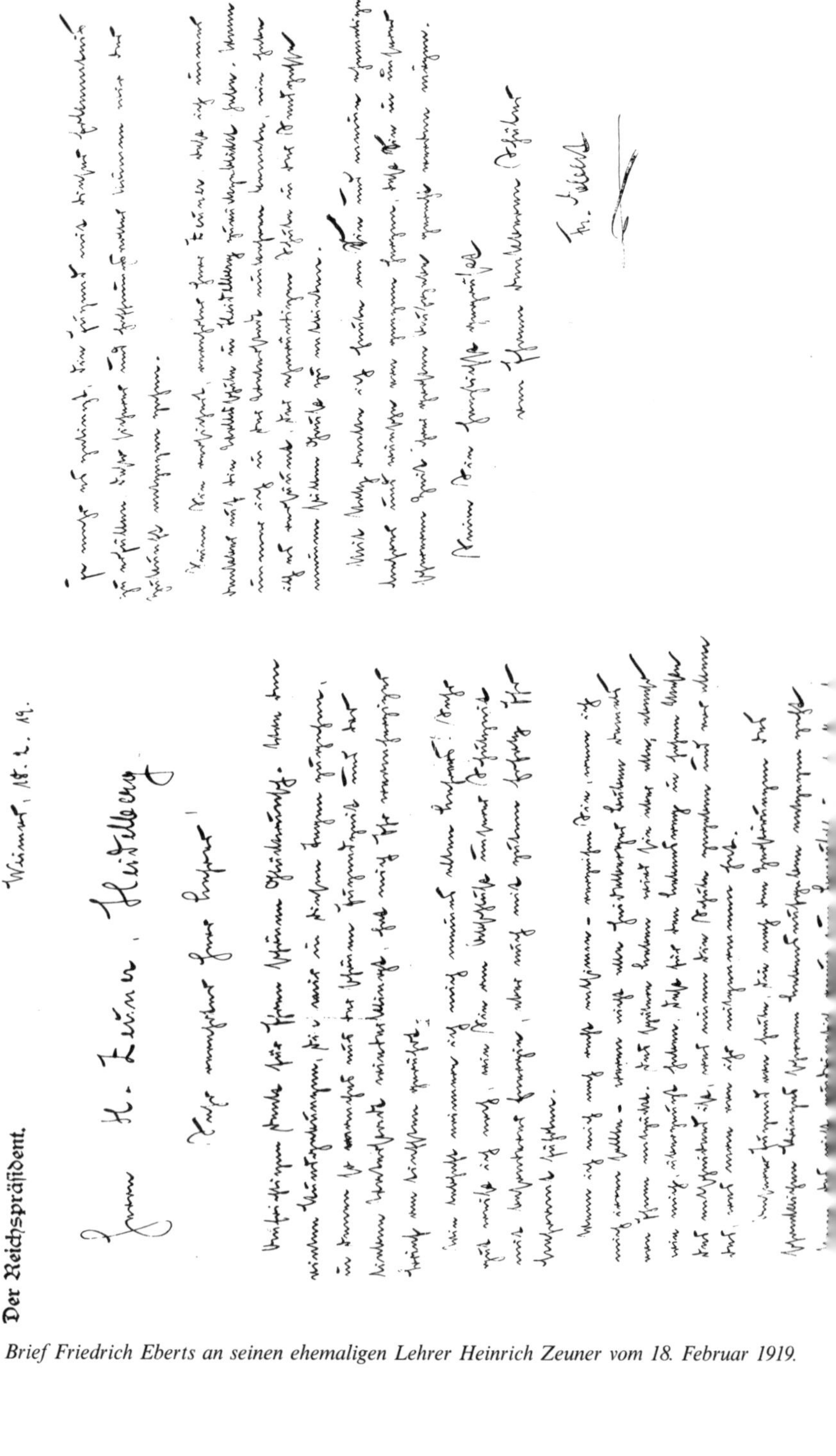

Brief Friedrich Eberts an seinen ehemaligen Lehrer Heinrich Zeuner vom 18. Februar 1919.

ein Viertel der Haushaltungsvorstände ist zu dieser Gruppe zu rechnen. Sie alle hatten ein niedrigeres Jahreseinkommen als die Handwerker. Im Steuerkataster wurden sie in den meisten Fällen mit dem kleinsten möglichen Steuerkapital von 500 Gulden aufgeführt. Zudem wechselten sie häufig ihren Arbeitsplatz und waren außerdem nicht über das ganze Jahr beschäftigt, was insbesondere auf Tagarbeiter zutrifft.[72] Wegen ihres unsicheren Arbeitsplatzes und ihres niedrigen Einkommens sind sie zur städtischen Unterschicht zu zählen. Charakteristisch für die Bewohner mit ökonomisch ungesicherter Existenzgrundlage waren ihre häufigen Wohnungswechsel. Zwischen November 1875 und November 1877 zogen beispielsweise 11 der insgesamt 15 Haushaltungsvorstände, die zu den unqualifizierten Arbeitskräften zu rechnen sind, aus, von den 33 Handwerkern dagegen nur 12. Es lassen sich viele Gründe für die häufigen Umzüge aufzählen: Heirat oder Familiennachwuchs konnten einen Wohnungswechsel ebenso erforderlich machen wie eine neue Arbeitsstelle und der auf Feuchtigkeit oder Ungeziefer zurückzuführende schlechte Zustand der bisherigen Wohnung. Vor allem aber dürfte dafür der Umstand verantwortlich gewesen sein, daß viele aus der städtischen Unterschicht bei Arbeitslosigkeit und Erwerbsausfall wegen Krankheit die Miete nicht zahlen konnten und daher ständig gezwungen waren, billigeren Wohnraum zu suchen. Die materielle Notlage dieser Menschen konnte bis zur Aufnahme ins Armenhaus führen.

Eine große Zahl von Handwerkern prägte auch in der angrenzenden Unteren Straße die Berufsstruktur im Jahre 1877. Gemessen an der Gesamtzahl von 139 Haushaltungsvorständen lag dort jedoch der Anteil der Handwerker mit 58 niedriger als in der Pfaffengasse. Von diesen 58 waren 35 selbständig. Sie stellten allein 27 der 36 Hausbesitzer. Neben den Handwerkern gab es mehrere Weinwirte, Geschäftsinhaber und einen Cafébesitzer, aber auch wirtschaftlich unabhängige Privatiers. Darüber hinaus lassen sich ein Lehrer und ein Notar nachweisen. Schließlich war der Anteil der unqualifizierten Arbeitskräfte mit 14,3 % der Haushaltungsvorstände verhältnismäßig gering. Insgesamt weist also die Berufsstruktur der beiden Altstadtgassen erhebliche Unterschiede auf. Dies gilt auch für das durchschnittliche Einkommen der Haushaltungsvorstände, das in der Unteren Straße höher lag als in der Pfaffengasse. Doch darf dies nicht über die Unterschiede in der individuellen Einkommenshöhe hinwegtäuschen. Die Spanne reicht von 500 Gulden bis über 10000 Gulden Gewerbesteuerkapital. Wenn auch ein hoher Prozentsatz der Einwohner in der Unteren Straße aufgrund seines Einkommens zur städtischen Unterschicht gehörte, so gab es hier doch mehr wohlhabende Selbständige, insbesondere Handwerker, als in der Pfaffengasse.

Ein Blick auf die Wohnsituation bestätigt diesen Befund. Durchschnittlich standen in der Pfaffengasse einer Familie 1,9 Zimmer zur Verfügung, und 1,8 Personen mußten sich ein Zimmer teilen. Von den Haushaltungsvorständen be-

[72] Vgl. Kistler, Die wirtschaftlichen und sozialen Verhältnisse, S. 203.

saßen 77% eine eigene Küche.[73] Aufgrund der unzureichenden Quellenlage konnten allerdings bei dieser Betrachtung keine Unterschiede in der Qualität der Wohnräume und ihrer Größe berücksichtigt werden. Im Vergleich stellte sich die Wohnsituation in der Unteren Straße günstiger dar. Einer Familie standen durchschnittlich 3,2 Zimmer zur Verfügung, und auf 1 Person kam 1 Zimmer. Auch hier gab es in etwa 77% der Haushalte eine Küche.

Die weitere Entwicklung der Berufs- und Sozialstruktur der beiden Straßen ist in den folgenden Jahren durch eine steigende Einwohnerzahl gekennzeichnet. Gab es 1875 in der Pfaffengasse noch 46 Mietparteien, so waren es 1886, dem Jahr als die Familie Ebert wieder in die Untere Straße zog, bereits 50.[74] Während sich in diesem Zeitraum an den Besitzverhältnissen wenig änderte, zogen dagegen jährlich etwa ein Drittel der Haushaltungsvorstände aus, darunter überdurchschnittlich viele der städtischen Unterschicht. In der Unteren Straße dagegen lag der durchschnittliche Mieterwechsel bei lediglich knapp 24%. Erwähnenswert bleibt der sich innerhalb kurzer Zeit vollziehende berufliche Differenzierungsprozeß, der sich an der zunehmenden Vielfalt der Berufsbezeichnungen ablesen läßt. Für die Untere Straße trifft dies in weit geringerem Maße zu als für die Pfaffengasse. Das Adreßbuch verzeichnet 1877 für die 61 Haushaltungsvorstände 25 unterschiedliche Berufsbezeichnungen, 1886 jedoch bereits 41. Dies erklärt sich daraus, daß die Zahl der Kübler, Zimmerleute, Schuhmacher und Kleidermacher abnahm und gleichzeitig Gärtner, Gipser, Tapezierer, Tüncher, Glaser und Pfeifenmacher hinzuzogen. Außerdem sank die Zahl der unqualifizierten Arbeitskräfte. Die charakteristischen Züge der Berufs- und Sozialstruktur der Pfaffengasse blieben jedoch weitgehend bestehen. Nach wie vor hoben sich die Kleinbürger mit gesicherter materieller Existenzgrundlage, vor allem selbständige Handwerker, Lohnkutscher und andere Berufstätige, von denen mit geringem Einkommen, der eigentlichen städtischen Unterschicht, ab. Andererseits zeigt die Entwicklung aber deutlich, daß unter den Bewohnern der Pfaffengasse kein Proletarisierungsprozeß stattfand, die ökonomische Lage der Haushaltungsvorstände sich also nicht verschlechterte, wie dies in den Großstädten der industriellen Ballungszentren geschah.

Im Anwesen Untere Straße 27, wo die Familie Ebert das zur Pfaffengasse hin gelegene Seitengebäude bewohnte, lassen sich ähnliche Unterschiede in der wirtschaftlich-sozialen Stellung der Bewohner und ihrer Wohnsituation beobachten wie in den angrenzenden Straßen. Das zur Unteren Straße gelegene zweistöckige Vorderhaus wurde von dem Hausbesitzer, dem Bäckermeister und Stadtrat Matthias Frisch, sowie einem Reallehrer bewohnt. Die Wohnraumsituation dort war relativ günstig. Einer Familie standen hier etwa vier Zimmer zur Verfügung,

[73] Die Durchschnittswerte beruhen auf den Angaben im Ortskataster, StadtA HD: Amtsbücher 63d. Erste Ergebnisse meiner Untersuchung über das soziale Milieu Friedrich Eberts habe ich bereits in der „Rhein-Neckar-Zeitung" vom 28. 2. 1985, S. 3, veröffentlicht. Teile davon bei Maser, Friedrich Ebert, S. 15f.

[74] Diese und die folgenden Angaben beruhen auf einer Auswertung der Adreßbücher von 1876/77 bis 1887 und der Steuerkataster von 1876 und 1885, StadtA HD: Amtsbücher 77g.

und auf ein Zimmer kamen 1,5 Personen. Anders sahen dagegen die Wohnraumverhältnisse im Hinterhaus aus, wo insgesamt sieben Mietparteien wohnten. Die vierköpfige Familie eines im Erdgeschoß wohnenden Küblers beispielsweise teilte sich ein Zimmer, eine Kammer und eine Küche, eine siebenköpfige Schuhmacherfamilie im zweiten Stock drei Zimmer und eine Küche. Auf die Wohnsituation der Familie Ebert im ersten Stock wurde bereits hingewiesen. Durchschnittlich bewohnten die Familien im Hinterhaus nur 1,7 Zimmer, während auf ein Zimmer 2,1 Personen kamen.

Ein Blick in das Steuerkataster unterstreicht, daß im Vorderhaus diejenigen mit höherem Einkommen wohnten. Das Gewerbesteuerkapital des Hausbesitzers Matthias Frisch lag 1876 bei über 7000 Gulden (= 11970 Mark).[75] Aufgrund des aus seinem Verdienst resultierenden hohen Steueraufkommens war er berechtigt, bei Kommunalwahlen in der zweiten Klasse, der Klasse der Mittelbesteuerten, zu wählen.[76] Dagegen betrug das Gewerbesteuerkapital der siebenköpfigen Schuhmacherfamilie Lotz, die unter den Bewohnern des Hinterhauses ohnehin schon zu den Besserverdienenden gehörte, lediglich 2250 Gulden (= 3348 Mark).[77] Doch nicht nur in materieller Hinsicht, sondern auch in ihrem sozialen Status als Reallehrer oder Stadtrat hoben sich die Bewohner des Vorderhauses deutlich von denen des Hinterhauses ab. Ein Blick auf die Unterschiede bei der Wohnsituation, beim Einkommen und bei der sozialen Stellung macht also die soziale Trennlinie zwischen Vorder- und Hinterhaus deutlich.

Im Hinterhaus besaßen die selbständigen Handwerker eine gesicherte Existenzgrundlage aufgrund eines relativ hohen Jahreseinkommens. Diese Handwerker zeichneten sich jedoch auch dadurch aus, daß sie sich im Gegensatz zu anderen Bewohnern des Hinterhauses eine größere Wohnung leisten konnten, welche sie über Jahre, manchmal über ein Jahrzehnt hinweg bewohnten. Aus diesen Gründen bildeten sie unter den Bewohnern des Hinterhauses eine eigene soziale Gruppe.

Dagegen hatten fast 40% der Haushaltungsvorstände, die während des Untersuchungszeitraums von 1870–1886 im Hinterhaus wohnten, keine ausreichende Existenzgrundlage. Wie dies bereits allgemein für die Berufs- und Sozialstruktur der Pfaffengasse festgestellt wurde, fielen darunter jene mit geringen beruflichen Qualifikationen wie Wäscherinnen, Tagarbeiter, Holzhacker, Kostgeberinnen, Näherinnen sowie Hilfsarbeiter, die die unterschiedlichsten Tätigkeiten annahmen. Auffälliges Merkmal für die Angehörigen der städtischen Unterschicht

[75] Die Angaben sind dem Steuerkataster von 1876 im StadtA HD: Amtsbücher 77g entnommen.

[76] Vgl. Verzeichnis der wahlberechtigten Stadtbürger zur Wahl der Stadtverordneten 1881 im StadtA HD: UA 49/7 II. Nach dem „Gesetz. Besondere Bestimmungen über Verfassung und Verwaltung der Stadtgemeinden betreffend", § 35f, vom 24. Juni 1874, Gesetzes- und Verordnungs-Blatt für das Großherzogthum Baden, Nr. XXVII, 7. Juli 1874, wurden für die Wahlen der Stadtverordneten die Wahlberechtigten nach Höhe ihrer Steuerleistung in 3 Klassen eingeteilt. Die in der 1. Klasse eingereihten Höchstbesteuerten umfaßten ein Zwölftel der Bürgerschaft, die in der 2. Klasse eingereihten Mittelbesteuerten zwei Zwölftel und die Niederbesteuerten der 3. Klasse die übrigen neun Zwölftel. Jede Klasse wählte ein Drittel der Stadtverordneten.

[77] Steuerkataster 1885, StadtA HD: Amtsbücher 77g.

war neben ihrem unsicheren Arbeitsplatz und niedrigem Einkommen ihr häufiger Wohnungswechsel, der eine hohe Fluktuation der Mieter im Haus zur Folge hatte. In einem Zeitraum von 15 Jahren (1871–1885) zogen jährlich durchschnittlich 23,8% der Bewohner in der Unteren Straße 27 aus. Von der Gesamtzahl der Auszüge entfielen 72% auf die Angehörigen der untersten Einkommensschicht. Verfolgt man innerhalb dieser Gruppe bei einzelnen Personen die Häufigkeit ihres Wohnungswechsels, so zeigt sich in vielen Fällen über einen längeren Zeitraum hinweg fast ein Wohnungswechsel pro Jahr. Auf die Gründe wurde bereits im Zusammenhang mit der Beschreibung der Verhältnisse in der Pfaffengasse hingewiesen. Das ständige Umziehen endete bei vielen Betroffenen erst zu einem Zeitpunkt, als sie einen festen Arbeitsplatz gefunden oder einen eigenen Betrieb gegründet hatten. Für einen großen Teil der untersten Einkommensschicht blieb jedoch der ständige Wechsel des Wohnsitzes während des gesamten Zeitraums, in dem sie in Heidelberg gemeldet waren, typisch, woraus man folgern kann, daß sich ihre wirtschaftlich-soziale Lage qualitativ nicht verändert hatte.

Erweitert man die soziale Topographie der unmittelbaren Umgebung, in der Ebert aufwuchs, um ein charakteristisches Beispiel eines von der städtischen Oberschicht geprägten Wohngebietes, so lassen sich die bereits erkannten sozialen Trennlinien erweitern. In der Sophienstraße am westlichen Heidelberger Altstadtrand etwa dominierten Berufsgruppen mit hohem Einkommen und hohem Sozialstatus wie Apotheker, Ärzte, Professoren, Dozenten und Inspektoren. Wegen ihres hohen Steueraufkommens wählten bei der Wahl der Stadtverordneten nicht nur zahlreiche Haushaltungsvorstände in der zweiten Klasse der Wahlberechtigten, sondern außergewöhnlich viele auch in der ersten Klasse. Das hohe Einkommen spiegelt sich auch in der günstigen Wohnsituation wider. In der Sophienstraße standen einer Familie durchschnittlich 7,8 Zimmer zur Verfügung, und auf eine Person kamen 2 Zimmer. Über 87% der Haushaltungsvorstände besaßen eine Küche. Der Zusammenhang zwischen Einkommenshöhe, Wohnsituation und Umzugshäufigkeit bestätigt sich auch hier wieder. Wegen der gesicherten Existenzgrundlage wechselten durchschnittlich weniger als 20% der Haushaltungsvorstände pro Jahr ihre Wohnung.

Das hier ansatzweise skizzierte Milieu, in dem Friedrich Ebert aufwuchs, bestätigt seine kleinbürgerliche Herunft. Darüber hinaus wird deutlich, daß der spätere Reichspräsident in seiner unmittelbaren Umgebung soziale und materielle Not als Folge von Arbeitslosigkeit und Wohnungsnot kennengelernt hatte. Zusammen mit den Anregungen, die er durch das Engagement seines Vaters in der Arbeiterbewegung erhalten hatte, führte dies offenbar langfristig zu einer Sensibilität gegenüber gesellschaftlichen Mißständen, die ihn für sozialdemokratische Ideen empfänglich machte. Die Kindheit im Arme-Leute-Viertel und die späteren Erlebnisse während seiner Wanderzeit bildeten jedenfalls einen Erfahrungshintergrund, auf dem die sozialreformerischen Forderungen der Arbeiterbewegung nicht allein als Ausdruck eines abstrakt-humanitären Wohltätigkeitsdenkens verstanden wurden, sondern als konkrete Handlungsanweisungen zur Beseitigung hautnah erlebter sozialer Probleme.

Nach dem Abschluß der Volksschule begann Friedrich Ebert im April oder Mai 1885[78] als Vierzehnjähriger eine Sattlerlehre. Er beschritt damit den für den Sohn eines Handwerksmeisters traditionellen Ausbildungsweg über die Volksschule zur Lehre. Eine weiterführende Schulausbildung lag nicht im Bereich der finanziellen Möglichkeiten der Familie. Sein Wunsch, Sattler zu werden, hing unter anderem wohl damit zusammen, daß er als Kind Aushilfsarbeiten in der in der Nachbarschaft gelegenen Lohnkutscherei Seppich übernommen hatte und sich einen Beruf wählte, der damit in Verbindung stand.[79] Die Lehre begann er bei dem Heidelberger Sattlermeister Johannes Schmitt in der Hauptstraße 101.[80] Gleichzeitig trat Ebert in die Gewerbeschule ein, zu deren Besuch Sattlerlehrlinge damals noch nicht verpflichtet waren.[81] Die Gewerbeschule scheint er mit Auszeichnung bestanden zu haben; Diederich berichtet, daß Ebert mit einer Ausgabe von Schillers Werken belohnt worden sei.[82]

Obwohl Friedrich Ebert 1887 das von den Satzungen des Heidelberger Arbeiterbildungsvereins vorgeschriebene Mindestalter von siebzehn Jahren[83] noch nicht erreicht hatte, verkehrte er möglicherweise dennoch während dieser Zeit, wie schon zuvor sein Vater und sein Stiefonkel Strötz, in diesem Verein,[84] denn in dem Protokoll des Diskussionsabends vom 15. Februar 1887 findet sich die Unterschrift eines Fritz Ebert.[85] Im Adreßbuch ist eine Person gleichen Namens nicht nachweisbar, was die Vermutung unterstützen würde, daß es sich hier um den jungen Friedrich Ebert handelt. Ein Handschriftenvergleich mit einer von Ebert geschriebenen Versammlungsanmeldung vom 24. April 1893[86] weist ebenfalls in diese Richtung.

In einigen älteren Biographien findet sich die Behauptung, Ebert hätte seine Lehre kurz vor ihrem Ende abgebrochen und Hals über Kopf Heidelberg verlassen. Anlaß dafür wäre eine Ohrfeige gewesen, die der Lehrherr ihm ungerechtfertigterweise angedroht hätte.[87] An dieser Darstellung müssen jedoch Zweifel

[78] Wie das Braunschweiger Melderegister vermerkt, war Ebert bei seiner Ankunft in dieser Stadt im Besitz eines Arbeitsbuches, das vom Mai 1885 datierte. Vgl. Eckert, Friedrich Ebert, S. 221. Ebert muß demnach im Mai 1885 seine Lehre bereits begonnen haben.

[79] Diederich, Fritz Ebert, S. 6; Kampffmeyer, Fritz Ebert, S. 10. Auch nachdem Ebert Heidelberg verlassen hatte, blieb eine lebenslange Freundschaft mit der Familie Seppich, besonders mit seinem Jugendfreund Karl Seppich, bestehen. Das bezeugen mehrere Briefe Eberts aus seiner Reichspräsidentenzeit, Ebert-Gedenkstätte, Sammlung Seppich; vgl. die in Vorbereitung befindliche Edition von Mühlhausen (wie Anm. 5).

[80] Vgl. Fischer, Aus dem Jugendland, S. 3; Ebert, Schriften, Bd. 2, S. 32. An den angegebenen Stellen befindet sich jeweils ein Foto von der Vorderfront des Geschäftes, in dem Ebert gearbeitet hatte. Siehe das Foto im Abbildungsteil.

[81] 125 Jahre Gewerbeschule Heidelberg, 1828–1953, S. 15 und S. 36.

[82] Diederich, Fritz Ebert, S. 6. Dieser Hinweis, der belegen würde, daß Ebert zu auffallenden Schulleistungen fähig war, konnte nicht überprüft werden, da die Jahresberichte der Gewerbeschule Heidelberg von 1885–1888 nicht mehr aufzufinden sind.

[83] Statuten des Arbeiter-Bildungs-Vereins § 3, in: UB HD, Hs. 2147.

[84] Schadt, Der erste Reichspräsident, S. 24.

[85] UB HD, Hs. 2143.

[86] Ebert an den Senat der Hansestadt Bremen, 24. 4. 1893, in: Friedrich Ebert 1871–1925, S. 81 f.

[87] Kampffmeyer, Fritz Ebert, S. 14. Vgl. auch Felden, Eines Menschen Weg, S. 117–122. Auch die neueren wissenschaftlichen Biographien stützen sich noch auf diese Darstellungen, siehe Buse, Friedrich Ebert, S. 21; Witt, Friedrich Ebert, in: Friedrich Ebert 1871–1925, S. 13; Maser, Friedrich Ebert. S. 28 f.

angemeldet werden. Ebert, der im April, spätestens aber im Mai 1885 seine Sattlerlehre begonnen hatte, hielt sich noch bis mindestens November 1888 in Heidelberg auf. Denn am 15. November 1888 hat er laut Eintrag im Heimatscheinbuch des Einwohnermeldeamtes einen Heimatschein, der für den Nachweis der Identität im Ausland nötig war[88], erhalten, vielleicht sogar erst beantragt.[89] Als Reiseziel gab er die Schweiz an. Ebert hatte seine Wanderschaft demnach planmäßig vorbereitet und Heidelberg nicht von einem auf den anderen Tag verlassen.[90] Und was den angeblichen Abbruch der Lehre betrifft, so stellt sich zunächst die Frage nach der Dauer der Lehrzeit im Sattlerhandwerk Ende des 19. Jahrhunderts. Vermutlich beruhte sie auf individueller Vereinbarung unter Anlehnung an die ortsüblichen Lehrzeiten[91], denn eine zu dieser Zeit überregional festgelegte Ausbildungsdauer für Sattlerlehrlinge gab es nicht. Eine umfangreiche statistische Untersuchung über die Verhältnisse im Handwerk aus dem Jahre 1895 stellte fest, daß die meisten der befragten Sattler-, Riemer- und Täschnermeister, nämlich 71 %, eine Lehrzeit unter oder bis zu drei Jahren absolviert hatten.[92] Im badischen Amtsbezirk Heidelberg, der eigens in die Stichprobenuntersuchung mit einbezogen worden war, betrug die Lehrzeit der Handwerksmeister, einschließlich der Sattlermeister, in 88,4 % der Fälle zwei bis drei Jahre oder weniger.[93] Geht man also von der in Baden für handwerkliche Berufe allgemein üblichen zwei- bis dreijährigen Lehrzeit aus[94], so dürfte Ebert im November 1888 seine Lehre bereits abgeschlossen haben. Auch Diederich erwähnt 1919 in seiner biographischen Skizze über Ebert keinen vorzeitigen Abbruch der Ausbildung.[95] Doch selbst wenn Ebert seine Lehre vor der vereinbarten Zeit beendet haben sollte, so können ihm daraus kaum berufliche Nachteile entstanden sein. Da nämlich die Abnahme von Gesellenprüfungen und die Aushändigung von Abschlußzeugnissen nicht die Regel waren[96], kam es beim Übergang vom Lehrlings- in den Gesellenstand auf Berufserfahrung und Leistungsfähigkeit an.[97] Darauf aber konnte Ebert verweisen, und deshalb fand er während seiner Wanderschaft immer wieder Arbeit. In Bremen machte er sich schließlich sogar selbständig. Er hatte sich also keineswegs seine berufliche Zukunft als Handwerker verbaut.[98] Die von einigen Biographen zu einem frühen Schlüsselerlebnis Eberts erhobene „Ohrfeigenlegende" – nach Kampffmeyer hätte die Andro-

[88] Glock, Deutsche Staats- und Rechtskunde, Nr. 121, Anm. 53 und Nr. 887.

[89] Heimatscheinbuch Band III, 1880–1890, StadtA HD: Amtsbücher 31k; vgl. Dokument S. 37.

[90] Vgl. dagegen Felden, Eines Menschen Weg, S. 120ff.

[91] Ergebnisse der über die Verhältnisse der Lehrlinge, S. 85. Siehe auch Reith, Zur beruflichen Sozialisation, S. 3ff.

[92] Erhebung über Verhältnisse im Handwerk, 2. Heft. I. 69.

[93] Ebd., I. 73.

[94] Vgl. Ergebnisse der über die Verhältnisse der Lehrlinge, S. 85. Nach einer Untersuchung im Amtsbezirk Mannheim schwankte die Lehrzeit zwischen zwei und drei Jahren. Für Sattler betrug sie etwa drei Jahre. Siehe dazu: Erhebungen über die Lage des Kleingewerbes, S. 5 und S. 191.

[95] Diederich, Fritz Ebert, S. 6.

[96] Ergebnisse der über die Verhältnisse der Lehrlinge, S. 94.

[97] Ebd., S. 134f. Auch nach der 1897 erfolgten Änderung der Gewerbeordnung war die Ablegung einer Gesellenprüfung nicht zwingend vorgeschrieben. Vgl. Hoffmann, Die Organisation, S. 152f.

[98] Vgl. dagegen Witt, Friedrich Ebert, in: Friedrich Ebert 1871–1925, S. 13.

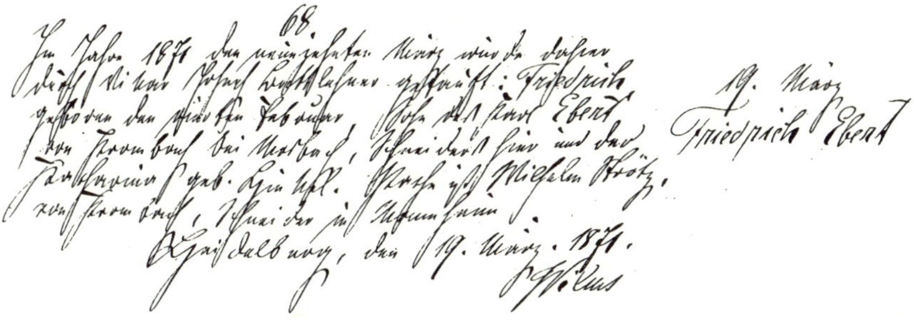

Taufbuch der katholischen Pfarrei Heilig Geist: Eintrag für Friedrich Ebert mit Wilhelm Strötz als Taufpaten.

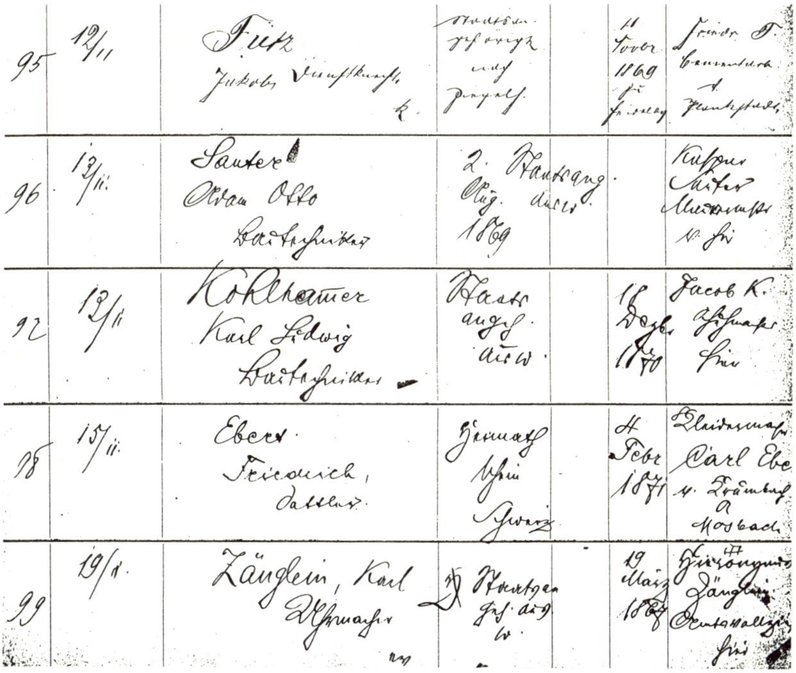

Antrag Friedrich Eberts vom 15. November 1888 auf Erteilung eines Heimatscheines im Heimatscheinbuch des Einwohnermeldeamtes Heidelberg.

hung von Ohrfeigen und der anschließende Abbruch der Lehre Eberts Klassenbewußtsein geschärft[99] – kann in einer wissenschaftlichen Darstellung daher nur als Beispiel für die aus Faktenarmut entstehenden Stilisierungen und Überzeichnungen Eingang finden.

[99] Kampffmeyer, Fritz Ebert, S. 14f.

III. Friedrich Eberts Weg zur Sozialdemokratie: die Wanderschaft

1. Exkurs: Voraussetzungen für die gewerkschaftliche und politische Organisation der Arbeiter und Gesellen

Die nach dem deutsch-französischen Krieg und der Reichsgründung 1871 einsetzende Phase der Hochindustrialisierung im Deutschen Kaiserreich war durch einen wachsenden Arbeitskräftebedarf in Industrie und Bergbau und durch eine Abnahme der Beschäftigtenzahl in Land- und Forstwirtschaft gekennzeichnet. Es entstanden große Industriegebiete wie das rheinisch-westfälische Revier und das norddeutsche Küstengebiet mit den Hafenstädten Hamburg und Bremen. Die in diesen Gebieten geschaffenen neuen Arbeitsplätze und das seit den 80er Jahren deutlich werdende Gefälle zwischen Industrie- und Landarbeiterlöhnen zogen die Arbeitskräfte aus den Agrargebieten an.[1] Dies führte zu großen Bevölkerungsverschiebungen, die man unter dem Begriff der Binnenwanderung zusammenfaßt.[2] Ermöglicht wurde sie durch eine rapide Bevölkerungsvermehrung im 19. Jahrhundert. Zwischen 1871 und 1910 stieg die Bevölkerungszahl von 39,5 Millionen auf 63 Millionen an.[3] Die infolge der Binnenwanderung in die Städte gekommenen Lohnarbeiter mußten sich in einer fremden Umgebung völlig neu orientieren. Die gewohnte ländliche oder kleinstädtische Welt mit ihrer traditionell engen Bindung an Familie, Verwandtschaft und Heimat, in der Landwirtschaft und Handwerk Lebensrhythmus und berufliche Vorstellungen prägten, ging im Lärm und Rauch der großstädtisch-industriellen Welt verloren, in welcher der Zuwanderer als Einzelner in einer Masse von Einzelnen sich selbst überlassen blieb. Diese Entwurzelung und Neuorientierung großer Bevölkerungsteile wird in der historischen Sozialwissenschaft nüchtern als Prozeß der Desintegration bezeichnet.[4] Das Wohnungselend, die zunehmende innerstädtische Umzugshäufigkeit, die hohe Fluktuation der Belegschaften und das von Stadt-zu-Stadt-Ziehen waren Teilerscheinungen dieses Prozesses. Spannungen waren die Folge, vor allem in den Industriestädten, die sich explosionsartig vergrößerten. Hier massierten sich die Lohnarbeiter, dieser neue „vierte Stand", dessen soziale und politische Eingliederung in das bestehende Gesellschaftssystem des Kaiserreichs ein innenpolitisches Dauerproblem wurde.[5] Gerade die

[1] Köllmann, Die deutsche Bevölkerung, S. 37.
[2] Ebd., S. 40. Vgl. auch Hohorst u.a., Sozialgeschichtliches Arbeitsbuch, S. 22.
[3] Köllmann, Industrialisierung, S. 115.
[4] Ebd.
[5] Ebd., S. 107.

großstädtische Situation, welche die auf Lösung drängenden Probleme der sich herausbildenden Massengesellschaft besonders deutlich machte, schuf somit die Voraussetzungen und gab die Impulse zur gewerkschaftlichen und politischen Organisation der Arbeiter.

Das Tempo der industriellen Entwicklung wirkte sich auch auf das Handwerk aus. Der zunehmende Einsatz von Maschinen veränderte die handwerklichen Produktions- und Arbeitsweisen. Alte Berufe wurden durch neue verdrängt, Betriebsauflösungen und Arbeitslosigkeit waren die Folge.[6] Die Entwicklung vom Einmannbetrieb zum größeren Betrieb zog den Verlust beruflicher und sozialer Aufstiegschancen nach sich.[7] Obwohl sich das Handwerk im ganzen gesehen während des Industrialisierungsprozesses durchaus behaupten konnte[8], führte die Entwertung handwerklicher Fähigkeiten und der Verlust traditioneller Aufstiegschancen bei den Handwerksgesellen zur beruflichen Verunsicherung, zu pessimistischen Zukunftserwartungen[9] und zu einem Gefühl der Gefährdung. Zusammen mit der durch den Desintegrationsprozeß hervorgerufenen sozialen Verunsicherung beschleunigte das den Anschluß an die gewerkschaftliche und politische Arbeiterbewegung.

Durch Gespräche mit seinen Kollegen am Arbeitsplatz konnte der einzelne Arbeiter die ersten Anregungen empfangen, sich mit den Ideen der Arbeiterbewegung auseinanderzusetzen. Für die bereits organisierten Kollegen galt nämlich das persönliche Gespräch, die Agitation von Mund zu Mund, als wichtigster Teil der Werbearbeit.[10] „Die Zeit gebietet es“, so heißt es im „Volksstaat“ vom 4. Februar 1874, „jeder muß Agitator sein bei seinen Kollegen. Die Bedeutung der Agitation kann nicht genug hervorgerufen werden. Findet man einmal kein Gehör, so darf das nicht abschrecken“.[11] In den Berufen, in denen günstige Gesprächsmöglichkeiten gegeben waren, entstanden deshalb die frühesten Ansätze gewerkschaftlicher Organisation, etwa bei den Tabakarbeitern.[12] Der enge Kontakt der Kollegen während der Arbeit in einer gemeinsamen Werkstatt bestand auch in zahlreichen handwerklichen Berufen, beispielsweise bei den Schneidern und Sattlern.[13] Daher existierten hier ähnlich günstige Voraussetzungen für einen gewerkschaftlichen Zusammenschluß. Doch konnten in handwerklichen Klein- und Mittelbetrieben berufliche und soziale Bindungen zwischen Meister, Meisterfamilie und beschäftigtem Gesellen auch als Hemmschuh für einen Anschluß an die Arbeiterbewegung wirken, da sie langfristig dazu führten, daß sich der Geselle mit den Interessen des Meisters identifizierte und kein eigenes Arbeiterbewußtsein entwickelte.[14] Bei den Handwerksgesellen je-

[6] Schönhoven, Expansion, S. 33f.
[7] Born, Wirtschafts- und Sozialgeschichte, S. 51.
[8] Ebd.
[9] Schönhoven, Expansion, S. 34.
[10] Nestriepke, Werben, S. 163.
[11] „Volksstaat“, Nr. 14 vom 4. Febr. 1874, zit. nach: Ebd., S. 163.
[12] Schönhoven, Expansion, S. 31.
[13] Ebd., S. 32.
[14] Ebd., S. 36.

doch, die ständig von einer Stadt zur anderen zogen, entwickelten sich solche Bindungen erst gar nicht, weil sie dafür nicht lange genug in einem einzelnen Betrieb arbeiteten. Bei ihnen bestand eher die Möglichkeit, daß sie während ihrer Wanderschaft mit sozialistischen Vorstellungen in Berührung kamen und für deren Verbreitung sorgten.

Neben Gesprächen und Informationen am Arbeitsplatz ist die rege Versammlungstätigkeit als weiteres werbewirksames Mittel zu nennen. Organisierte Kollegen luden häufig Arbeiter einer Werkstatt oder eines kleineren Betriebes unmittelbar nach Arbeitsschluß zu einer Zusammenkunft oder am Abend zu einer Versammlung ein.[15] Hier war nun Gelegenheit zu intensiven Diskussionen gegeben. Hausbesuche, Flugblätter, Kalender, Arbeiterzeitungen sowie die Fachorgane der einzelnen Verbände, wie etwa die Sattler-Zeitung[16], ergänzten die intensive Mitgliederwerbung.

Anziehend für den einzelnen Arbeiter und Handwerksgesellen wirkten auch die von den Gewerkschaften angebotenen Solidaritätsleistungen durch die verschiedenen gewerkschaftlichen Unterstützungseinrichtungen, wie etwa die Streik- und Reiseunterstützungen.[17] Bei den Sattlern machte die Reiseunterstützung sogar den größten Teil der Ausgaben der Fachvereine aus.[18] Die Streikbereitschaft der Arbeiter während der konjunkturellen Aufschwungphase Ende der achtziger Jahre förderte ebenfalls ihr Organisationsinteresse.[19] Das zeigt die Mitgliederentwicklung der in Zentralverbänden organisierten Gewerkschaften. Ihre Zahl stieg von 89 706 im Jahre 1888 auf 301 200 im Jahre 1890 an. Gleichzeitig fanden in Deutschland allein 1889 und 1890 670 Streiks statt, während es in den fünf vorangegangenen Jahren insgesamt nur 508 Streiks gegeben hatte.[20] In ähnlicher Weise beschleunigte das Scheitern des Sozialistengesetzes und die zunehmenden Wahlerfolge der Sozialdemokraten den Anschluß an die Arbeiterbewegung. War der Anschluß vollzogen, schuf er ein neues Gemeinschaftsgefühl, das sich in einer politischen Subkultur manifestierte. Hier blieb der Arbeiter und Geselle mit seinen Problemen nicht allein, sondern fand Orientierungshilfe und Zukunftshoffnung. Und demjenigen, der von Stadt zu Stadt zog, bot der Zusammenschluß die Möglichkeit, durch die Kontaktaufnahme mit organisierten Kollegen am Ort sich schneller in einer neuen Umgebung einzuleben und zurechtzufinden.

[15] Nestriepke, Werben, S. 168.

[16] Blaustein, die Entstehung, S. 100. Nach Blaustein brachte dieses Fachblatt „weniger sozialpolitische Artikel" sondern „hauptsächlich Fachartikel und gut gezeichnete technische Beilagen." Zu den Ausgaben der Sattler-Zeitung vgl.: Gesamtverzeichnis des deutschsprachigen Schrifttums 1700–1910, Bd. 123, S. 174.

[17] Vgl. Fricke, Handbuch, Bd. 2, S. 896–909 und S. 992–997.

[18] Blaustein, Die Entstehung, S. 103.

[19] Schönhoven, Expansion, S. 97.

[20] Ebd., S. 96.

2. Die Wanderschaft

In genau diese konjunkturelle Aufschwungphase Ende der achtziger Jahre unter dem noch existierenden Sozialistengesetz fiel die Wanderschaft Friedrich Eberts. Nach den Angaben Diederichs wandte sich Ebert Anfang 1889 zunächst nach Mannheim.[21] Für den Besuch dieser in der Nähe Heidelbergs gelegenen und mit über 79000 (1890)[22] Einwohnern größten Stadt des Großherzogtums Baden, sprach nicht allein die Tatsache, daß hier sein Stiefonkel Wilhelm Strötz wohnte, zu dem die Familie Ebert einen engen Kontakt pflegte und der dem jungen Ebert daher gastfreundliche Aufnahme gewährte. Vielmehr konnte er hier auch Rat für seine geplante Reise in die Schweiz einholen, denn Strötz hatte sich während seiner Wanderschaft in den 50er Jahren bereits dort aufgehalten. Vermutlich orientierte sich Ebert mit seinen Reiseplänen zunächst am Beispiel seines Patenonkels.[23] Die älteren Ebert-Biographen berichten, sein Stiefonkel habe Ebert in Mannheim an die Arbeiterbewegung herangeführt und ihm dadurch gleichsam eine neue Welt gezeigt.[24] Dieser Hinweis ist jedoch vor dem Hintergrund des geschilderten politischen Engagements des Vaters zu präzisieren. Bereits durch den Vater, der Mitglied im Arbeiterbildungsverein und im Fachverein der Schneider gewesen war und wohl auch — wie überliefert ist — bereits in den Jahren vor dem Sozialistengesetz sich mit gleichgesinnten Sozialdemokraten getroffen hatte, kam Friedrich Ebert mit den Ideen der Arbeiterbewegung in Berührung. Das hatte seine Neugierde und sein Interesse geweckt. Strötz brauchte ihm daher nur den Weg zu zeigen, der zu einem engeren Kontakt mit organisierten Arbeitern in Mannheim führte. Die aufstrebende Industriemetropole an der Mündung des Neckars in den Rhein bot in dieser Hinsicht mehr Möglichkeiten als die Universitätsstadt Heidelberg. Wie an den Reichstagswahlergebnissen abzulesen, war Mannheim eine Hochburg der sozialdemokratischen Arbeiterbewegung. Noch unter dem Sozialistengesetz war die Sozialdemokratie bei den Reichstagswahlen 1884 mit 40,7% die stärkste Partei geworden. Sie konnte 1887 ihre Position zwar nicht halten und fiel mit 34,9% auf den zweiten Platz zurück, wurde aber 1890 mit 41,8% erneut wählerstärkste Partei. Die Heidelberger Sozialdemokraten hatten dagegen 1884 keinen eigenen Kandidaten aufgestellt. In den Wahlen 1887 und 1890 erreichten sie dort lediglich 4,6% bzw. 12% der Stimmen und blieben bis weit in die 90er Jahre hinein eine politische Randgruppe.[25] Stärke und Organisation der sozialdemokratischen Partei in Mannheim wirkten auf den jungen Ebert sicherlich beeindruckend. Von langfristiger Bedeutung für seine politische Entwicklung war jedoch, daß er in Mann-

[21] Diederich, Fritz Ebert, S. 6. Vgl. dagegen Kampffmeyer, Friedrich Ebert, S. 16, der als erste Station Karlsruhe nennt.

[22] Brockhaus' Konversations-Lexikon, 14. Auflage, Bd. 11 (1894), S. 556.

[23] Schadt, Die Sozialdemokratische Partei, S. 114, Anm. 181; ders., Der erste Reichspräsident, S. 22.

[24] Diederich, Fritz Ebert, S. 6; Kampffmeyer, Fritz Ebert, S. 16.

[25] Vgl. Sepaintner, Die Reichstagswahlen, S. 438 und S. 440; dort Tabellen der Reichstagswahlergebnisse in Mannheim und Heidelberg.

heim mit einer Tradition der Partei in Berührung kam, welche die parlamentarische und vor allem die praktische kommunalpolitische Arbeit befürwortete.[26] In dieser Tradition stand auch sein Stiefonkel Strötz, der mehr als 25 Jahre lang bis 1905 dem Mannheimer Bürgerausschuß angehörte.[27] Strötz war nicht nur ein stadtbekannter Sozialdemokrat, sondern hatte sich bereits zuvor stark in der Gewerkschaftsbewegung engagiert, als er im Jahre 1872 als Bevollmächtigter des Allgemeinen Deutschen Schneidervereins einen Streik durchgeführt hatte.[28] Interessant ist zudem, daß Strötz, ebenso wie später Ebert, eine Gastwirtschaft betrieb, die der Partei als Stützpunkt diente.[29] Der Aufenthalt in Mannheim und das Zusammensein mit Strötz müssen auf Ebert nicht nur außerordentlich anregend gewirkt haben, sondern waren sicherlich insgesamt von ähnlich prägender Bedeutung für seine politische Entwicklung wie das gewerkschaftliche Engagement seines Vaters.[30] Ebert blieb nicht lange in Mannheim. Erst nach dem 15. November hatte er Heidelberg verlassen.[31] Im Februar nahm er vermutlich noch an einer Volksversammlung in Mannheim teil, in der Philipp August Rüdt über das Thema: „Was ist der vierte Stand?“ referierte.[32] Schon bald danach muß er der Stadt den Rücken gekehrt haben. Anhand von Quellen läßt sich zwar erst wieder sein Aufenthalt in Kassel seit März 1890 belegen. Zuvor jedoch hatte er Süddeutschland bereist und war fast ein Jahr lang in Hannover tätig gewesen.

Von Mannheim aus brach Ebert nach Karlsruhe und München auf.[33] Er dürfte sich in Karlsruhe dem Fachverein der Sattler angeschlossen haben, nicht schon in Mannheim, wie Kampffmeyer berichtet.[34] Denn weder die 1891 erschienene Untersuchung des badischen Fabrikinspektors Friedrich Woerishoffer über „Die soziale Lage der Fabrikarbeiter in Mannheim und dessen nächster Umgebung“, noch die Heidelberger Dissertation von Arthur Blaustein, dem späteren Syndikus der Handelskammer Mannheim, über „Die Entstehung der gewerkschaftlichen Arbeiterbewegung im deutschen Sattlergewerbe“ aus dem Jahre 1902, erwähnen für die Jahre 1888/89 einen Fachverein der Sattler in Mannheim.[35] Nach Blaustein bestand aber seit 1887 in Karlsruhe ein Sattler-

[26] Schadt, Der erste Reichspräsident, S. 24.

[27] Ebd.

[28] „Neuer Social-Demokrat“, Nr. 44 vom 14. 4. 1872, zitiert nach: Ebd.

[29] Ebd.

[30] Auch nach seinem Weggang aus Mannheim bestand ein freundschaftliches Verhältnis zu Strötz, den Ebert gelegentlich besuchte. Siehe dazu den Brief Eberts an Emmerich (anläßlich des Todes seines Stiefonkels) vom 16. 5. 1923, AdsD: Bestand Friedrich Ebert 4.

[31] Siehe oben S. 36.

[32] Diederich, Fritz Ebert, S. 6, berichtet, Ebert habe in Mannheim eine Versammlung besucht, auf der Rüdt sprach. Nach Schadt, Der erste Reichspräsident, S. 26, Anm. 17, handelt es sich vermutlich um die im „Südwestdeutschen Volksblatt“, Nr. 20, 15. 2. 1889, erwähnte Veranstaltung.

[33] Diederich, Fritz Ebert, S. 6. Auf seiner Reise durch Süddeutschland kam Ebert auch in Neuburg an der Donau vorbei. So nach der Erzählung von Leonhard Adelt, in: Ebert, Kämpfe, S. 328. Darüber hinaus soll er in Schorndorf gearbeitet haben, wie aus einer im dortigen Stadtarchiv festgehaltenen Überlieferung hervorgeht. Sollte dies zutreffen, kann es sich lediglich um einen kurzen Aufenthalt gehandelt haben, da er sonst in den frühen Ebert-Biographien Erwähnung gefunden hätte.

[34] Kampffmeyer, Fritz Ebert, S. 18.

[35] Schadt, Der erste Reichspräsident, S. 24–26.

fachverein.[36] In München kann Blaustein zwar keinen Fachverein nachweisen, dafür aber eine Zahlstelle der Zentralkasse, die unter den Arbeitern einen gewissen Zusammenhang herstellte.[37] Diese Hinweise ergänzen sich vorzüglich mit den Angaben Diederichs, der ausdrücklich betont, Ebert habe „außer in Mannheim auf allen Stationen der Wanderschaft [...]: in Karlsruhe, München, Frankfurt, Cronberg im Taunus" dem Fachverein angehört.[38]

Ebert verfolgte demnach nun konsequent den Weg, den bereits sein Vater und sein Stiefonkel beschritten hatten. Angeregt durch sein Elternhaus und angespornt durch seine Erfahrungen in Mannheim, schloß er sich den in den größeren Städten entstehenden Fachvereinen der Sattler an. Die von den Vereinen angebotene Reiseunterstützung, die auf einen wandernden Handwerksgesellen attraktiv wirken mußte, bestärkte ihn sicherlich zu diesem Schritt. Sein Anschluß an die Gewerkschaftsbewegung vollzog sich somit in den Jahren des gewerkschaftlichen Gründungsfiebers Ende der achtziger Jahre, als die Gewerkschaften während einer konjunkturellen Aufschwungphase einen gewaltigen Mitgliederzuwachs verzeichnen konnten.

Unklar bleibt, warum Ebert seine ursprüngliche Absicht, in die Schweiz zu gehen, aufgab und statt dessen von München aus über Frankfurt und Kronberg im Taunus nach Hannover zog, wo er vermutlich im Frühjahr 1889 eintraf. Er soll hier fast ein Jahr lang geblieben sein.[39] Trotz dieses langen Zeitraums läßt sich Eberts Aufenthalt, wahrscheinlich wegen kriegsbedingter Verluste in den Archivbeständen, nicht belegen.[40] Diederich, und ihm folgend Kampffmeyer, berichten jedoch, daß sich Ebert in Hannover in der politischen und gewerkschaftlichen Arbeiterbewegung engagierte.[41] Seine Tätigkeit habe ihm hier, so heißt es, seine erste ehrenamtliche Wahlposition in der Arbeiterbewegung eingetragen, als er Schriftführer bei der Zahlstelle des in Hannover seit 1888[42] bestehenden Lokalfachvereins der Sattler wurde.[43] Angesichts der zahlenmäßig meist sehr kleinen lokalen Gewerkschaftsorganisationen erscheint dies durchaus möglich. Darüber hinaus habe er sich der Lektüre zahlreicher sozialistischer Schriften gewidmet und in einer Tarnorganisation der sozialistischen Arbeiterpartei vertrauliche Aufgaben übernommen.[44] Bei der Tarnorganisation handelte es sich um die „Liedertafel Waldesgrün", einen 1887 gegründeten Arbeitergesangverein, der während des Sozialistengesetzes einen organisatorischen Zu-

[36] Blaustein, Die Entstehung, S. 101.

[37] Ebd., S. 101, Anm. 3.

[38] Diederich, Fritz Ebert, S. 6.

[39] Ebd., S. 6; Kampffmeyer, Fritz Ebert, S. 20f.

[40] Weinitschke, Friedrich Ebert in Hannover, kann ebenfalls keine archivalischen Belege über Eberts Aufenthalt in Hannover nachweisen. Seine Untersuchung bietet jedoch Hinweise zur Organisation und Geschichte der Sozialdemokratie in Hannover Ende der 80er Jahre.

[41] Diederich, Fritz Ebert, S. 7; Kampffmeyer, Fritz Ebert, S. 20.

[42] Blaustein, Die Entstehung, S. 101.

[43] Kampffmeyer, Fritz Ebert, S. 20. Seine Behauptung, der Fachverband sei gegründet worden, als Ebert sich in Hannover aufgehalten habe, widerspricht der Angabe Blausteins.

[44] Ebd., S. 20.

sammenhalt unter den Genossen schuf.[45] Zu seinen Aufgaben gehörte die Verteilung des „Sozialdemokrat", des unter dem Ausnahmegesetz verbotenen Zentralorgans der Partei, das illegal gedruckt und verbreitet wurde.[46] Später, in einer Ansprache in Dessau aus dem Jahre 1922, zählte Ebert sich offenbar auch wegen seiner Aktivitäten in Hannover zu den „Alten, die aus der Zeit des Sozialistengesetzes den steilen Weg bis 1918 gegangen sind"[47], auch wenn sich sein Anschluß an Partei und Gewerkschaft erst in der Endphase dieses Ausnahmegesetzes vollzogen hatte. Wann er nun tatsächlich Mitglied der Sozialdemokratie wurde, ist nicht genau festzustellen. Scheinbar trat er zu Beginn seiner Wanderschaft der Partei bei. Im biographischen Handbuch der Nationalversammlung 1919 gab er jedenfalls an, daß er seit 1889 Sozialdemokrat gewesen sei.[48]

In Hannover erlebte Ebert noch die heiße Phase des Wahlkampfes für die Reichstagswahlen im Februar 1890. Die Sozialdemokraten boten auf ihren Versammlungen prominente Redner auf, wie etwa den Berliner Reichstagsabgeordneten Paul Singer, Mitglied des zentralen Parteivorstands.[49] Erst in der Stichwahl am 1. März konnte sich jedoch der sozialdemokratische Kandidat Heinrich Meister gegen den nationalliberalen Gegenkandidaten durchsetzen.[50] Zu diesem Zeitpunkt jedoch war Ebert wohl wieder auf der Walz. Im Februar, spätestens aber Anfang März 1890 verließ Ebert Hannover[51] und wanderte nach Kassel, vermutlich weil er wegen seiner gewerkschaftlichen und politischen Tätigkeit seine Arbeit verloren hatte[52] und er sich in Kassel gute Verdienstmöglichkeiten erhoffte.[53] In diesem Zusammenhang könnte der am 2. Dezember 1889 ausgebrochene Streik von Formern in der Fabrik der Gebrüder Körting in Hannover eine Rolle gespielt haben. Der Streik, an dem sich über 200 Beschäftigte beteiligten und der die organisierten Arbeiter in Atem hielt, richtete sich gegen Rationalisierungsmaßnahmen der Fabrikleitung. Im Verlauf dieses Arbeitskampfes fand am 2. Januar 1890 im „Odeon" eine Metallarbeiter-Versammlung statt, auf der die Former ihr Vorgehen und ihre Streikziele erläuterten.[54] Die Ebert-Biographen Diederich und Kampffmeyer erwähnen ebenfalls diese Versammlung, während der Ebert eine Rede vor größerem Publikum gehalten haben soll.[55] Möglicherweise hatte er darüber hinaus auch an seinem Arbeits-

[45] Weinitschke, Friedrich Ebert in Hannover, S. 211.

[46] Siehe dazu Engelberg, Revolutionäre Politik.

[47] Ebert, Schriften, Bd. 2, S. 277.

[48] Die verfassunggebende Deutsche Nationalversammlung, S. 46f. Siehe auch: Reichspräsident-Friedrich-Ebert-Gedenkstätte (Reihe „museum"), S. 32.

[49] Weinitschke, Friedrich Ebert in Hannover, S. 218. Zu P. Singer vgl. Schröder, Sozialdemokratische Reichstagsabgeordnete, S. 193.

[50] Weinitschke, Friedrich Ebert in Hannover, S. 201 f.

[51] Diederich, Fritz Ebert, S. 7: Ebert war ab März 1890 in Kassel gemeldet, vgl. unten S. 47.

[52] Diederich, Fritz Ebert, S. 7; Kampffmeyer, Fritz Ebert, S. 21.

[53] Das läßt sich dem Brief Eberts an Sassenbach vom 27. 3. 1909 entnehmen, in dem es heißt: „Durch vielversprechende Inserate waren wir nach Kassel gelockt worden", HiKo: Papiere des Allgemeinen Deutschen Gewerkschaftsbundes, NB 562. Siehe das Dokument auf S. 48.

[54] Weinitschke, Friedrich Ebert in Hannover, S. 223ff.

[55] Diederich, Fritz Ebert, S. 7; Kampffmeyer, Fritz Ebert, S. 20. Vgl. auch Felden, Eines Menschen Weg, S. 156f.

platz für Unterstützung der Streikenden geworben – die im August 1890 den Ausstand ohne Durchsetzung ihrer Ziele abbrechen mußten[56] – und dadurch schließlich den Unwillen seines Arbeitgebers auf sich gezogen.

Wenn auch die Gründe für die nun folgenden häufigen Wechsel seines Aufenthaltsortes nicht im einzelnen ausgemacht werden können, so hängen sie sicherlich auch mit den Schwierigkeiten zusammen, die die Arbeitgeber einem politisch engagierten Handwerksgesellen machten. Die Folge war dann häufig die Entlassung. Einmal wegen seiner politischen Aktivitäten entlassen, dürfte es schwierig gewesen sein, am gleichen Ort erneut Arbeit zu finden, da man vermutlich in den Sattlerbetrieben, ähnlich wie im Bäckergewerbe[57], versuchte, organisierte Gesellen insgesamt von der Beschäftigung in den Innungsbetrieben auszuschließen. Es ist jedoch unwahrscheinlich, daß Ebert ein Opfer der „Schwarzen Listen" geworden ist.[58] Dieses System nämlich wandten in der Regel allein größere Industrieunternehmen an. Dabei wurden die Namen der in der sozialdemokratischen oder gewerkschaftlichen Agitation hervorgetretenen Arbeiter auf Listen gesetzt, welche die berufsverwandten lokalen Unternehmen untereinander austauschten. Auf diese Weise hinderte man die wegen ihres politischen Engagements entlassenen Arbeiter daran, in der Umgebung einen neuen Arbeitsplatz in einem anderen Unternehmen der gleichen Branche zu finden.[59] Aber kleinere und mittlere Betriebe überforderte dieses System völlig[60] und erst recht kleine Handwerksbetriebe.

Aus seinem Anschluß an die Arbeiterbewegung erwuchsen Ebert jedenfalls Nachteile, die es unter anderem mit sich brachten, daß er wie zahlreiche Binnenwanderer arbeitssuchend von Stadt zu Stadt ziehen mußte, wobei er als engagierter Gewerkschafter gleichzeitig für die Verbreitung der Gewerkschaftsidee sorgte. Seine Verbundenheit mit der Arbeiterbewegung erleichterte es ihm dagegen, sich in einer neuen Umgebung einzugewöhnen, da der Kreis gewerkschaftlich organisierter Berufskollegen überschaubar blieb und wegen des Zusammengehörigkeitsgefühls die Möglichkeit bot, mit Gleichgesinnten sofort Kontakt aufzunehmen. Dies gab Ebert einen psychischen Rückhalt und bestärkte ihn gleichzeitig in seinem Engagement für die Arbeiterbewegung. Ebenso ermutigend dürften die Erfolge der Sozialdemokratie im Jahre 1890 gewirkt haben. Am 25. Januar 1890 wurde vom Reichstag die Verlängerung des Sozialistengesetzes abgelehnt, das damit am 30. September 1890 auslief. Das Ende dieses Ausnahmegesetzes wurde als Sieg der sozialdemokratischen Politik und Standfestigkeit gegenüber den Mächten der Reaktion gefeiert. Nur wenige Wochen später, bei den Wahlen zum achten Deutschen Reichstag am 20. Februar 1890, verzeichnete die Sozialdemokratie ihren bislang größten Wahlsieg. Mit über 1,4 Millionen Wählern, das entsprach 19,7% der abgegebenen Stimmen, wurde sie zur wähler-

[56] Weinitschke, Friedrich Ebert in Hannover, S. 231 f.
[57] Saul, Staat, Industrie, S. 81 f.
[58] Vgl. dagegen Witt, Friedrich Ebert, in: Friedrich Ebert 1871–1925, S. 14.
[59] Born, Wirtschafts- und Sozialgeschichte, S. 99 f.
[60] Saul, Staat, Industrie, S. 81 f.

stärksten Partei des Reiches überhaupt. Gegenüber der Reichstagswahl von 1887 bedeutete dies fast eine Verdopplung ihres Stimmenanteils.[61] Daß es im Parlament dennoch nicht zu einem politischen Erdrutsch kam und die Sozialdemokratie mit 35 Mandaten lediglich fünftstärkste Fraktion blieb, hatte seine Ursache in der ungerechten Wahlkreiseinteilung, die nicht an die durch Binnenwanderung verursachte Bevölkerungsverschiebung vom Land in Industrieregionen angepaßt wurde. Bei dem für den Reichstag geltenden reinen Mehrheitswahlrecht führte das dazu, daß Parteien wie das Zentrum und die Konservativen, die auf dem Land einen großen Wähleranteil hatten, für die Erringung eines Mandats durchschnittlich weniger Stimmen benötigten als die Sozialdemokraten, deren Anhänger sich in den Großstädten konzentrierten.[62] Folgerichtig forderte die SPD in ihrem Erfurter Programm 1891 ein Verhältniswahlrecht und eine gesetzliche Neueinteilung der Wahlkreise.

„Vielversprechende Inserate" hätten ihn und andere Sattler „nach Kassel gelockt", schrieb Ebert am 27. März 1909 in einem Brief an Johann Sassenbach[63], in dem er Auskunft über einen Sattlerstreik in Kassel gab. Der aus Breun im Bergischen Land stammende Sassenbach, von Beruf ebenfalls Sattler und zeitweise Herausgeber der Sattlerzeitung, war 1909 Mitglied der Generalkommission der Gewerkschaften und wurde 1927 Generalsekretär des Internationalen Gewerkschaftsbundes. Ebert, der im SPD-Parteivorstand der Vorkriegszeit auch für die Verbindung zur Generalkommission der Gewerkschaften zuständig war, dürfte Sassenbach mündlich von diesem Streik berichtet haben. Sassenbach bat Ebert dann wohl um nähere Auskünfte, die dieser dann brieflich mitteilte. So habe es sich nach seiner Ankunft in Kassel – dort war er vom 16. März bis 28. Juni 1890 gemeldet[64] – ganz im Gegensatz zu den offenbar wohlklingenden Offerten, die ihn dorthin gezogen hatten, alsbald herausgestellt, daß der Fabrikant nur ungenügende Vorbereitungen getroffen hatte. Es fehlte an Material und Maschinen. Die Folge davon waren wohl unzureichende Lohnzahlungen, denn Ebert und seine Kollegen befanden sich, „als es zum Streik kam, alle in großem Dalles [Geldverlegenheit] [...]".[65] Bedauerlicherweise führte Ebert nicht aus, warum es zur Arbeitsniederlegung kam. Ein kurzer Bericht über einen Sattlerstreik findet sich jedoch auch in dem Generalbericht des Kasseler Polizeipräsidenten an den Regierungspräsidenten. Danach stellten am 31. März 1890 neunundvierzig Sattlergesellen beim Lederfabrikanten Friedrich Salzmann ohne Kündigung die Arbeit ein, weil eine geforderte Lohnerhöhung nicht bewilligt worden war. Nachdem sie ihre Forderung durchgesetzt hatten, nahmen sie am 9. April die Arbeit wieder auf.[66] Dieser Streik war mit hoher Wahrscheinlich-

[61] Ritter, Wahlgeschichtliches Arbeitsbuch, S. 40.
[62] Born, Wirtschafts- und Sozialgeschichte, S. 15.
[63] Ebert an Sassenbach, 27. 3. 1909 (wie Anm. 53), vgl. Buse, Friedrich Ebert, S. 28.
[64] Meldebuch der Stadt Kassel, StadtA Kassel: Best. Einwohnermeldeamtskartei. Siehe das Dokument auf S. 50.
[65] Ebert an Sassenbach, 27. 3. 1909 (wie Anm. 53).
[66] Generalbericht des Kasseler Polizeipräsidenten an die Regierung zu Kassel vom 5. 6. 1890, StaatsA Marburg: Best. 165 Nr. 6827 fol. 257. Siehe das Dokument auf S. 50.

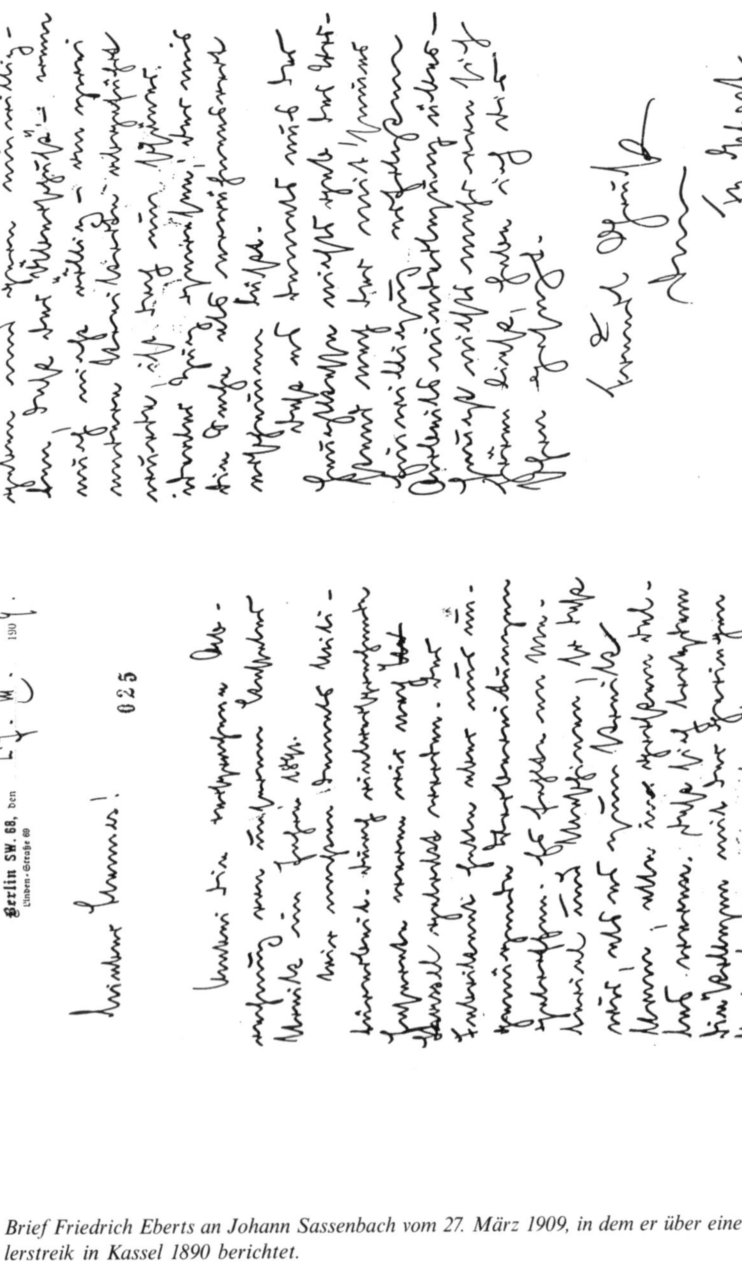

Berlin SW. 68, den
Linden-Straße 69
025

Brief Friedrich Eberts an Johann Sassenbach vom 27. März 1909, in dem er über einen Sattlerstreik in Kassel 1890 berichtet.

keit der gleiche, über den Ebert später berichtete. Denn er wäre wohl kaum um Auskunft über den Kasseler Arbeitskampf gebeten worden, hätte es sich nicht um einen Ausstand von einiger Bedeutung gehandelt. Da nun gerade die Polizeidirektoren „über alle, die sozialdemokratische Bewegung betreffenden erheblicheren Vorkommnisse [...] Meldungen vorzulegen“[67] hatten und in dem Bericht des Polizeipräsidenten lediglich von einem einzelnen Sattlerstreik die Rede ist, darf man annehmen, daß es sich um ein und denselben handelt. Der geringe zeitliche Abstand zwischen Eberts Ankunft in der preußischen Provinzhauptstadt und dem Beginn des Ausstandes am 31. März 1890 spricht ebenfalls für diese Annahme, denn aus Eberts späterem Brief geht hervor, daß es schon bald nach seiner Ankunft in Kassel zur Arbeitsniederlegung gekommen sein muß.

Sowohl dem Bericht des Polizeidirektors als auch dem Brief an Sassenbach läßt sich entnehmen, daß Ebert in Kassel in einem großen Betrieb arbeitete, der 49 Personen beschäftigte. Der Einzug der industriellen Produktionsweise durch den Einsatz von „Maschinen“[68] wurde bereits spürbar, auch wenn sie noch nicht in ausreichender Zahl vorhanden waren, um einen reibungslosen Produktionsablauf zu garantieren. Spätestens in Kassel dürfte Ebert also von den durch die Industrialisierung hervorgerufenen Veränderungen im Handwerk betroffen worden sein: von der Entwertung handwerklicher Berufsinhalte und von der beruflichen Verunsicherung, die die Entwicklung vom Einmannbetrieb zum größeren Betrieb für die abhängig beschäftigten Handwerker mit sich brachte.[69] Wenn Ebert später in Bremen wiederholt betonte, das Handwerk habe längst seinen goldenen Boden verloren[70], so sprach daraus auch seine eigene Erfahrung, die ihn die Zukuntsaussichten seines Handwerks pessimistisch beurteilen ließ.

Diederich berichtet, Ebert selbst habe den Streik der Militärsattler in Kassel geleitet. Außerdem habe Ebert dort eine Sattlerzahlstelle gegründet, deren Vorsitzender er geworden sei.[71] Daß es sich tatsächlich um einen Ausstand der Militärsattler gehandelt hat, ergibt sich aus Eberts Brief, in dem es heißt, er habe damals mit seinen Kollegen Militärarbeiten gemacht.[72] Die Gründung einer Sattlerzahlstelle hing vermutlich mit dem Streik selbst zusammen, denn gerade während eines Arbeitskampfes gründeten Arbeiter zahlreiche lokale gewerkschaftliche Fachvereine.[73] Von der Existenz einer gewerkschaftlichen Organisation zeugt wiederum Eberts Schreiben. Dort heißt es, der Vorstand habe zuvor seine Einwilligung zur Arbeitsniederlegung gegeben.[74] Damit kann nur der

[67] Vertrauliche Verfügung des badischen Ministeriums des Innern an sämtliche Amtsvorstände vom 27. 8. 1890, GLA Karlsruhe: Abt. 233/4874. Diese Verfügung hielt sich eng an einen entsprechenden preußischen Erlaß. Vgl. Saul, Der Staat, S. 301.
[68] Ebert an Sassenbach, 27. 3. 1909 (wie Anm. 53).
[69] Vgl. Kap. IV. 1.
[70] Ebert am 27. 10. 1892, zitiert bei: Schulz, Die Bremer Anfänge, S. 39.
[71] Diederich, Fritz Ebert, S. 7.
[72] Ebert an Sassenbach, 27. 3. 1909 (wie Anm. 53).
[73] Schönhoven, Expansion, S. 97.
[74] Ebert an Sassenbach, 27. 3. 1909 (wie Anm. 53).

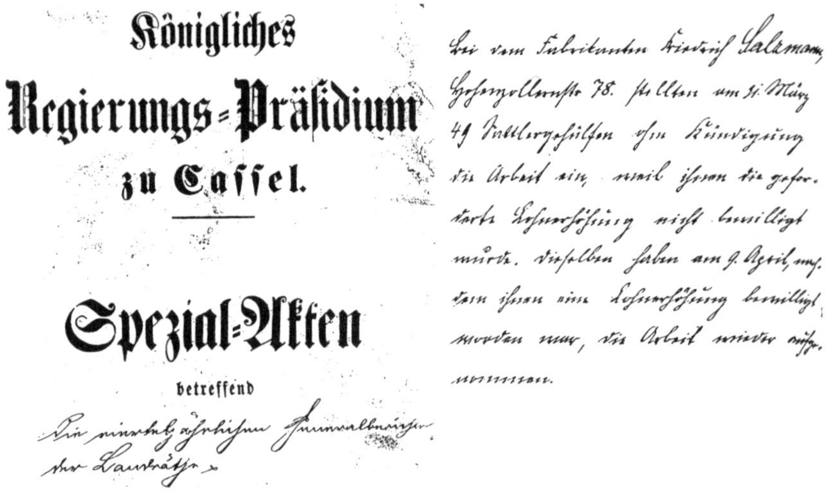

Königliches
Regierungs-Präsidium
zu Cassel.

Spezial-Akten
betreffend
die vierteljährlichen Generalberichte
der Landräthe.

Bei dem Fabrikanten Friedrich Salzmann Hohenzollernstr. 78. stellten am 31. März 49 Sattlergehülfen ohne Kündigung die Arbeit ein, weil ihnen die geforderte Lohnerhöhung nicht bewilligt wurde. Dieselben haben am 9. April, nachdem ihnen eine Lohnerhöhung bewilligt worden war, die Arbeit wieder aufgenommen.

Auszug aus dem Generalbericht des Kasseler Polizeipräsidenten an den Regierungspräsidenten über einen am 31. März 1890 begonnenen Sattlerstreik in Kassel.

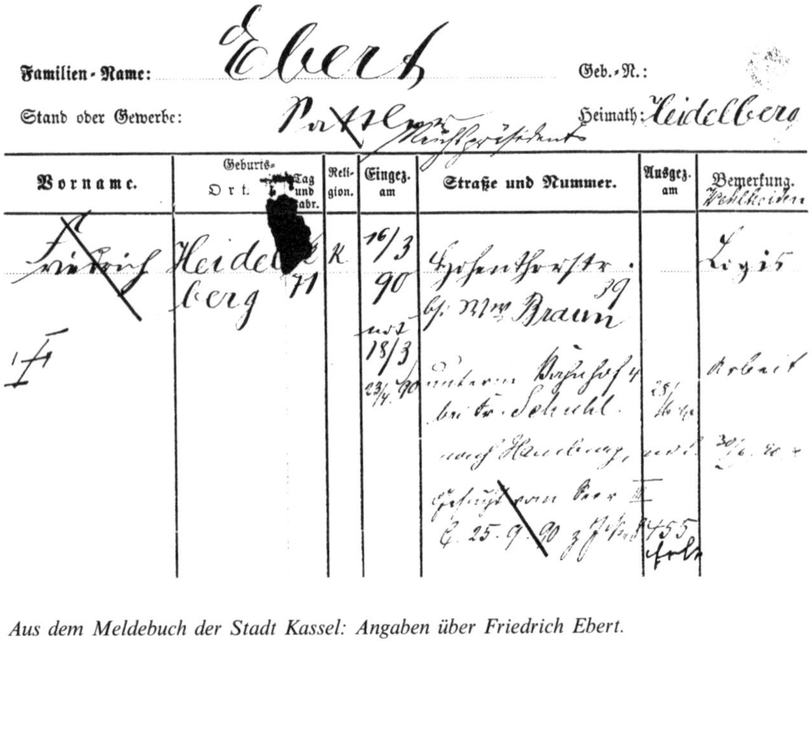

Familien-Name: Ebert Geb.-N.:
Stand oder Gewerbe: Sattler Heimath: Heidelberg

Vorname.	Geburts- Ort.	Tag und Jahr	Religion.	Eingez. am	Straße und Nummer.	Ausgez. am	Bemerkung.
Friedrich	Heidelberg	71	K.	16/3 90	Hohenthorstr. 39 b. Mstr. Braun		Leipzig

Aus dem Meldebuch der Stadt Kassel: Angaben über Friedrich Ebert.

Vorstand des 1889 gegründeten Deutschen Sattlervereins gemeint sein, der seine Einwilligung natürlich nur dann zu geben brauchte, wenn es sich bei dem Streik um eine Aktion einer seiner Zweigstellen handelte. Doch gibt der Brief keinen Anlaß zu der Behauptung, Ebert wäre Vorsitzender dieser Zweigstelle gewesen und hätte in dieser Funktion den Arbeitskampf selbst geleitet. Auch die Annahme, Ebert wäre während des Streiks persönlich mit dem Zentralvorstand des Sattlervereins in Verbindung getreten, läßt sich durch den Brief nicht stützen.[75] Immerhin weisen jedoch die Angaben Diederichs und die Tatsache, daß Ebert später zu den Kasseler Ereignissen Stellung nahm, darauf hin, daß er an der Organisation und an der Durchführung der Aktion in großem Maß Anteil genommen haben muß.

In Eberts Brief an Sassenbach sind noch zwei weitere Hinweise von Interesse. Aus dem Schreiben geht einerseits hervor, daß Ebert – wie vermutlich bereits in den anderen Städten – in Kassel aktiv in einem dem Zentralverband angeschlossenen Gewerkschaftsverein mitarbeitete. Sicherlich stützte sich Eberts späteres Engagement für die Organisierung der Gewerkschaftsvereine in Zentralverbände auch auf seine Erfahrungen, die er in Kassel und anderswo auf diesem Gebiet erworben hatte. Andererseits zeigt der Brief, welchen Eindruck damals eine spontane Solidaritätsleistung auf ihn machte. Ebert weist ausdrücklich darauf hin, daß die Streikenden trotz der geringen Unterstützung, die sie empfangen hätten, „gern" eingewilligt hätten, „daß der ‚Überschuß' [...] an zwei andere Streikorte abgeführt wurde [...]". In den Augen Eberts war dies noch Jahre später „ein schöner idealer Zug gewesen, der [...] die Sache als erwähnenswert erscheinen läßt".[76] Diese wenigen Zeilen machen deutlich, wie wichtig solche Formen der Solidaritätsbekundung für ihn gewesen sein müssen. Sie stärkten nicht nur das Gemeinschaftsgefühl, sondern sie offenbarten auch, daß der Appell an die Solidarität der Arbeiter keine Leerformel war. Dieses Gefühl, verbunden mit dem Erlebnis, daß durch einen Streik, also durch das geschlossene Vorgehen der Arbeiter, Forderungen erfolgreich durchgesetzt werden konnten, muß für Eberts politische Entwicklung von großer Bedeutung gewesen sein. Solche Erfahrungen waren es wohl auch, die ihm halfen, die Nachteile, die Anfeindungen und Diffamierungen, die er als Gewerkschafter und Sozialdemokrat im Kaiserreich in Kauf nehmen mußte, zu verarbeiten.

Schließlich sei noch darauf hingewiesen, daß einige Biographen erwähnen, Ebert habe in Kassel Wilhelm Pfannkuch[77] und Philipp Scheidemann kennengelernt.[78] Tatsächlich war der 1841 in Kassel geborene Pfannkuch, der 1894 als Sekretär in den Parteivorstand der SPD gewählt wurde, zwischen 1889 bis 1892 als Redakteur verschiedener gewerkschaftlicher Wochenblätter in seiner Heimatstadt tätig.[79] Durch seine Gewerkschaftsarbeit könnte Ebert mit Pfann-

[75] Vgl. dagegen: Buse, Friedrich Ebert, S. 28.
[76] Ebert an Sassenbach, 27. 3. 1909 (wie Anm. 53).
[77] Diederich, Fritz Ebert, S. 7.
[78] Efferoth, Vom Sattlergehilfen, S. 7.
[79] Sozialdemokratische Reichstagsabgeordnete, S. 177.

kuch in Kontakt gekommen sein. Ob eine solche mögliche Bekanntschaft jedoch über Eberts kurzen Aufenthalt in Kassel hinaus gepflegt wurde, bleibt zu bezweifeln. Daher sollte man darauf verzichten, Eberts spätere Parteikarriere auch mit einem Hinweis auf solche Begegnungen mit einflußreichen Parteigenossen während seiner Wanderzeit zu erklären.[80] Eine Bekanntschaft mit Scheidemann während Eberts Zeit in Kassel ist dagegen unwahrscheinlich. Scheidemann kam zwar aus dieser Stadt, arbeitete jedoch zur fraglichen Zeit als Setzer in Marburg.[81]

Am 28. Juni 1890 meldete sich Ebert von Kassel nach Hamburg ab.[82] Diese Stadt dürfte auf ihn nicht nur als ein Zentrum der sozialistischen Bewegung anziehend gewirkt haben, sondern auch wegen des großen Hamburger Streiks, der die Arbeiterschaft bewegte. Begonnen hatte er am 1. Mai mit der Arbeitsniederlegung zahlreicher Hamburger Arbeiter, die von den Unternehmern mit einer umfangreichen Aussperrung beantwortet worden war.[83]

Von Kassel kommend traf er auf seinem geplanten Weg nach Hamburg am 14. Juli 1890 in Braunschweig ein, wo er im Hause Echternstraße 16 Unterkunft fand.[84] Nach Diederich soll er hier wieder an die Spitze der dortigen Sattlerzahlstelle gewählt worden sein. Dies und der Hinweis, Ebert habe eine Protestaktion gegen den Innungsmeister Reppenhagen ausgelöst, der die Prügelstrafe für Arbeitslose vorgeschlagen hatte,[85] konnten in einer Untersuchung über Eberts Aufenthalt in Braunschweig nicht archivalisch belegt werden.[86] „Reppenhagen“[87], Obermeister der Sattlerinnung und Stadtverordneter in Leipzig, hatte – so die Darstellung des „Sozialdemokrat“ vom 2. August – „in der Leipziger Stadtverordnetenversammlung die Stirn [...], als Mittel gegen die Arbeitslosigkeit vorzuschlagen: ‚Jedem Arbeitslosen zum Frühstück 25 aufgezählt, und Nachmittags die Dosis wiederholt und Salz und Pfeffer auf die Stelle gerieben‘ “.[88] In der sozialdemokratischen Presse war seine Äußerung auf heftige Kritik gestoßen, unter anderem in zwei Artikeln des „Braunschweigischen Unterhaltungs-Blattes“ kurz nach Eberts Ankunft in Braunschweig.[89] Besonders die gewerkschaftlich organisierten Sattler dürften auf Reppenhagens Äußerung ebenfalls mit Empörung reagiert haben, die sich womöglich noch steigerte, als dieser Ende August als Delegierter der Leipziger Innung am „6. deutschen

[80] Vgl. dagegen Buse, Friedrich Ebert, S. 31.
[81] Scheidemann, Memoiren, Bd. 1, S. 55–59.
[82] Eintrag im Meldebuch der Stadt Kassel, StadtA Kassel: Best. Einwohnermeldeamtskartei.
[83] Eckert, Friedrich Ebert, S. 224.
[84] Meldebuch der Stadt Braunschweig, StadtA Braunschweig: D I 11, Band 62. Der Eintrag im Meldebuch ist abgebildet bei: Eckert, Friedrich Ebert, zwischen den Seiten 220f.
[85] Diederich, Fritz Ebert, S. 7.
[86] Eckert, Friedrich Ebert, S. 223.
[87] Bei Diederich, Fritz Ebert, S. 7, und bei Felden, Eines Menschen Weg, S. 160, findet sich die Schreibweise „Repenhagen“. In den bei Eckert, Friedrich Ebert, zitierten Artikeln des „Braunschweigischen Unterhaltungs-Blattes“ vom 22. 7. und 24. 7. 1890 sowie „Der Sozialdemokrat“ vom 2. 8. 1890 findet sich die Schreibweise „Reppenhagen“.
[88] „Der Sozialdemokrat“, 2. 8. 1890.
[89] „Braunschweigisches Unterhaltungs-Blatt“, 22. 7. und 24. 7. 1890, zitiert nach: Eckert, Friedrich Ebert, S. 221f.

Sattler-, Riemer-, Täschner- und Tapezierertag" in Braunschweig teilnahm.[90] Diese Tagung könnte der Anlaß für die erwähnte Protestaktion gewesen sein, doch fand sie offensichtlich keinen Niederschlag in der zeitgenössischen Presse, was die Vermutung nahelegt, daß sie selbst lokal von geringer Bedeutung blieb.

In seine Braunschweiger Wochen fielen wichtige Diskussionen innerhalb der Arbeiterbewegung, die Ebert als politisch engagierter Geselle sicherlich verfolgt haben dürfte. Im Mittelpunkt standen Fragen nach der Bedeutung der gewerkschaftlichen Bewegung und nach ihrer zukünftigen Organisationsform, die in mehreren Versammlungen erörtert wurden, und in denen auch bekannte Sozialdemokraten wie der Nürnberger Reichstagsabgeordnete Karl Grillenberger das Wort ergriffen.[91] Es ist deshalb anzunehmen, daß auch sein Braunschweiger Aufenthalt von Bedeutung für seinen Meinungsbildungsprozeß hinsichtlich der Frage war, ob die Gewerkschaften lokal oder zentral organisiert werden sollten. Konfrontiert sah sich Ebert in Braunschweig darüber hinaus mit der Diskussion über den Wert sozialdemokratischer Kommunalpolitik und sozialreformerischer Maßnahmen sowie mit den Auseinandersetzungen über das neue Parteistatut, das schließlich im Oktober 1891 auf dem Parteitag der Sozialdemokraten in Erfurt verabschiedet werden sollte.[92]

Vermutlich weil er gemaßregelt wurde[93], meldete sich Ebert am 3. Oktober 1890 in Braunschweig ab. Wieder bekundete er seine Absicht, nach Hamburg zu ziehen.[94] Diesen Entschluß muß er bereits wenig später aufgegeben haben, denn Diederich und Kampffmeyer berichten, Ebert habe nun in Elberfeld-Barmen gewirkt und bei der Dezembernachwahl in Bochum geholfen.[95] Ein Polizeibericht aus Bremen vom November 1891 belegt Eberts Aufenthalt in Barmen.[96] An diese Stätte kehrte er später als Kandidat für den Reichstag zurück. 1912 gewann er für die SPD in der Stichwahl das Mandat im Wahlkreis Elberfeld-Barmen. Es ist dabei durchaus möglich, daß Bekanntschaften aus der Zeit während seines halbjährigen Aufenthalts neben seinem Bekanntheitsgrad als Mitglied des Parteivorstandes seit 1905 zu seiner Nominierung für die Wahl 1912 führten.[97]

Für kurze Zeit muß er auch in Wesel untergekommen sein, einer Stadt im preußischen Regierungsbezirk Düsseldorf, an der Mündung der Lippe in den Rhein. Die frühen Ebert-Biographen erwähnen diesen Aufenthalt zwar nicht,

[90] Ebd., S. 223.
[91] Ebd., S. 225ff.
[92] Ebd., S. 228f.
[93] Diederich, Fritz Ebert, S. 7.
[94] Meldebuch der Stadt Braunschweig, StadtA Braunschweig: D I 11 Band 62.
[95] Diederich, Fritz Ebert, S. 7. Weder in Elberfeld-Barmen noch in Bochum läßt sich Eberts Aufenthalt archivalisch belegen. Nach Sonntag, Alt Brühler Bilderbuch, S. 114, soll Ebert darüber hinaus in der Wagenfabrik A. Kivernagel in Brühl gearbeitet haben. Auch dafür gibt es keinen Beleg. Prasuhn, 75 Jahre SPD, S. 10.
[96] Bericht des Polizeikommissars Bartels vom 28. 11. 1891, StAB: 4,14/1-XII.C.2.a. Vgl. Schulz, Die Bremer Anfänge, S. 15. Nach mündlicher Überlieferung soll Ebert in der nahe Barmen gelegenen Elberfelder Sattlerei und Wagenbauerei Jacob Friedrich Erb, Hofauerstr. 49, gearbeitet haben. Siehe dazu Ebert-Gedenkstätte, Sammlung Erb.
[97] Vgl. im Detail dazu: Parteiagitation.

doch ist er durch ein Belegschaftsfoto der Sattlerei Conrad Scherz in Wesel bezeugt.[98] Die Sattlerei stellte vornehmlich Lederartikel für das Militär in der Garnisonsstadt her, eine Arbeit, die Ebert schon beim Militärsattler Salzmann in Kassel ausgeführt hatte. Das Foto zeigt Ebert im Kreis seiner Arbeitskollegen. Interessanterweise steht er auf diesem Bild rechts neben dem in der Mitte sitzenden Meister oder Vorarbeiter. Auf diese Weise für den Betrachter des Fotos auffällig ins Zentrum gerückt, liegt die Vermutung nahe, daß Ebert als gewissenhafter Arbeiter geachtet wurde. Das dürfte bei seiner gewerkschaftlichen Arbeit durchaus eine Rolle gespielt haben, da es zum Ehrenkodex eines idealen Gewerkschafters gehörte, daß er unter seinen Arbeitskollegen in der Werkstatt auch als Arbeiter ein Vorbild sein sollte.[99]

Anfang 1891 schließlich hielt sich Ebert in Quakenbrück auf, einer kleinen Stadt mit etwas über 2500 Einwohnern, die zwischen Osnabrück und Oldenburg an der Hase liegt.[100] Er traf dort am 8. März 1891 ein und fand bei der Sattlerei Tornow Arbeit. Bereits am 9. Mai 1891 jedoch meldete sich Ebert wieder ab.[101] Es ist nicht auszuschließen, daß er an Feiern zum 1. Mai 1891 teilgenommen und deswegen mit seinem Arbeitgeber und mit der Polizei Schwierigkeiten bekommen hatte, so daß er sich entschloß, die Stadt zu verlassen.[102] Er zog nun nach Bremen.

[98] Foto im Abbildungsteil. Materialien zur Sattlerei Scherz: Ebert-Gedenkstätte.

[99] Nestriepke, Werben, S. 164.

[100] Meyers Konversations-Lexikon, Bd. 13, Leipzig 1889, S. 493. Nach Diederich, Fritz Ebert, S. 7, hielt sich Ebert im Dorf Bersenbrück im preußischen Regierungsbezirk Osnabrück auf. Diederich verwechselt offensichtlich den Kreishauptort Bersenbrück mit dem Kreis gleichen Namens, in dem Quakenbrück lag.

[101] Auszug aus dem Meldebuch der Stadt Quakenbrück, Stadtmuseum Quakenbrück. Die Stadt Quakenbrück gab 1921 einen Notgeldschein heraus mit Bild der Sattlerei Tornow und dem Text: „Das Handwerk erfreut sich hier stetiger Gunst, der Reichspräsident einst betrieb hier die Kunst.“ Siehe das Dokument auf S. 55.

[102] Felden, Eines Menschen Weg, S. 161 und S. 165f.

Notgeldschein der Stadt Quakenbrück aus dem Jahr 1921 mit einem Bild der Sattlerei Tornow, in der Friedrich Ebert 1891 gearbeitet hat.

IV. Anfänge in Bremen

1. Ankunft und erste politische Aktivitäten

Wie sich dem Bericht des Bremer Kriminalkommissars Bartels vom 28. November 1891 entnehmen läßt, kam Ebert im Mai 1891 in der Hansestadt an.[1] Innerhalb kürzester Zeit wurde er, so berichtete Felden, zum Vorsitzenden der Bremer Zweigstelle des seit 1889 bestehenden Allgemeinen Deutschen Sattlervereins gewählt.[2] Der Bericht des Kriminalkommissars, in dem Ebert als „Führer der Sattlergesellen" bezeichnet wird[3], bestätigt diese Behauptung. Seine Wahl läßt darauf schließen, daß dem gerade zwanzigjährigen Ebert unter seinen organisierten Berufskollegen ein Ruf als entschlossener und talentierter Gewerkschafter vorausging. Man sollte jedoch auch die nur geringe Zahl der organisierten Sattler berücksichtigen. Im Deutschen Kaiserreich waren von insgesamt 42 190 berufstätigen Sattlern (1895) lediglich 2086 (1896) Mitglieder im Sattlerverband.[4] Von ihnen arbeiteten die meisten in Berlin, dem Zentrum der Sattlerbewegung. Im Freistaat Bremen waren von 161 berufstätigen Sattlern (1895)[5] 30 im Sattlerverband organisiert (1896).[6] Da sich diese Zahl auf das gesamte Bremer Staatsgebiet bezieht, zu dem die Städte Bremen, Vegesack, Bremerhaven und das Landgebiet Bremen gehörten, muß man davon ausgehen, daß der Verband in der Stadt Bremen selbst weniger als dreißig Mitglieder hatte. Angesichts der kleinen Mitgliederzahl erscheint es nicht außergewöhnlich, daß Ebert an die Spitze des Sattlervereins gewählt wurde, zumal er dafür alle Voraussetzungen erfüllte: Er hatte praktische Berufserfahrung, konnte bereits auf eine längere Periode nebenamtlicher Tätigkeit für die Gewerkschaftsbewegung verweisen, er besaß Organisations- und Streikerfahrung und war darüber hinaus, wie noch zu zeigen sein wird, ein geschickter Redner.

Neben dem Vorsitz im Sattlerverein leitete er bereits 1891 zusätzlich die Kontrollkommission der Gewerkschaften in Bremen.[7] Das geht unter anderem aus einer Anzeige der „Bremer Bürger-Zeitung" vom 15. Januar 1892 hervor, nach

[1] Bericht des Polizeikommissars Bartels vom 28. 11. 1891, StAB: 4,14/1-XII.C.2.a. Vgl. Schulz, Die Bremer Anfänge, S. 15. Siehe das Dokument auf S. 59.

[2] Felden, Eines Menschen Weg, S. 172f.

[3] Bericht des Polizeikommissars Bartels vom 28. 11. 1891 (wie Anm. 1).

[4] Troeltsch/Hirschfeld, Die deutschen sozialdemokratischen Gewerkschaften, S. 135 und Tabellenanhang I a, S. 3.

[5] Blaustein, Die Entstehung, S. 128.

[6] Troeltsch/Hirschfeld, Die deutschen sozialdemokratischen Gewerkschaften, Tabellenanhang I a, S. 18.

[7] Bericht des Polizeikommissars Bartels vom 28. 11. 1891 (wie Anm. 1). Siehe auch Schulz, Die Bremer Anfänge, S. 10.

der in der Sitzung der Kontrollkommission „wegen plötzlicher Abreise des Herrn Ebert Wahl eines 1. Vorsitzenden“ vorgenommen werden sollte.[8] Bei der Kontrollkommission der Gewerkschaften, die später in Gewerkschaftskartell umbenannt wurde[9], handelte es sich um einen Zusammenschluß von Gewerkschaftsverbänden auf örtlicher Ebene. Ihre Aufgaben beschränkten sich zunächst darauf, das Vorgehen der angeschlossenen Gewerkschaftsverbände bei der Durchsetzung von Lohnerhöhungen zu koordinieren[10] sowie gemeinsame Feste und Veranstaltungen auszurichten.[11] Die Bedeutung der Kontrollkommission war demnach zu dem Zeitpunkt, als Ebert ihre Leitung übernahm, noch gering. Das Recht, entscheidend in die Angelegenheiten einzelner Gewerkschaftsverbände einzugreifen, hatte er als Vorsitzender offensichtlich nicht.

Die Tätigkeit als Leiter der Kontrollkommission dürfte ihm die Möglichkeit zu seinen zahlreichen Vorträgen eröffnet haben. Eberts Einsatz ging hierbei über das Maß der gewöhnlichen Partei- und Gewerkschaftsarbeit hinaus. Neben zahlreichen Diskussionsbeiträgen hielt er bis zu seiner Abreise nach Heidelberg im Januar 1892 allein 14 Vorträge.[12] Vor den SPD-Vereinen referierte er über das Programm der SPD[13], erörterte allgemeine ökonomische Themen wie „Die Entwicklung des Kapitalismus“[14] und wandte sich der Frage zu: „Was ist der vierte Stand?“.[15] Im Vordergrund aber standen gewerkschaftsspezifische Themen, die er vor verschiedenen Gewerkschaftsvereinen vortrug. Hier konzentrierte er sich auf Fragen nach der Bedeutung, den Zielen und den Formen gewerkschaftlicher Organisationen, wobei er auf seine während der Wanderschaft erworbenen Erfahrungen zurückgreifen konnte.

Aus den zur Verfügung stehenden Dokumenten lassen sich leider nicht die Inhalte seiner ersten Vorträge erschließen. Dafür kann man aus den Referatsthemen unschwer die Vielzahl der Bereiche erkennen, mit denen sich Ebert auseinandersetzte. Von der thematischen Vielseitigkeit der Vorträge auf ihre häufig ungenügende Vorbereitung schließen zu wollen[16], ist allerdings unbegründet. Da Ebert zahlreiche Themen wiederholte, kann man vielmehr davon ausgehen, daß er sich zunächst gründlich in einen Bereich einarbeitete, um ihn dann bei unterschiedlichen Gelegenheiten aufzugreifen. Zieht man die umfangreichen Berichte über Eberts Reden aus den folgenden Bremer Jahren zum Vergleich heran, dann zeigt sich außerdem, wie eingehend er seine Themen behandelte.

[8] BBZ, 15. 1. 1892; ebd., S. 17.
[9] Ebd., S. 10.
[10] Ebert am 17. 12. 1902; Schulz, Die Bremer Anfänge, S. 64.
[11] Ebert am 3. 4. 1894; ebd., S. 67.
[12] Diese Zahl ergibt sich aus der Zusammenstellung von Schulz, ebd., S. 13–17.
[13] Vgl. z.B. Hinweis der BBZ über eine Versammlung am 22. 11. 1891; ebd., S. 15.
[14] Anzeige der BBZ über einen Vortrag Eberts vor dem Sozialdemokratischen Verein am 17. 11. 1891; ebd., S. 14.
[15] Vgl. Anzeige der BBZ über einen Vortrag Eberts am 19. 9. 1891; ebd., S. 13. Zu der gleichen Frage hatte bereits Philipp August Rüdt auf einer Versammlung in Mannheim 1889, die Ebert vermutlich besucht hatte, Stellung genommen. Siehe oben S. 43.
[16] Kotowski, Friedrich Ebert, S. 42.

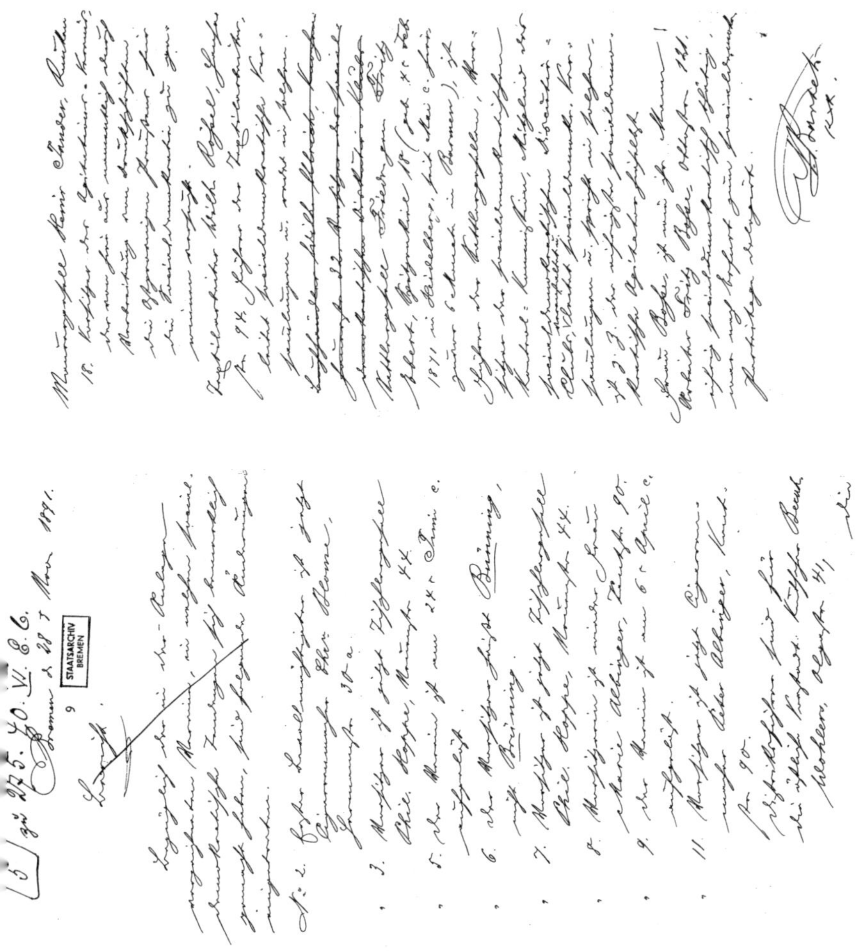

Bericht des Polizeikommissars Bartels vom 28. November 1891 (erste und letzte Seite) über Friedrich Eberts politische Aktivitäten in Bremen.

Eberts rege Vortragstätigkeit zeigt eine enge Verflechtung seiner Gewerkschafts- und Parteiarbeit. Da sie von Beginn seines Bremer Aufenthaltes an zu bemerken ist, kann davon ausgegangen werden, daß Ebert sich schon bei früheren Gelegenheiten auf seiner Wanderschaft nicht nur für die Gewerkschaft, sondern auch für die Partei eingesetzt hatte. Sein außergewöhnlich starkes gewerkschaftliches und parteipolitisches Engagement ließ die Behörden auf ihn aufmerksam werden. Am 28. November 1891, etwa ein halbes Jahr nach Eberts Ankunft in Bremen, fügte der zuständige Kriminalkommissar seiner Liste der hervorragenden Mitglieder der Bremer sozialdemokratischen Bewegung hinzu: „Sattlergesell Friedr. gen. Fritz Ebert, [...] ist Führer der Sattlergesellen, Vorsitzer der socialdemokratischen Kontroll-Kommission, Mitglied des socialdemokratischen Diskutir-Clubs, veranstaltet und leitet socialdemokr. Versammlungen u. spricht in solchen, ist z.Z. der eifrigste socialdemokratische Agitator hieselbst."[17]

2. Exkurs: Ebert und die statistische Untersuchung zur Lage der Arbeiter im Bremer Bäckergewerbe. Zur Autorschaft Eberts

Im April 1892 erschien in Bremen eine Broschüre mit dem Titel: „Die Lage der Arbeiter im Bremer Bäckergewerbe und die nothwendigsten Aufgaben der Bäckerbewegung. Ergebniß der statistischen Erhebung des Gewerkvereins der Bäckergesellen Bremens und Umgegend."[18] Sie prangerte Mißstände bei der Beschäftigung von Gesellen und Lehrlingen im Bremer Bäckereigewerbe an. Überlange Arbeitszeiten, die bei mehr als der Hälfte der untersuchten Betriebe über 14 Stunden lagen, Sonntagsarbeit, die in zwei Drittel der Fälle über 9 Stunden betrug, unhygienische Arbeitsräume, gesundheitsschädigende Arbeitsbedingungen und Schlafräume sowie die schlechte Verpflegung vor allem der Lehrlinge waren die Hauptanklagepunkte. Nachdem der seit 1888 an der St. Martini Kirche in Bremen tätige Pastor Albert Kalthoff die Broschüre in den liberalen „Bremer Nachrichten" vorgestellt und eine amtliche Untersuchung der behaupteten Mißstände gefordert hatte[19], erhob sich ein gewaltiger Protestschrei bei den Bremer Bäckermeistern. Die darauf entbrannte öffentliche Diskussion, in den Bremer Zeitungen dokumentiert, übte Druck auf die Behörden aus, so daß sich der Senat schließlich zu einer systematischen Untersuchung der Bremer Bäckereien durch die Polizei veranlaßt sah. Die im Juni und Juli 1892 durchgeführten Erhebungen in den bremischen Polizeidistrikten bestätigten insbeson-

[17] Bericht des Polizeikommissars Bartels vom 28. 11. 1891 (wie Anm. 1); Abdruck hier auf S. 59.

[18] StAB: 3–S3. Nr. 309, 3. Teilabdruck in: Ebert, Schriften, Bd. 1, S. 131–154. Das Titelblatt auf S. 64. Zum Erscheinungsdatum vgl. die Anzeige in der BBZ vom 17. 4. 1892; Schulz, Die Bremer Anfänge, S. 23f. Im Sozialpolitischen Correspondenzblatt I, 1892, S. 262f., wird die Schrift besprochen.

[19] „Bremer Nachrichten", 11. 5. 1892. Zu Albert Kalthoff siehe Schmolze, Kalthoff, S. 74f.

dere die überlangen Arbeitszeiten.[20] Auch wenn eine im September des gleichen Jahres durchgeführte reichsweite Erhebung zu dem gleichen Ergebnis kam[21], konnten dennoch die Arbeitszeitbedingungen im Bäckergewerbe in den folgenden Jahren nur langsam und mühsam verbessert werden.[22]

Die wissenschaftliche Literatur geht davon aus, daß Ebert der Verfasser der Broschüre war.[23] Aber weder im Titel noch im Text findet sich ein Hinweis auf ihn. Die Schrift, die sich bereits im Dezember 1891 im Druck befand[24], erschien im Verlag von Paul Sandhoff, dem Vorsitzenden des Gewerkvereins der Bäckergesellen-Brüderschaft in Bremen.[25] Dem Titel der Broschüre läßt sich entnehmen, daß dieser Gewerkverein der Bäcker und somit ihr Vorsitzender Paul Sandhoff für die statistische Erhebung verantwortlich zeichnete. Außerdem bezeichnet sich „der Verfasser dieses Schriftchens" selbst als jemanden, der sich „einmal wegen Vergehen gegen dieses Regulativ", gemeint ist das Regulativ der Weißbäcker-Innung, „vor dem hiesigen Innungsschiedsgericht zu verantworten" gehabt habe.[26] Der Verfasser muß also ein Bäckergeselle gewesen sein. Als verantwortlicher Autor scheidet Ebert somit aus. Interessant ist in diesem Zusammenhang auch, daß in den zeitgenössischen Zeitungsartikeln, mit denen sich die Bäckergesellen, die Bäckermeister und Pastor Kalthoff zu Wort meldeten, weder direkt noch indirekt Ebert mit der Abfassung der Schrift in Verbindung gebracht wird. Allein Paul Sandhoff wird als „Herausgeber"[27] und „Verfasser"[28] der Broschüre genannt.

Ebert selbst äußerte sich erst am 21. Mai 1892 in einem Artikel der BBZ über diese Broschüre[29], also gut einen Monat nach ihrem Erscheinen. Dort läßt sich ebenfalls kein Hinweis finden, der es erlaubt, Ebert als Verfasser der statistischen Untersuchung anzusehen. Er nimmt in seinem Artikel lediglich Stellung zu den Äußerungen einiger Bäckermeister, die Pastor Kalthoff und die Bäckergesellen zu diffamieren trachteten. Dieser Befund erlaubt es nicht mehr, ohne Vorbehalte den Biographen Kotowski, Buse und Witt zu folgen, die in Ebert den Verfasser der Bremer Untersuchung sehen. Ohne darauf ausführlich hinzuwei-

[20] StAB: 3-G.4.a. Nr. 55a, 18–29.

[21] Arbeiterstatistik. Erhebung über die Arbeitszeit in Bäckereien und Konditoreien. Veranstaltet im September 1892; StAB: 3-S. 3. Nr. 309, 18.

[22] Grüner, Zu der Auseinandersetzung, S. 43–52.

[23] Kotowski, Friedrich Ebert, S. 44; Buse, Friedrich Ebert, S. 37–43; Witt, Friedrich Ebert, in: Friedrich Ebert 1871–1925, S. 16.

[24] Das ergibt sich aus einem Bericht der BBZ über die Bäckergesellenversammlung vom 13. 12. 1891; Schulz, Die Bremer Anfänge, S. 15f.

[25] Ebd.

[26] Ebert, Schriften, Bd. 1, S. 136–138.

[27] Vgl. den Artikel des Obermeisters der Weißbäckerinnung, Johann Müller, in: „Bremer Nachrichten", 13. 5. 1892, und die Erwiderung von Paul Sandhoff in: „Bremer Nachrichten", 15. 5. 1892.

[28] Vgl. den Artikel des Grobbäckers Caspar Ulrich Bitter, „Bremer Nachrichten", 15. 5. 1892, nach dem „der Verfasser der erwähnten Broschüre" „in einer Versammlung der Weißbäcker [...] das Wort entzogen wurde". Sandhoff wird hier zwar nicht namentlich genannt. Der Obermeister der Weißbäckerinnung, Johann Müller, erwähnt jedoch den gleichen Vorgang in: „Bremer Nachrichten", 17. 5. 1892, wogegen sich Sandhoff zur Wehr setzt, in: „Bremer Nachrichten", 20. 5. 1892.

[29] BBZ, 21. 5. 1892. Vgl. Schulz, Die Bremer Anfänge, S. 30ff.

sen, übernehmen die genannten Autoren diese Annahme aus älteren Biographien. Zunächst brachte Franz Diederich Ebert mit einer Broschüre in Verbindung, mit der dieser 1892 in einen Streik der Bäcker eingegriffen habe.[30] Den Titel der Broschüre nennt er nicht. Er dürfte jedoch die hier zu behandelnde Schrift gemeint haben. Diederich selbst war zum Zeitpunkt der Veröffentlichung der Untersuchung noch nicht in Bremen. Er berichtete hier also nicht als unmittelbar Beteiligter. Paul Kampffmeyer war der erste, der Ebert ausdrücklich als Autor der Broschüre „Die Lage der Arbeiter ..." bezeichnete.[31] Durch eine Analyse der Schrift versucht er darüber hinaus, Aussagen über die Weltanschauung Eberts zu machen.[32] Die Bremer Untersuchung wurde schließlich in die von Friedrich Ebert jun. 1926 im Dresdner Carl Reissner-Verlag herausgegebenen „Schriften, Aufzeichnungen, Reden" seines Vaters aufgenommen.[33] Allen späteren Ebert-Biographen schien dies nun Grund genug gewesen zu sein, in Ebert den Verfasser der statistischen Untersuchung zu sehen, ohne zu bedenken, daß die Biographien von Diederich und Kampffmeyer zu einer Zeit geschrieben wurden, in der die Autoren nur zu geneigt gewesen sein dürften, die frühen Leistungen Eberts möglichst deutlich hervorzuheben und sie auch überzubewerten, um den im Bürgertum weitverbreiteten Vorurteilen gegen die Herkunft und Bildung des neuen Reichspräsidenten entgegenzutreten. Und was die Aufnahme des Textes in den 1926 herausgegebenen Sammelband betrifft, so muß dabei beachtet werden, daß der Herausgeber, Eberts ältester Sohn Friedrich, keine Kriterien für die Textauswahl angibt. Nach dem der Publikation vorangegangenen Schriftwechsel zwischen Harry Schumann vom Carl Reissner-Verlag, Pastor Emil Felden in Bremen und Hermann Müller-Lichtenberg, von 1900 bis 1905 neben Ebert zweiter Mann im Bremer Arbeitersekretariat, der 1926 das offenbar einzig verfügbare Exemplar der Broschüre besaß[34], stand die Absicht im Vordergrund, mit den „Gesammelten Schriften und Reden Eberts in einer würdigen, grossen monumentalen Ausgabe"[35] dem Verstorbenen „ein literarisches Denkmal"[36] zu setzen. Eine wissenschaftliche Edition seiner Reden und Arbeiten war nicht das Ziel. Geleitet von dem Wunsch, seinem Andenken zu dienen[37], unterschied man 34 Jahre nach Erscheinen der Bremer Untersuchung nicht mehr, ob es sich dabei um eine Gemeinschaftsarbeit gehandelt hatte oder um das Werk eines Einzelnen, sondern rückte Ebert allein ins Rampenlicht. Die Aufnahme des Untersuchungstextes in den Sammelband sowie die Hinweise der ersten Biographen stützen daher allein die Vermutung, daß Ebert an der Erarbeitung der Schrift beteiligt gewesen war. Weitergehende Schlußfolgerungen,

[30] Diederich, Fritz Ebert, S. 8.
[31] Kampffmeyer, Fritz Ebert, S. 24f.
[32] Ebd., S. 30–34.
[33] Ebert, Schriften, Bd. 1, S. 131–154. Der Carl Reissner-Verlag publizierte auch Erinnerungswerke über Walther Rathenau und Gustav Stresemann.
[34] Müller an Felden, 20. 7. 1926, HiKo: Gewerkschaftliche Restakten, NB 110/30.
[35] Schumann an Müller, 17. 7. 1926, ebd., NB 110/28.
[36] Schumann an Müller, 8. 7. 1926, ebd., NB 110/26.
[37] Müller an Schumann, 22. 7. 1926, ebd., NB 110/31.

insbesondere die Behauptung, Ebert sei der verantwortliche Autor gewesen, lassen sich aus den eingangs erwähnten Gründen nicht ziehen. Tatsächlich trugen mehrere Personen zum Entstehen des Werks bei. Das ergibt sich aus dem Vorwort, wo von „denjenigen“ gesprochen wird, „die bei dieser Arbeit so thatkräftig mitgewirkt haben [...]“.[38] In welcher Form sich Ebert beteiligte, läßt sich heute nicht mehr genau bestimmen. Sicherlich hat jedoch Paul Sandhoff, der als Vorsitzender der Gewerkschaft der Bäckergesellen zugleich Mitglied der Kontrollkommission der Bremer Gewerkschaften war[39], die lokale Gewerkschaftszentrale um Hilfe bei der Durchführung des Vorhabens gebeten, da die umfangreichen Vor- und Nacharbeiten sowie die finanziellen Belastungen, die durch Aufnahme und Veröffentlichung einer solchen statistischen Erhebung entstanden, von dem kleinen, etwa 26 Mitglieder zählenden Bäckergesellenverein[40] allein nicht durchgeführt beziehungsweise getragen werden konnten. Als Leiter der Kontrollkommission dürfte Ebert somit Einfluß genommen haben auf die Konzeption, die organisatorische Abwicklung und die Auswertung der Fragebogenaktion.

Vorbild der Bremer Untersuchung waren zwei Arbeiten aus dem Jahre 1890: Anton Seidls „Ergebniß der statistischen Erhebungen im Bäckergewerbe Münchens“ und August Bebels Schrift „Zur Lage der Arbeiter in den Bäckereien“. Grundsätzliche Übereinstimmung im methodischen Vorgehen und in der textlichen Gestaltung weist die Bremer Broschüre vor allem mit Bebels Schrift auf. Die Autoren erstellten zunächst Fragebogen, die sie an die Bäckereiarbeiter austeilten. Bebel ließ 5000 Bogen im ganzen Reich verteilen[41], während man sich später in Bremen auf die Ausgabe von 300 beschränkte.[42] Die Bremer Untersuchung legt ebenso wie die von Bebel[43] gewissenhaft Rechenschaft ab über die Auswertung der zurückgegebenen und ausgefüllten Fragebogen.[44] Über den Aufbau der in Bremen verwendeten Bogen gibt die Schrift leider keine Auskunft. Man darf jedoch annehmen, daß sich die Mitarbeiter der statistischen Erhebung in Bremen bei der Konzeption des Fragebogens ebenfalls weitgehend an Bebel orientierten, der die von ihm verwendeten ausführlich beschreibt. Danach handelte es sich um einen Katalog von jeweils 22 Fragen, die zum Teil noch zusätzlich in Teilfragen gegliedert waren.[45] Gefragt wurde beispielsweise nach der Zahl der Beschäftigten in den einzelnen Bäckereien, nach den Arbeitszeiten sowie nach der Qualität von Verpflegung und Unterkünften.[46]

Was die textliche Gestaltung der Bremer Schrift anbelangt, so ist ihre Anlehnung an Bebels Arbeit bis in einzelne Formulierungen hinein deutlich zu erken-

[38] Die Lage der Arbeiter, S. 4.
[39] „Bremer Nachrichten“, 13. 5. 1892; „Bremer Courir“, 13. 5. 1892.
[40] Grüner, Zu der Auseinandersetzung, Anhang 11.
[41] Bebel, Zur Lage, S. 17.
[42] Ebert, Schriften, Bd. 1, S. 149.
[43] Bebel, Zur Lage, S. 18–20.
[44] Ebert, Schriften, Bd. 1, S. 149–152.
[45] Bebel, Zur Lage, S. 18.
[46] Ebd.

Die Lage der Arbeiter

im

Bremer Bäckergewerbe

und die nothwendigsten

Aufgaben der Bäckerbewegung.

Ergebniß einer statistischen Erhebung

des

Gewerkvereins der Bäckergesellen Bremens

und Umgegend.

Preis 30 Pfg.

Bremen.

Verlag von P. Sandhoff.

1892.

Titelblatt der von den gewerkschaftlich organisierten Bäckern in Bremen herausgegebenen Broschüre „Die Lage der Arbeiter im Bremer Bäckergewerbe".

nen. Teilweise zitiert sie aus Bebels Schrift.[47] Weitaus häufiger jedoch übernimmt sie ganze Passagen aus Bebels Arbeit, ohne sie als Zitate zu kennzeichnen. Exemplarisch läßt sich das an der Einleitung zum 5. Kapitel der Bremer Broschüre zeigen, die mit folgender Feststellung beginnt:

„Das beklagenswerteste Geschöpf in der Bäckerei ist der Lehrling; für ihn gilt nicht nur alles das, was für den Gesellen gilt, sondern die Lehrlinge haben noch in einem höheren Maße zu leiden, weil ihre Arbeitszeit länger ist als die der Gehilfen; sie bekommen auch nicht selten eine schlechtere Kost und haben häufig eine sehr harte Behandlung vom Meister und Gesellen zu erdulden."[48]

Bei Bebel lautet die entsprechende Stelle:

„Der Bäckerlehrling ist im Allgemeinen sogar das beklagenswertheste Geschöpf, das es giebt. Für ihn gilt nicht nur alles das, was für die Gehilfen gilt: [...] die Lehrlinge haben in noch höherem Grade zu leiden, weil ihre Arbeitszeit oft noch länger ist als diejenige der Gehilfen, sie bekommen auch nicht selten eine noch schlechtere Kost und haben häufig eine harte Behandlung von Meister und Gesellen zu ertragen."[49]

Im hierauf folgenden Absatz heißt es bei Bebel:

„Es ist ein Verbrechen an der Menschheit, daß das Gesetz es duldet, daß mitten in der Entwicklung begriffene junge Leute, in der ungeheuren Mehrheit der Fälle 365 Tage im Jahr 14 und mehr Stunden unter den ungünstigsten Bedingungen arbeiten und ihre Jugendkräfte im Interesse des Unternehmers aufreiben müssen."[50]

Als rhetorische Frage umformuliert, lautet das Thema in der Bremer Untersuchung:

„Ist es nicht geradezu ein Verbrechen an der Menschheit, daß mitten in der Entwicklung begriffene junge Leute in der ungeheueren Mehrheit der Fälle 365 Tage im Jahr 14 und mehr Stunden unter den ungünstigsten Bedingungen arbeiten und ihre Jugendkräfte im Interesse des Unternehmertums aufreiben müssen?"[51]

Diese Vergleiche ließen sich fortsetzen.[52] Angesichts der textlichen Übereinstimmungen der Bremer Untersuchung mit Bebels Arbeit ist es, auch unabhängig von der Frage nach der Autorschaft Eberts, unzulässig, über eine Analyse der Schrift zu Aussagen über Eberts Weltbild gelangen zu wollen.[53]

Die Anfangskapitel der Bremer Untersuchung unterscheiden sich jedoch grundsätzlich von der Arbeit Bebels. Während diese einleitend den Wert und Nutzen statistischer Untersuchungen erörtert, enthält jene in den ersten Kapi-

[47] Ebert, Schriften, Bd. 1, S. 144.
[48] Ebd.
[49] Bebel, Zur Lage, S. 174.
[50] Ebd.
[51] Ebert, Schriften, Bd. 1, S. 146.
[52] Vgl. etwa Ebert, Schriften, Bd. 1, S. 135f., mit Bebel, Zur Lage, S. 176; oder vgl. ebd., S. 10f. mit Ebert, Schriften, Bd. 1, S. 140.
[53] Buse, Friedrich Ebert, S. 38, schreibt, die Schrift würde politische und soziale Einstellungen Eberts verdeutlichen, und illustriert dies teilweise genau an jenen Textstellen, welche die Untersuchung eindeutig aus Bebels Schrift übernommen hat: vgl. die ebd., S. 39, erwähnten Zitate aus Ebert, Schriften, Bd. 1, S. 135f., mit Bebel, Zur Lage, S. 176.

teln kritische Bemerkungen zur industriellen und gesellschaftlichen Entwicklung im Kaiserreich. Dort heißt es:

„Die Menschheit ist in ein neues Zeitalter eingetreten, das der Wissenschaft gehört."[54] „Die großartigen Entdeckungen und Erfindungen der Naturwissenschaft und Technik werden in den Dienst der Industrie gestellt. Große Fabriken mit turmhohen Schornsteinen und großartige Bankhäuser deuten an, daß sich die Produktion heute in anderen Bahnen befindet als vor einem Menschenalter."[55]

Dadurch sei „die Existenz von Hunderten von kleinen Handwerksmeistern begraben worden."[56] Das Sprichwort „Handwerk hat einen goldenen Boden" habe somit seine Gültigkeit eingebüßt.[57]

„Der Handwerker hat seine Selbständigkeit verloren, er ist zum Fabrikarbeiter gestempelt, und keine Leiter ist vorhanden, auf deren Sprossen er wieder zu dem heraufsteigen könnte, was er war."[58]

Die technische Entwicklung könnte jedoch, so heißt es im Text weiter, auch zur Arbeitsentlastung führen.[59] Aber, so wird polemisch eingeworfen, „alle Errungenschaften der Wissenschaft kommen nur denen zugute, die den Besitz in Händen haben, und das sind 15% des Volkes, während sie 85% des Volkes zum wahren Fluche gereicht".[60] Die Folgen dieses ungleichen Nutzens seien Hunger und Arbeitslosigkeit unter den Arbeitern.[61]

Die industrielle Entwicklung habe auch die Stellung der Bäckermeister, vor allem die des Kleinmeisters, zunehmend gefährdet.[62] Die Konkurrenz unter den kleinen Bäckereien werde immer härter.[63] Daher hätten sich die Bäckermeister bisher stets dagegen gewehrt, die Lage der Bäckereiarbeiter zu verbessern, weil sie eine solche Verbesserung als zusätzliche „unnütze Last" empfänden.[64] Doch der Widerstand gegen die herrschenden Zustände wachse.[65] Denn „der Geist und die heißte Sehnsucht nach Erlösung aus unwürdigen Zuständen hat heute das Proletariat aller Kulturländer beseelt."[66] Auch in die Reihen der Bäckereiarbeiter sei „das Morgenrot der allgemeinen Menschenrechte" gedrungen „und der Ruf nach Gerechtigkeit, der über die weite Erde hallt, hat auch in jenen Kreisen Widerhall gefunden".[67]

[54] Ebert, Schriften, Bd. 1, S. 133.
[55] Ebd., S. 134.
[56] Ebd.
[57] Ebd., S. 133.
[58] Ebd., S. 134.
[59] Ebd.
[60] Ebd., S. 135.
[61] Ebd.
[62] Ebd., S. 135f.
[63] Ebd.
[64] Ebd., S. 136.
[65] Ebd., S. 132.
[66] Ebd., S. 131.
[67] Ebd., S. 132.

Unterschiede zwischen der Schrift Bebels und der Bremer Untersuchung bestehen auch in der Art und Weise, wie sie das durch die Fragebogen zusammengetragene Material vor dem Leser ausbreiten. Bebel hatte jede erfaßte Bäckerei einzeln beschrieben und anschließend die Ergebnisse zusammengefaßt. Die Bremer Untersuchung dagegen gibt lediglich einen allgemeinen zusammenfassenden Überblick. Das hängt vermutlich damit zusammen, daß man die organisierten Kollegen nicht der Gefahr der Maßregelung aussetzen wollte, indem man die Bäckereien, in denen sie arbeiteten, eigens hervorhob. Vor allem aber hätte die Schrift dann von ihrem polemischen und auf die Emotionen des Lesers zielenden Charakter eingebüßt. Dieser Charakter aber zeigt sich deutlich an den bereits erwähnten, packend formulierten Eingangskapiteln sowie an der häufigen Verwendung von Adjektiven wie „menschenunwürdig", „übermenschlich", „schlecht und brutal"[68], die die unhaltbaren Zustände in den Bäckereien hervorheben sollen, angesichts derer die Forderung nach Veränderung, nach „Erlösung"[69], berechtigt erscheinen muß. Die Schrift wurde, so kann man daraus schließen, als Kampfschrift konzipiert. Sie sollte den Protest des Lesers, besonders des Konsumenten[70], gegen die Arbeitsbedingungen in den Bäckereien entfachen. Darüber hinaus aber wollte man die Bäckergesellen selbst zum Kampf gegen ihre Arbeitsbedingungen mobilisieren. Deshalb forderte die Bremer Schrift zum „festen Zusammenhalten"[71] und zur „festen Organisation"[72] der Bäckergesellen auf. Indem sie die gewerkschaftliche Organisation als notwendiges Mittel zur Durchsetzung der Forderungen empfehlen, gehen die Bremer Autoren einen anderen Weg als Bebel, der einen Eingriff des Staates als notwendig erachtet hatte, weil die Bäckereiarbeiter aus eigener Kraft nicht dazu imstande seien, ihre Lage zu verbessern. Dieser auffallende Unterschied hat seinen Grund darin, daß die Autoren der Bremer Untersuchung selbst aus der Gewerkschaftsbewegung kamen und mit ihr stärker verbunden waren als Bebel. Sie versuchten daher, mit ihrer Schrift die gewerkschaftliche Organisation der Bäckereiarbeiter zu erweitern und zu stärken.

Die Untersuchung zur Lage der Arbeiter im Bremer Bäckergewerbe ist, faßt man die Ergebnisse zusammen, eine Gemeinschaftsarbeit von Bremer Bäckereiarbeitern und Gewerkschaftsmitgliedern, die das Ziel verfolgten, weite Kreise der Arbeiterschaft und des Bürgertums auf die Lage der Arbeiter in den Bäckereien aufmerksam zu machen und für die Gewerkschaft der Bäckergesellen zu werben. Als Vorsitzender der Kontrollkommission der Gewerkschaften dürfte Ebert die Erarbeitung der Untersuchung unterstützt haben. Doch erlaubt es die Quellenlage nicht, ihn als verantwortlichen Autor zu bezeichnen. Da es sich bei der Bremer Schrift außerdem um eine von Bebel und anderen angeregte Arbeit handelt, in die auch Teile aus Bebels Schrift übernommen wurden, verbietet

[68] Ebd., S. 140.
[69] Ebd., S. 131.
[70] Ebd., S. 141.
[71] Ebd., S. 152.
[72] Ebd., S. 152f.

sich jeder Versuch, durch eine inhaltliche Analyse des Textes die frühen politischen Grundüberzeugungen Eberts herausarbeiten zu wollen.[73]

3. Eberts Aufenthalt in Heidelberg und seine Rückkehr nach Bremen

„Im Jahre 1892 am achten Januar starb hier versehen mit den heiligen Sakramenten und wurde am 11ten Januar hier beerdigt: Karl Ebert, Kleidermacher, [...] 57 Jahre alt [...]."[74] Die Nachricht vom Tod seines Vaters hat Friedrich Ebert vermutlich überrascht. Noch am 10. Januar nämlich hielt er einen Vortrag in Bremen[75], am 15. Januar hingegen erschien in der „Bremer Bürger-Zeitung" die Anzeige: „Kontroll-Kommission. Sitzung. Wegen plötzlicher Abreise des Herrn Ebert Wahl eines 1. Vorsitzenden."[76] Aus diesen Angaben geht hervor, daß Ebert erst nach dem Tod seines Vaters nach Heidelberg aufgebrochen sein kann.[77]

Ebert blieb nicht lange in Heidelberg. Bereits am 7. Februar 1892 hielt er in Bremen vor den Mitgliedern des sozialdemokratischen Vereins einen Vortrag über die neue Gewerbeordnung.[78] Es ist auffällig, wie nahtlos sich Eberts Tätigkeit für Partei und Gewerkschaft nach der Rückkehr aus Heidelberg an seine Arbeit in den ersten Monaten des Bremer Aufenthalts anfügte. Er hielt erneut zahlreiche Vorträge und übernahm vermutlich auch sofort wieder den Vorsitz der Kontrollkommission der Bremer Gewerkschaften. Das läßt sich aus folgender Beobachtung schließen: Als Ebert im Jahre 1902 Stellung zur Arbeit der Bremer Kontrollkommission nahm, sagte er unter anderem: „Soweit ich die Kartellleitung kenne – ich habe ja auch 4 Jahre daran gesessen [...]"[79] Schulz wies zurecht darauf hin, daß sich diese Äußerung nur auf die Jahre 1891 bis 1894 beziehen kann. Man muß deshalb davon ausgehen, daß die am 15. Januar 1892 angekündigte Wahl eines Vorsitzenden entweder erst gar nicht stattfand, oder aber sofort nach Eberts Rückkehr annulliert wurde.[80]

[73] Der gelegentliche Hinweis, Ebert habe sich in einer Genossenschaftsbäckerei engagiert, die gegründet worden sei, nachdem einige gewerkschaftlich organisierte Bäckergesellen im Anschluß an die Veröffentlichung der heftig umstrittenen Bäckerbroschüre entlassen worden waren – vgl. Felden, Eines Menschen Weg, S. 194–199, und Buse, Friedrich Ebert, S. 43 –, läßt sich nicht belegen. Auf eine Anfrage des Berliner Polizeipräsidenten vom 13. 6. 1893 teilte Senator Schultz aus Bremen mit, „daß die geplante Genossenschaftsbäckerei nicht errichtet worden ist". Vgl. Schulz, Die Bremer Anfänge, S. 25.

[74] Katholisches Kirchenbuchamt Heidelberg: Sterbebuch der Pfarrei Heiliggeist 1889–1901.

[75] Bericht der BBZ über einen Vortrag Eberts am 10. 1. 1892; Schulz, Die Bremer Anfänge, S. 17.

[76] Ebd., S. 10.

[77] Vgl. dagegen Witt, Friedrich Ebert, in: Friedrich Ebert 1871–1925, S. 15; Felden, Eines Menschen Weg, S. 176.

[78] Ebert am 7. 2. 1892; Schulz, Die Bremer Anfänge, S. 17.

[79] Gewerkschaftskartell Bremen. Protokoll über die Verhandlungen der kombinirten Sitzung vom 17. 12. 1902. Handschriftliche Vervielfältigungen S. 11 ff.; ebd., S. 64.

[80] Ebd., S. 10.

Auch wenn sein Aufenthalt in seiner Heimatstadt im nachhinein nur als kurzer Besuch erscheint, läßt die in der „Bremer Bürger-Zeitung" angekündigte Wahl eines Nachfolgers für Ebert als Vorsitzenden der Kontrollkommission doch vermuten, daß er bei seiner Abreise aus Bremen noch unsicher war, ob er zurückkehren würde. Heidelberg, das hätte für ihn Rückkehr zur Familie, das Anknüpfen an alte Jugendfreundschaften und die Arbeit als Sattlergeselle nach mehrjähriger Wanderschaft bedeuten können.[81] Aber Ebert entschied sich schließlich, auch weiterhin in Bremen für Partei und Gewerkschaften zu arbeiten. Einer seiner Gründe dafür mag gewesen sein, daß er sich eng mit der dortigen Arbeiterbewegung verbunden fühlte. Tatsächlich war sie bereits zum Angelpunkt seiner gesellschaftlichen Aktivitäten geworden, wie die intensive Vortragstätigkeit, die er in Bremen entfaltet hatte, deutlich macht. Außerdem hatte er sich in der Bremer Sozialdemokratie und Gewerkschaftsbewegung durch sein Engagement bereits einen Namen gemacht, sich Anerkennung erworben und seine ersten bedeutenden Wahlpositionen errungen. Daran konnte er nach seiner Rückkehr anknüpfen. Und weil Eberts gesellschaftspolitisches Engagement eng mit der Arbeiterbewegung verknüpft war, dürfte ihn auch der Umstand in Bremen gehalten haben, daß sich die Arbeiterbewegung dort bereits stärker entwickelt hatte und einen höheren Organisationsgrad aufwies als in seiner Heimatstadt Heidelberg.

[81] Ein weiterer Aufenthalt Eberts in Heidelberg läßt sich erst wieder für das Jahr 1897 belegen anläßlich der Beerdigung seiner Mutter, die am 14. 12. 1897 starb. Vgl. dazu den Brief Friedrich Eberts an seinen Cousin 2. Grades August Ebert vom 19. 2. 1919, Ebert-Gedenkstätte, Sammlung Emmy Huber. Siehe auch die Dokumentation von Mühlhausen.

V. Friedrich Eberts politische Lehrjahre in Bremen (1892—1905)

1. Zur beruflichen und privaten Situation Eberts

Nach seiner Rückkehr aus Heidelberg stellte sich für Ebert zunächst das Problem, Arbeit zu finden. Seine herausragende agitatorische Tätigkeit nämlich wurde nicht allein von der Polizei aufmerksam beobachtet, sondern dürfte auch seinen potentiellen Arbeitgebern, den Bremer Sattlermeistern, nicht verborgen geblieben sein. Entsprechend gering waren seine Aussichten auf einen Arbeitsplatz. Ebert machte sich daher selbständig. Seit dem 18. Februar gab er in der „Bremer Bürger-Zeitung" Anzeigen mit folgendem oder ähnlichem Wortlaut auf: „Fritz Ebert, Jakobikirchhof Nr. 6, empfiehlt sich in Polsterarbeiten in und außer dem Hause, sowie zum Anfertigen von Schultaschen, Tournister, Koffer etc. zu billigen Preisen."[1] Vermutlich lief seine neu erworbene Selbständigkeit jedoch auf eine verdeckte Arbeitslosigkeit hinaus,[2] die ihm allerdings reichlich Zeit ließ für seine umfangreiche Vortragstätigkeit für Gewerkschaften und Partei. Hier, so zeigt sein rastloser Einsatz[3], lag der Schwerpunkt seiner Aktivitäten, wohingegen das Streben nach beruflicher und privater Existenzsicherung in den Hintergrund trat. Darüber hinaus gab ihm diese Situtation die Gelegenheit, seine Kenntnisse auf historischem, politischem und wirtschaftlichem Gebiet durch Selbststudium zu vertiefen und sich in das „Kapital" von Karl Marx einzuarbeiten. Ergebnisse dieser Arbeit waren Vorträge über „Die Ware"[4], „Das Geld"[5] und über die „Verwandlung von Geld in Kapital".[6]

Seine wirtschaftliche Lage besserte sich, als er, vermutlich im März 1893[7], für ein Wochengehalt von fünfundzwanzig Mark als Lokalredakteur beim sozialdemokratischen Parteiblatt „Bremer Bürger-Zeitung" angestellt wurde.[8] Diese am 1. Mai 1890 zum ersten Mal erschienene Tageszeitung war das Sprachrohr und Informationsblatt der Bremer Genossen, das durch Anzeigen, Nachrichten und theoretische Erörterungen zu einem Bindeglied der Bremer Arbeiterbewegung wurde.[9] Als Redakteur hatte Ebert nicht nur ein verhältnismäßig

[1] Schulz, Die Bremer Anfänge, S. 18. Vgl. BBZ, 20. 5. 1892.
[2] Felden, Eines Menschen Weg, S. 188f. Kampffmeyer, Fritz Ebert, S. 24.
[3] Vgl. Schulz, Die Bremer Anfänge, S. 17–23, und die Übersicht bei Buse, Friedrich Ebert, S. 74.
[4] BBZ, 14. 7. 1892.
[5] BBZ, 22. 7. 1892.
[6] BBZ, 29. 7. 1892.
[7] Felden, Eines Menschen Weg, S. 202f.; vgl. Schulz, Die Bremer Anfänge, S. 51.
[8] Kampffmeyer, Fritz Ebert, S. 27.
[9] Zur Gründung der BBZ siehe Moring, Die Sozialdemokratische Partei, S. 13ff.

sicheres und gutes Einkommen, sondern arbeitete nun auch zum ersten Mal als Angestellter für ein von Sozialdemokraten gegründetes Unternehmen. Vom 3. Mai bis einschließlich 21. Juni 1893 vertrat Ebert zusätzlich den verantwortlichen Redakteur der Bürger-Zeitung, den aus Altona stammenden Zigarrenmacher und Bremer Reichstagsabgeordneten Julius Bruhns.[10]

Im Frühjahr 1894 ergriff Ebert die Gelegenheit, als Pächter eine Gastwirtschaft der Kaiser-Brauerei Beck & Co. in der Bremer Neustadt zu übernehmen und schied aus der Redaktion der Bürger-Zeitung aus.[11] Möglicherweise spielte bei dieser Entscheidung das erhöhte Risiko des Redakteurs eine Rolle, wegen Majestäts- oder Beamtenbeleidigung angeklagt zu werden[12], aber auch die Aussicht auf einen Verdienst, mit dem er eine Familie ernähren konnte. Am 13. April 1894 gab Ebert in der „Bremer Bürger-Zeitung“ die Eröffnung seiner „Restauration und Bierhalle“ in der Brautstraße 16 bekannt.[13] Ausdrücklich empfahl er „den Genossen für Versammlungen und sonstige Zusammenkünfte“ seinen Saal[14], den er 1898 durch einen Umbau zu einem einhundert Personen fassenden Versammlungsraum vergrößern ließ, um den „geehrten Gewerkschaften, Clubs und Vereinen“ ausreichend Platz für ihre Zusammenkünfte bieten zu können.[15] Bereits wenige Tage nach der Eröffnung, am 18. April, tagte eine Versammlung der Sozialdemokraten in seinem Lokal.[16] In einer weiteren Anzeige bot Ebert zusätzlich an, „bei Gewerkschaftsstreitigkeiten [...] unentgeltlich Auskunft“ zu erteilen.[17]

Lokale spielten für die Gewerkschaften und Sozialdemokraten eine große Rolle. Nach Angaben der Bremer Polizei gab es 1908 1150 Schankstätten in Bremen, das entspricht einer Kneipe auf 156 Einwohner.[18] Sie wurden zu Treffpunkten für Arbeiter und damit unentbehrlich für die Gewerkschafts- und Parteiarbeit.[19] Bei den Wahlkämpfen waren sie häufig die einzigen Versammlungsräume, die den organisierten Arbeitern zur Verfügung standen. Da jedoch zahlreiche Wirte befürchteten, in Schwierigkeiten zu geraten, wenn sie den Sozialdemokraten die Benutzung ihrer Räume gestatteten – mögliche Folgen hätten etwa die Kürzung der Sperrstunde und der Boykott des Lokals durch das bürgerliche Publikum sein können – erwies sich die Suche nach geeigneten Veranstaltungsräumen häufig als schwierig.[20] Es war deshalb von großem Vorteil,

[10] BBZ, 3. 5. 1893. Vgl. Schulz, Die Bremer Anfänge, S. 51. Zu Bruhns siehe: Lührs, Julius Bruhns, S. 78 ff.

[11] Kampffmeyer, Fritz Ebert, S. 47. Felden, Eines Menschen Weg, S. 209; siehe auch: Reichspräsident-Friedrich-Ebert-Gedenkstätte (Reihe „museum“), S. 34.

[12] Witt, Friedrich Ebert, in: Friedrich Ebert 1871–1925, S. 15.

[13] BBZ, 13. 4. 1894.

[14] BBZ, 12. 9. 1894.

[15] BBZ, 24. 8. 1898; siehe die Anzeige auf S. 110.

[16] BBZ, 18. 4. 1894.

[17] BBZ, 22. 4. 1894.

[18] Meyer-Renschhausen, Weibliche Kultur, S. 183.

[19] Hübner, Zwischen Alkohol, S. 121.

[20] Schönhoven, Expansion, S. 84. Vgl. Gerlach, Von Rechts nach Links, S. 33. Vgl. auch den Bericht Eberts vom 18. 9. 1898; Schulz, Die Bremer Anfänge, S. 157.

wenn ein zuverlässiges Parteimitglied eine Gaststätte übernahm. Ebert stellte sein Lokal aber nicht allein für Versammlungen zur Verfügung, sondern führte darüber hinaus in Unfall- und Sozialversicherungsfragen Beratungen durch, womit er dem wachsenden Bedürfnis der Arbeiter nach Rechtsauskunft entgegenkam. Dies und die Tatsache, daß eine von einem bekannten Sozialdemokraten wie Ebert, der 1894 zum Vorsitzenden der Bremer SPD gewählt wurde[21], geführte Gastwirtschaft gleichzeitig als Informationszentrum für Partei- und Gewerkschaftsangelegenheiten diente[22], unterstreichen, wie eng sich seine Tätigkeit als Gastwirt mit derjenigen für Partei und Gewerkschaften verband. Die Reaktion der Behörden auf die Aktivitäten in Eberts Lokal folgte denn auch bereits wenige Wochen nach Geschäftseröffnung: Ende Mai wurde der Militärboykott über seine Gaststätte verhängt, der den Soldaten den Besuch des Lokals untersagte.[23]

Obwohl Ebert sechs Jahre als Gastwirt gearbeitet hatte, vermied er es später, in offiziellen biographischen Angaben darauf hinzuweisen, erwähnte aber dafür regelmäßig seine Tätigkeit als Redakteur[24], die er nur für ein knappes Jahr ausgeübt hatte. Daraus sollte man nicht schließen, Ebert hätte seinen Beruf als Wirt nicht geschätzt.[25] Inwieweit er sich mit seinem Beruf zu identifizieren vermochte, läßt sich ohnehin nicht mehr feststellen. Unabhängig davon hatte er jedoch ausreichend Gründe, in späteren biographischen Notizen auf die Angabe seiner ehemaligen Tätigkeit als Wirt zu verzichten, war sie doch nicht mit besonderem Ansehen verbunden. Innerhalb der Sozialdemokratie wurde freilich das Wirtedasein keineswegs als abschätzig betrachtet. „Ohne Wirtshaus", so schrieb der sozialdemokratische Theoretiker Karl Kautsky 1890, „gibt es für den deutschen Proletarier nicht blos kein geselliges, sondern auch kein politisches Leben."[26] Entsprechend hoch schätzte man die Bedeutung der von Parteimitgliedern geführten Lokale ein. Aber Eberts politischen Gegnern gab seine Tätigkeit als Wirt vor allem später Gelegenheit zu zahlreichen Beschimpfungen. In den zeitgenössischen Zeitungs- und Polizeiberichten fand dies allerdings keinen Niederschlag. Erst die Beleidigungsklagen des späteren Reichspräsidenten ließen den Inhalt kränkender Äußerungen aktenkundig werden. Ein ständiges und beliebtes Motiv bösartiger Verleumdungen, so geht aus diesen Akten hervor, war nicht nur seine einfache Herkunft, sondern vor allem auch seine frühere Tätigkeit als Gastwirt, die zu Beleidigungen wie „Kaschemmenbruder"[27], „Schnapsbudiker"[28] und „Moabiter Budikerjunge"[29] animierte und ihm auch die ständi-

[21] Vgl. Kap. V.2.d).
[22] Kampffmeyer, Fritz Ebert, S. 44f.
[23] BBZ, 1. 6. 1894. Vgl. Schulz, Die Bremer Anfänge, S. 69f.
[24] Vgl. beispielsweise die offiziellen biographischen Angaben in: Die verfassunggebende Deutsche Nationalversammlung, S. 46f, und in: Ebert, Schriften, Bd. 1, S. 129f.
[25] Witt, Friedrich Ebert, in: Friedrich Ebert 1871–1925, S. 15.
[26] Karl Kautsky, Der Alkoholismus und seine Bekämpfung, zitiert nach: Hübner, Zwischen Alkohol, S. 119f.; ebenso in: Reichspräsident Friedrich-Ebert-Gedenkstätte (Reihe „museum"), S. 35.
[27] Birkenfeld, Der Rufmord, Dokumentenanhang I, 27b., S. 473–500.
[28] Ebd. 42b.
[29] Ebd. 60b.

gen Schmähungen über seine „Trunksucht“ eingetragen haben dürfte.[30] Sicher haben sich diese massiven Verunglimpfungen und Vorwürfe erst während seiner Reichspräsidentenzeit gehäuft; dennoch geben sie zu der Vermutung Anlaß, daß man ihn bereits zuvor wegen seiner Arbeit als Gastwirt diffamiert hatte.

Der neue Beruf ermöglichte Ebert die Gründung einer Familie. Am 9. Mai 1894 heiratete er Louise Dorothea Amalie Rump.[31] Sie war am 23. Dezember 1873 in Melchiorshausen in der Nähe Bremens zur Welt gekommen. In ärmlichen Verhältnissen aufgewachsen, fand sie als Fabrikarbeiterin Beschäftigung. Neben ihrer beruflichen Tätigkeit engagierte sie sich als überzeugte Gewerkschafterin im „Verband der in Holzbearbeitungsfabriken und auf Holzplätzen beschäftigten Arbeiter und Arbeiterinnen Deutschlands“. Im April 1893 wurde sie zur zweiten Vorsitzenden des für das gesamte Reichsgebiet zuständigen Zentralvorstandes dieses Gewerkschaftsverbandes gewählt.[32] Laut Verbandsstatut blieb der zweite Vorsitz weiblichen Mitgliedern vorbehalten, wenn im Ort der Verbandszentrale weibliche Mitglieder organisiert waren.[33] Sitz der Gewerkschaft war seit 1891 Bremen, wo sich zu dieser Zeit mit 201 Mitgliedern der mit Abstand größte Lokalverband gebildet hatte.[34] Überregional gesehen kam der Gewerkschaft jedoch eine geringere Bedeutung zu, hatte sie doch nach dem Bericht der Polizeidirektion Bremen 1894 lediglich 650 Mitglieder.[35] Wie lange Louise Rump den zweiten Vorsitz einnahm, läßt sich nicht mit Sicherheit feststellen. Vermutlich hat sie jedoch unmittelbar vor oder nach ihrer Heirat sowohl ihre Stelle im Zentralvorstand als auch ihre Mitgliedschaft in der Gewerkschaft aufgegeben, denn der Paragraph 2 des Statuts verlangte von den Mitgliedern die Beschäftigung in Holzbearbeitungsfabriken oder auf Holzplätzen. Nachdem sie zusammen mit ihrem Mann die Gastwirtschaft übernommen hatte, traf dies für Louise Ebert nicht mehr zu.

Die Heirat führte nicht etwa zu einem Nachlassen in Eberts Aktivitäten für die Arbeiterbewegung.[36] Er hielt am 30. April und 1. Mai anläßlich der Maifeiern Ansprachen, und einen Tag vor seiner Hochzeit fand eine der ersten Versammlungen des Bremer Wirtevereins statt, in dem Ebert Mitglied war.[37]

[30] Ebd. 6b, 8b, 10b, 15b usw.

[31] BBZ, 13. 5. 1894. Diese Information korrigiert die Angabe bei Huschke, Zur Herkunft, S. 365. Zu weiteren Angaben siehe StadtA Weyhe: Evangelisch-lutherisches Pfarrarchiv Weeste, Geburts- und Taufbuch 1868–75, S. 98; Herrn Dr. Winterhager (Hildesheim), der einen Beitrag über Louise Ebert vorbereitet, habe ich für die Überlassung dieser Materialien zu danken.

[32] Mitteilung des Vorsitzenden des Zentralverbandes, Hermann Wiese, vom 17. April 1893 an die Polizeidirektion Bremen, StAB: 4,14/1-XII. A.2.a.24. Louise Rump wird dort *Eliese* Rump genannt. Schulz, Die Bremer Anfänge, S. 51, erwähnt zwar die Wahl, weist aber nicht darauf hin, daß Louise Rump in den Zentralvorstand gewählt wurde. Die Mitteilung hier auf S. 75.

[33] Statut des Verbandes der in Holzbearbeitungs-Fabriken und auf Holzplätzen beschäftigten Arbeiter und Arbeiterinnen Deutschlands, § 8, StAB: 4,14/1–XII.A.2.a.24.

[34] Protokoll der Generalversammlung des Verbandes der in Holzbearbeitungs-Fabriken und auf Holzplätzen beschäftigten Arbeiter und Arbeiterinnen Deutschlands vom 20. 9. 1891 in Hamburg, S. 6, ebd.

[35] Bericht der Polizeidirektion Bremen vom 26. 5. 1894, ebd.

[36] Buse, Friedrich Ebert, S. 70.

[37] Ebd., S. 69.

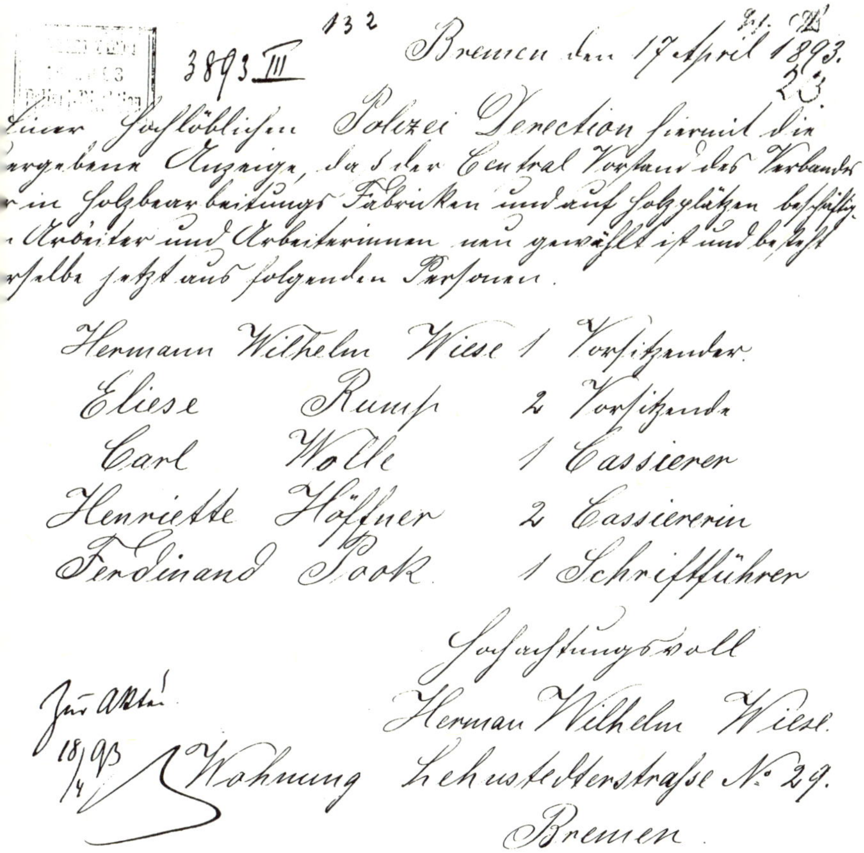

3893 III 132 Bremen den 17 April 1893. 23.

[Ein]er Hochlöblichen Polizei Derection hiermit die [erg]ebene Anzeige, daß der Central Vorstand des Verbandes [de]r in Holzbearbeitungs Fabriken und auf Holzplätzen beschäftig[ten] Arbeiter und Arbeiterinnen neu gewählt ist und besteht [de]rselbe jetzt aus folgenden Personen.

Hermann Wilhelm	Wiese	1	Vorsitzender.
Eliese	Rump	2	Vorsitzende
Carl	Wolle	1	Cassierer
Henriette	Höffner	2	Cassiererin
Ferdinand	Pook.	1	Schriftführer

Hochachtungsvoll
Herman Wilhelm Wiese.
Wohnung Lehnstedterstraße No 29.
Bremen.

Zur Akte
18/4 93

Mitteilung vom 17. April 1893 an die Polizeidirektion Bremen über die Wahl von Eliese Rump (d. i. Louise Rump), der späteren Frau Friedrich Eberts, zur zweiten Vorsitzenden des „Verbandes der in Holzbearbeitungs-Fabriken und auf Holzplätzen beschäftigten Arbeiter und Arbeiterinnen" Deutschlands.

Zwei Tage nach seiner Hochzeit hielt er einen Vortrag vor der Mitgliederversammlung des sozialdemokratischen Vereins, am 22. Mai sprach er anläßlich einer Beerdigung und referierte am 6. Juni über „Kommunismus und Kapitalismus".[38] Hinzu kamen noch die organisierten Vorbereitungen der Veranstaltungen, die in seinem Lokal stattfanden, von der Inanspruchnahme des „inoffiziellen Arbeitersekretärs" bei Gewerbestreitigkeiten, Partei- und Gewerkschaftsangelegenheiten ganz zu schweigen.

Die private Welt Eberts verband sich mit seinem politischen Engagement in einem so starken Maße, daß sie von der Politik fast vollständig vereinnahmt wurde. Daß sein Privatleben so konturlos bleibt, scheint nicht eine Folge fehlender Quellen zu sein. Viel zu offensichtlich tritt demgegenüber sein langjähriges politisches Engagement hervor, dem er das Streben nach beruflicher Existenzsicherung unterordnete, und viel zu deutlich erkennt man die enge Verknüpfung von Beruf und Einsatz für die Ziele der Arbeiterbewegung. Die Heirat mit einer engagierten Gewerkschafterin fügt sich in dieses Bild ebenso wie die Anzeige, die Ebert anläßlich der Geburt seines ersten Sohnes in der „Bremer Bürger-Zeitung" veröffentlichen ließ: „Ein kleiner ‚Umstürzler' ist angelangt."[39] Diese Geburtsanzeige ist charakteristisch dafür, wie sehr die Vorstellungswelt Eberts auch im familiären Bereich mit den emanzipatorischen Bestrebungen der Arbeiter verknüpft blieb. Die politische Sensibilität, die das Familienleben geprägt haben muß, führte offenbar auch seine beiden Söhne Friedrich und Karl der Politik zu.[40] Friedrich, der älteste Sohn, lernte Buchdrucker, schloß sich 1910 der Sozialistischen Arbeiterjugend und 1913 der SPD an und war von 1928 bis 1933 Mitglied des Reichstags. Nach dem Zweiten Weltkrieg machte er in der SED eine steile politische Karriere als Oberbürgermeister von Ostberlin, stellvertretender Vorsitzender des Staatsrates, stellvertretender Präsident der Volkskammer und Vorsitzender der SED-Fraktion in der Volkskammer.[41] Karl, der jüngste Sohn Eberts, gelernter Optiker, war seit 1919 Mitglied der SPD, wurde 1946 Landtagsabgeordneter in Württemberg-Baden und 1953 in Baden-Württemberg. Die außerfamiliären kommunikativen Beziehungen Eberts blieben ebenfalls eingebunden in die Kleinstruktur der Arbeiterbewegung. Die zahlreichen Gewerkschaftsfeste und feierlichen Veranstaltungen der Arbeitervereine, auf denen er Ansprachen hielt, besuchte er sicherlich nicht allein aus parteipolitischer Pflicht. Vielmehr gaben sie ihm auch Gelegenheit zum geselligen Beisammensein mit seinen Partei- und Gewerkschaftsfreunden. Auch seine Freizeitaktivitäten dürfte er in entsprechenden Arbeiterorganisationen entfaltet haben.

[38] Ebd. Vgl. Schulz, Die Bremer Anfänge, S. 69f.

[39] BBZ, 14. 9. 1894. Vgl. Schulz, Die Bremer Anfänge, S. 73; siehe die Anzeige hier auf S. 110.

[40] Aus der Ehe gingen insgesamt 5 Kinder hervor, von denen zwei im Verlauf des Ersten Weltkrieges fielen: Friedrich, geb. am 19. September 1894, gest. am 4. Dezember 1979; Georg, geb. am 25. Juni 1896, gefallen am 4. Mai 1917; Heinrich, geb. am 13. August 1897, gefallen am 15. Februar 1917; Karl, geb. am 29. April 1899, gest. am 21. September 1975; Amalie, geb. am 12. August 1900, später verehelichte Jaenecke, gest. am 24. November 1931.

[41] Zu Friedrich Ebert jr. siehe Voßke, Friedrich Ebert.

2. Zur politischen Tätigkeit Eberts 1892–1899

a) Bremen und die Arbeiterbewegung

Eberts politische Tätigkeit in Bremen fiel in eine Zeit des langfristigen wirtschaftlichen Aufstiegs dieser Seehandelsstadt. Zollanschluß, Weserkorrektionen und Hafenbauten förderten Handel und Industrie.[42] Mit dem wirtschaftlichen Aufschwung und der Industrialisierung ging eine erstaunliche, durch die Binnenwanderung hervorgerufene Bevölkerungszunahme einher. Zwischen 1890 und 1910 wuchs die Einwohnerzahl von 125684 auf 217437, was einer Zunahme von 73% entspricht.[43] Diese wirtschaftlichen und demographischen Veränderungen führten zu gesellschaftlichen Spannungen und warfen die Frage der sozialen und politischen Gleichberechtigung der Arbeiterschaft auf.

Das politische System in Bremen beruhte auf einem Acht-Klassen-Wahlrecht, auf dessen Grundlage die 150 Abgeordneten der Bürgerschaft gewählt wurden. Diese Form des Wahlrechts benachteiligte einen Großteil der Bevölkerung im politischen Willensbildungsprozeß. Im Jahre 1899 beispielsweise, als Ebert in die Bürgerschaft gewählt wurde, entfielen auf jeden der 14 Vertreter der Klasse I, der Bürger mit Universitätsbildung, 23 Wahlberechtigte, auf die 40 Vertreter der Klasse II, des Kaufmannskonvents, jeweils 22 Wahlberechtigte und auf die 20 Vertreter der Klasse III, des Gewerbekonvents, sogar nur jeweils 12. In der Klasse VII, der Klasse der selbständigen Landwirte, kamen auf jeden der 8 Abgeordneten 73 Wahlberechtigte. Die Anstrengungen der SPD konzentrierten sich in den Wahlkämpfen jedoch nicht auf die privilegierten Bevölkerungsgruppen, sondern vor allem auf die Wahlberechtigten in den Klassen IV und VIII, in denen 48 Vertreter aus der Stadt Bremen und 8 für das übrige Landgebiet gewählt wurden. Hier aber betrug das Verhältnis Abgeordneter: Wahlberechtigte 1:287 beziehungsweise 1:383. In den Klassen V (4 Vertreter aus der Stadt Vegesack) und VI (8 Vertreter aus der Stadt Bremerhaven) betrug das entsprechende Verhältnis 1:87 beziehungsweise 1:96. Doch änderte das nichts an der Tatsache, daß die durch das Wahlrecht privilegierten besitzenden und gebildeten Bevölkerungsgruppen, die 1899 etwa 10% der Wahlberechtigten stellten, 86 Mitglieder in die Bürgerschaft entsandten, was einem Abgeordnetenanteil von 55% entspricht.[44] Dieses Wahlrecht gab der SPD keine Chance auf eine ihrem Wähleranteil entsprechende Vertretung im Parlament. Das liberalkonservative Bürgertum beherrschte die Bürgerschaft. Neben der politischen Chancenungleichheit gab es Bestimmungen, die zahlreiche Personen vom Wahlrecht ausschlossen. Das aktive und passive Wahlrecht nämlich besaßen allein männliche Staatsbürger, die das 25. Lebensjahr vollendet hatten und deren Ableistung des Staatsbürgereides mindestens drei Jahre zurücklag.[45] Der Erwerb des Bürgerrechts wie-

[42] Moring, Die Sozialdemokratische Partei, S. 11. Dort wird weitere Literatur genannt.
[43] Hohorst u.a., Sozialgeschichtliches Arbeitsbuch, S. 45, Tab. 12.
[44] Klink, Stark und Stabil, S. 21.
[45] Ebd., S. 20.

derum war mit einer Gebühr von 16,50 Mark verbunden[46], die einen beträchtlichen Teil des durchschnittlichen Wochenlohns eines gelernten Arbeiters ausmachte. Ein Sattler in Bremen etwa verdiente im Jahre 1888 zwischen 18 und 24 Mark wöchentlich.[47] Die Ausübung des Wahlrechts wurde außerdem davon abhängig gemacht, ob man im letzten Rechnungsjahr seine Steuern gezahlt und keine Armenunterstützung empfangen hatte.[48] Diese Bestimmungen führten dazu, daß es bei der Bürgerschaftswahl von 1899 nur 20437 Wahlberechtigte gegenüber 44965 bei der Reichstagswahl von 1898 gegeben hatte.[49] Die Einschränkungen trafen vor allem potentielle sozialdemokratische Wähler, weshalb die Bremer SPD zumindest den Erwerb des Bürgerrechts durch die Ausgabe von Sparkarten zu erleichtern versuchte.[50]

Der 16 Mitglieder umfassende Senat, der neben der Bürgerschaft die Staatsgewalt ausübte, war gänzlich vom Bürgertum dominiert. Er bestand fast ausschließlich aus Juristen und Kaufleuten, wie es die Verfassung vorschrieb.[51] Die auf Lebenszeit gewählten Senatoren wurden in einem komplizierten Verfahren bestimmt, das dem Senat faktisch den beherrschenden Einfluß bei der Wahl einräumte.[52]

Die bremische Arbeiterbewegung konnte sich zu dem Zeitpunkt, als Ebert in der Hansestadt eintraf, bereits auf zahlreiche Vereine und Einrichtungen stützen. Die Partei hatte sich im „Sozialdemokratischen Verein" organisiert, der bereits im Dezember 1890 gegründet worden war.[53] Dieser Verein bezweckte laut Statut „die Förderung der Ziele der Sozialdemokratie durch Wort und Schrift, wie durch die Wahl von auf dem Boden des sozialdemokratischen Programm stehenden Personen zum Reichstag, zur Bürgerschaft und zur Gemeinde".[54] Die parlamentarische Mitarbeit stellte somit eine der Hauptaufgaben der Partei dar. Mitglied konnte „jede erwachsene unbescholtene Person werden, die im bremischen Staatsgebiet wohnhaft ist, sich zu den Grundsätzen des Programms der sozialdemokratischen Partei bekennt" und ihren wöchentlichen Mitgliedsbeitrag entrichtete.[55] Geleitet wurde der Sozialdemokratische Verein von einem „Engeren Vorstand", dem vier Personen angehörten.[56] Seine Aufgaben lagen vornehmlich auf organisatorischem Gebiet, während die politische Linie der bremischen Sozialdemokratie vom Chefredakteur der 1890 gegründeten „Bremer Bürger-Zeitung" bestimmt wurde.[57] Die führende Position des Chefredak-

[46] Schulz, Friedrich Ebert in Bremen, S. 123. Dies., Die Bremer Anfänge, S. 101f., Anm. 46.
[47] Böttcher, Anfänge, S. 162f., Tabelle Vc.
[48] Klink, Stark und Stabil, S. 20.
[49] 90 Jahre Wahlen in Bremen, in: Statistische Monatsberichte, 1966, H. 5/6; 110 Jahre Bürgerschaftswahlen, in: ebd. 1965, H. 3/4.
[50] Friedrich Ebert, Die Organisation, S. 63.
[51] Vgl. Peters, Über die Herkunft, S. 198–210.
[52] Ebd., S. 197f.
[53] Moring, Die Sozialdemokratische Partei, S. 15f.
[54] Statut, § 1, nach einem Abdruck in einem Mitgliedsbuch des Sozialdemokratischen Vereines, Bremen 1894, StAB: 4,14/1-XII. C.2.b.
[55] Ebd., § 2; § 3.
[56] Ebd., § 6.
[57] Moring, Die Sozialdemokratische Partei, S. 16f.

teurs Julius Bruhns und dessen Nachfolgers Franz Diederich wurde dadurch zusätzlich gefestigt, daß sie auch das Amt des Vertrauensmannes für die Partei übernahmen, der den Kontakt mit dem Parteivorstand in Berlin aufrecht erhielt.[58] Die Einrichtung dieses Amtes war notwendig wegen des Verbindungsverbots der politischen Vereine. Danach durften die lokalen Parteiorganisationen nicht direkt mit der zentralen Parteileitung in Verbindung treten.[59]

Neben der Parteiorganisation gab es zahlreiche Gewerkschaftsverbände, von denen der Großteil noch unter dem Sozialistengesetz entstand, Kranken- und Hilfskassen der Gewerkschaften[60] sowie ein ausgeprägtes Vereinsleben. Typisch für die Kleinstruktur der Arbeiterbewegung waren Gesang-, Bildungs-, Sport- und sogar Gartenbauvereine.[61]

Eine reformistische Einstellung bestimmte die politische Linie der Bremer SPD. Sie befürwortete parlamentarische Arbeit und distanzierte sich von solchen oppositionellen Kräften innerhalb der Partei, wie den „Jungen"[62], die Anfang der neunziger Jahre die parlamentarische Taktik der zentralen Parteiführung ablehnten, da sie ihrer Meinung nach zur „kleinbürgerlichen Versumpfung" führe, und statt dessen zu Taten drängten.[63] Zwar rezipierte die Bremer SPD den Marxismus, das Schwergewicht ihrer Tätigkeit aber lag auf der praktischen Tagesarbeit.[64] Die Festlegung auf reformistische Ziele läßt sich als Folge des Sozialistengesetzes verstehen, unter dem die Parteitätigkeit auf Parlamente und öffentliche Körperschaften beschränkt bleiben mußte und dadurch zur Ausprägung einer reformistischen Praxis beitrug.[65]

Wenn das politische Klima in Bremen auch liberaler als in manch anderem Einzelstaat erschien[66], so war es doch gekennzeichnet von einer scharfen Beobachtung und von einem zeitweise energischen Vorgehen gegen die sozialdemokratische Arbeiterbewegung. „Versammlungen zu politischen oder sozialistischen Zwecken" mußten angemeldet werden[67], wurden überwacht und bereits bei geringfügigen Anlässen aufgelöst.[68] Die Statuten mußten den Behörden vorgelegt und Veränderungen in der Besetzung des Vorstandes angezeigt werden.[69] Verzögerungen wurden mit Geldstrafen geahndet. So mußte auch

[58] Ebd., S. 14f.; S. 44 und S. 48f.
[59] Ritter, Die Arbeiterbewegung, S. 47.
[60] Übersicht bei Böttcher, Anfänge, S. 163–169, Tabelle VIa und VIb, wo allerdings nur die bis 1890 gegründeten Vereine aufgeführt sind.
[61] Die Existenz vieler dieser Vereine können der Dokumentation von Schulz, Die Bremer Anfänge, entnommen werden sowie den Anzeigenteilen der BBZ.
[62] Moring, Die Sozialdemokratische Partei, S. 19f.
[63] Wienand, Revoluzzer; vgl. auch Müller, Idealismus; Ritter, Die Arbeiterbewegung, S. 82–86.
[64] Moring, Die Sozialdemokratische Partei, S. 20.
[65] Böttcher, Anfänge, S. 151.
[66] Unter dem Sozialistengesetz soll es beispielsweise „gemütlich" zugegangen sein, in: Nach zehn Jahren, S. 4.
[67] Nach § 3 des Gesetzes das Vereins- und Versammlungsrecht betr. vom 22. 3. 1871, Schulz, Die Bremer Anfänge, S. 79, Anm. 36. Vgl. Wiberg, Das öffentliche Vereinsrecht, S. 28.
[68] Vgl. die Auflösung einer Versammlung am 23. 1. 1893, die von Bosse und Ebert geleitet wurde, StAB: 4,14/1–XII.A.1.a. Vgl. Schulz, Die Bremer Anfänge, S. 45ff.
[69] Moring, Die Sozialdemokratische Partei, S. 16, Anm. 21.

Ebert im Dezember 1894 eine Strafe von 5 Mark bezahlen, da er nicht rechtzeitig den neuen Vorstand vollständig gemeldet hatte.[70] Genehmigungen von Veranstaltungen erfolgten häufig mit Auflagen, etwa dem Verbot, rote Fahnen mitzuführen.[71] Auf Antrag der Militärkommission schließlich wurden die Namen der Militärpflichtigen registriert, „welche als Führer oder Förderer der sozialdemokratischen Partei gelten", und den übergeordneten Behörden übermittelt.[72] Dieser gängigen Praxis der Überwachung sind zahlreiche Hinweise auf Ebert zu verdanken.[73]

b) Grundzüge der politischen Vorstellungen Eberts

Die Aufhebung des Sozialistengesetzes hatte für die sozialdemokratische Partei und die sozialistischen Gewerkschaften eine Neuorientierung zur Folge. Das auf dem Parteitag in Halle 1890 beschlossene Organisationsstatut, die Auseinandersetzungen mit den opponierenden „Jungen" und das neue Parteiprogramm standen im Mittelpunkt der innerparteilichen Diskussion. Das organisatorische Gerüst, das sich die Partei in Halle gab, schuf gleichzeitig die Voraussetzung für eine klare Arbeitsteilung zwischen Partei und Gewerkschaften.[74] Im Zentrum der innergewerkschaftlichen Diskussionen stand vor allem die Frage nach der zukünftigen Form der gewerkschaftlichen Organisation. Die Auseinandersetzungen entzündeten sich daran, ob man eine lokale oder eine zentrale Organisation anstreben sollte. Weiterer Konfliktstoff entstand durch Pläne, mehrere Zentralverbände zu einer Organisation zu verbinden.[75] In diese Aufbruchs- und Orientierungsphase der Arbeiterbewegung fallen die ersten Quellen, die es erlauben, Eberts Stellungnahmen zu Gewerkschafts- und Parteifragen zu verfolgen und seine politischen Grundüberzeugungen festzumachen.

„Die Neuorganisation"[76] sowie die „Zwecke und Ziele der Gewerkschaften"[77] waren bereits in den ersten Monaten nach Eberts Ankunft in Bremen 1891 Themen seiner Vorträge. Immer wieder führte er aus, wie notwendig eine „feste Organisation der Arbeiter gegenüber den ausbeutenden Unternehmerklassen" sei.[78] Das „einzige Mittel gegen [...] Auspressung und unwürdige Be-

[70] Vgl. das Strafmandat an Ebert vom 24. 12. 1894, StAB: 4,14/1-XII.C.2.b. Vgl. Schulz, Die Bremer Anfänge, S. 75.

[71] Siehe die Mitteilung der Polizeidirektion Bremen vom 4. 8. 1893 an Ebert auf seinen Antrag vom 17. Juli, die Veranstaltung eines Gewerkschaftsfestes zu genehmigen, StAB: 4,14/1-XII.C.2.d.

[72] Siehe die geheime Mitteilung der Militärkommission des Bremer Senats vom 10. 5. 1890 und den Bericht des Polizeikommissars vom 8. 7. 1893, StAB: 4,14/1-III.A.13; siehe das Dokument auf S. 94.

[73] Ebd.; siehe auch den Bericht des Polizeikommissars Bartels vom 28. 11. 1891, der ebenfalls im Zusammenhang mit der Verfügung der Militärkommission abgefaßt wurde, StAB: 4,14/1-XII.C.2.a. Siehe oben S. 59. Vgl. Moring, Die Sozialdemokratische Partei, S. 32f. Zu dem Thema „Überwachung der sozialistischen Arbeiterbewegung" siehe auch den materialreichen Aufsatz von Saul, Der Staat, S. 299-313.

[74] Ritter, Die Arbeiterbewegung, S. 107.

[75] Ebd., S. 113.

[76] Ebert am 12. 9. 1891; Schulz, Die Bremer Anfänge, S. 13.

[77] Ebert am 22. 9. 1891; ebd.

[78] Ebert am 3. 12. 1891; ebd., S. 15.

1. Innenhof der Unteren Str. 27 mit dem zur Pfaffengasse gelegenen Seitengebäude. Die Holztreppe führte zur Wohnung der Familie Ebert im ersten Stock.

2. Frontseite des Geburtshauses (erstes Haus links) in der Heidelberger Pfaffengasse.

3. Das Geschäft des Heidelberger Sattlermeisters Schmitt in der Hauptstraße, bei dem Friedrich Ebert in die Lehre ging. Das Foto wurde anläßlich der Beisetzung des Reichspräsidenten in Heidelberg am 5. März 1925 aufgenommen.

4. *Friedrich Eberts Mutter Katharina (1834–1897).*

5. *Portraitaufnahme Friedrich Eberts aus den 90er Jahren.*

6. Friedrich Ebert (x – 3. Reihe, 3. von links) im Kreise seiner Mitschüler (um 1879).

7. Friedrich Ebert in der Sattlerei Conrad Scherz in Wesel (um 1890/91). Ebert steht rechts neben dem am Tisch sitzenden Meister.

8. Friedrich Ebert mit seiner Frau Louise und (von links nach rechts) den Söhnen Friedrich, Georg und Heinrich (um 1898).

9. Die Söhne Georg und Friedrich Ebert (Ende 1896/Anfang 1897).

10. Die Kinder Heinrich, Karl, Georg, Friedrich und Amalie Ebert um 1908 (hintere Reihe, von rechts nach links). Die Familie wohnte zu dieser Zeit in der Neuen Bahnhofstraße in Boxhagen-Rummelsburg (heute zum Berliner Stadtteil Lichtenberg gehörend).

11. Die »Restauration und Bierhalle« (rechts) in der Brautstraße/Ecke Westerstraße (Blick in die Westerstraße), die Friedrich Ebert von 1894 bis 1900 in der Bremer Neustadt gepachtet hatte. Das Foto entstand nach 1900.

12. Parteitag der SPD 1904 im Bremer »Casino«; 3. von links auf dem Podium der Parteitagsvorsitzende Friedrich Ebert.

13. Die Delegierten des Parteitages 1904, unter ihnen vorn links der Parteivorsitzende August Bebel.

14. Ausflug der Delegierten des Parteitages 1904 nach Helgoland. In der ersten Reihe vorn rechts Friedrich Ebert neben Emil Eichhorn, während der Revolution 1918 Berliner Polizeipräsident.

15. Mai-Spaziergang in Bremen in den 90er Jahren. In der ersten Reihe 2. von links Friedrich Ebert.

16. Der Chefredakteur der »Bremer Bürger-Zeitung« Franz Diederich.

17. Bremer Sozialdemokraten um 1905; von links nach rechts sitzend: Heinrich Schulz, Heinrich Schulz (Vater), Wilhelm Holzmeier; stehend: Frau Sonnemann, Johann Knief, Rita Bardenheuer, W. Bardenheuer, Frau Henke, Alfred Henke, Wilhelm Pieck.

handlung" der Arbeiter sei „eine stramme Organisation"[79], und „überall, wo sich" starke „Arbeiterorganisationen befinden", sei „es [...] lediglich diesen zu verdanken, daß sich die Arbeiter dort finanziell und materiell besser stehen"[80]. „Wir müssen", so forderte daher Ebert auf, „uns organisiren und durch unsere Organisation unsern Zweck zu erreichen suchen"[81]. Der Begriff der „Organisation" bestimmte sein gewerkschaftspolitisches Denken, das durch das Streben nach Stärke und Geschlossenheit der gewerkschaftlichen Arbeiterbewegung gekennzeichnet war. Das entsprach den Resolutionen des Parteitags in Halle 1890, welche die Arbeiter aufforderten, sich in Gewerkschaften zu organisieren und diese kräftig zu unterstützen.[82]

Nur eine zentrale Organisation konnte nach Eberts Ansicht zu einer Stärkung der Gewerkschaftsbewegung führen. Daher forderte er lokale Gewerkvereine auf, sich „aufzulösen und sich der Zentralisation anzuschließen".[83] Er stellte „sich voll und ganz auf den Boden des Organisationsentwurfs [...]" der Generalkommission der Gewerkschaften Deutschlands[84] vom April 1891, der als Grundlage der gesamten Gewerkschaftsorganisation die Zentralvereine der einzelnen Berufe vorsah.[85] Offenbar spielten bei seinem Einsatz in dieser Frage die während seiner mehrjährigen gewerkschaftlichen Tätigkeit gesammelten Erfahrungen eine Rolle. In Kassel hatte er sich ja nachweislich in einem zentral organisierten Verband engagiert.

Geleitet von dem Gedanken, die Gewerkschaftsbewegung zu stärken, trat Ebert darüber hinaus für eine institutionalisierte Verbindung der Zentralvereine verwandter Berufszweige ein. Unter der Parole „Alle für Einen und Einer für Alle" rief er beispielsweise zur Vereinigung der Organisationen der Sattler und Tapezierer auf.[86] Auch in dieser Hinsicht unterstützte er den Organisationsentwurf der Generalkommission, der neben der zentralen Organisationsform gleichzeitig eine Verbindung mehrerer berufsverwandter Zentralverbände zu „Unionen" vorsah.[87] Gegen solche umfassenden Vereinigungspläne stand jedoch das Berufsbewußtsein der einzelnen Verbände, wie es in dem Bestreben zum Ausdruck kam, das Organisationsgebiet des Verbandes auch im Verbandsnamen möglichst genau zu begrenzen, was zu umständlichen Verbandsbezeichnungen führte[88], etwa: „Vereinigung der Maler, Lackirer, Anstreicher und verwandter Berufsgenossenschaften Deutschlands".[89] Nachdem der Entwurf der Generalkommission auf der Gewerkschaftskonferenz in Halberstadt 1892 abgelehnt worden war, sprach sich Ebert nunmehr dafür aus, die Organisationen ein-

[79] BBZ, 8. 2. 1892; Ebert, Schriften, Bd. 1, S. 155.
[80] Ebert am 15. 10. 1893; Schulz, Die Bremer Anfänge, S. 60.
[81] Ebert am 10. 2. 1892; ebd., S. 17.
[82] Protokoll SPD-Parteitag 1890, S. 216f; S. 222.
[83] Ebert am 20. 3. 1892; Schulz, Die Bremer Anfänge, S. 22.
[84] Ebert am 18. 2. 1892; ebd., S. 18.
[85] Schönhoven, Expansion, S. 271 f.
[86] Ebert am 13. 12. 1891; Schulz, Die Bremer Anfänge, S. 14.
[87] Ritter, Die Arbeiterbewegung, S. 117.
[88] Schönhoven, Expansion, S. 281.
[89] Schulz, Die Bremer Anfänge, S. 13.

zelner verwandter Berufszweige durch Kartellverträge zu verbinden „und dann zur geeigneten Zeit eine feste Industrieorganisation zu schaffen".[90] Damit folgte er der Kompromißformel, auf die sich die in Halberstadt versammelten Delegierten geeinigt hatten. Prinzipiell befürwortete man zwar die Bildung einheitlicher Industrieverbände[91], die über bestehende Berufsgrenzen hinausreichten, beließ es jedoch zunächst bei den jeweils nur einen Spezialberuf organisierenden Berufsverbänden[92], die miteinander Kartellverträge abschließen sollten.[93] In den folgenden Jahren bemühte sich Ebert um den Abschluß solcher Verträge zwischen den Verbänden, die zum Beispiel gemeinsame Streik- und Reiseunterstützungen sowie die Organisierung gemeinschaftlicher Arbeitsnachweise umfassen sollten.[94]

„Mit ihrer wirtschaftlichen Organisation allein", so legte Ebert allerdings klar, seien die Arbeiter „nicht im Stande [...], Nennenswerthes zu erreichen".[95] Jeder Arbeiter müsse sich zwar „zunächst seiner gewerkschaftlichen Organisation [...] anschließen und hier für Verbesserung der Verhältnisse Sorge tragen. Dann aber auch müsse er sich der politischen Organisation, die hier in Bremen durch den Sozialdemokratischen Verein repräsentirt werde, anschließen".[96] Er bezeichnete es als „Pflicht eines jeden Arbeiters, sich [...] an der politischen Bewegung zu betheiligen, damit unsere Vertreter stark genug sind, Gesetze im Reichstage durchzubringen, die dem Arbeiter zum Nutzen gereichen".[97] Aufforderungen zum Anschluß an die Gewerkschaftsorganisationen verband er daher mit solchen, „zum Mitkämpfen in den Bestrebungen der politischen Arbeiterpartei".[98] Wirtschaftliche und politische Interessenvertretung bildeten für Ebert eine unlösbare Einheit. In den Auseinandersetzungen mit den neben den freien sozialistischen Gewerkschaften bestehenden liberalen Hirsch-Dunker'schen Gewerkvereinen und katholischen Gesellenvereinen spielte diese Überzeugung eine Rolle, denn es war vor allem deren Abkoppelung von der politischen Arbeiterbewegung, die seine Kritik herausforderte. „Politische Enthaltsamkeit zu empfehlen", so äußerte er sich in einer Versammlung der Hirsch-Dunker'schen Gewerkvereine, wo doch „Agrarier und Industriebarone die ganze Gesetzgebung in ihrem Interesse ausgebaut" hätten, sei „geradezu Unsinn".[99] Die gewerkschaftliche Arbeit konnte für ihn nur in Verbindung mit dem politischen Kampf erfolgreich sein.

Da Ebert die Notwendigkeit gewerkschaftlicher und politischer Organisation der Arbeiter betonte, stellt sich unwillkürlich die Frage nach den Zielen seines politischen Kampfes und nach den Methoden, mit denen er diese Ziele erreichen

[90] Ebert am 19. 2. 1893; ebd., S. 48.
[91] Ritter, Die Arbeiterbewegung, S. 119.
[92] Schönhoven, Expansion, S. 262f.
[93] Ritter, Die Arbeiterbewegung, S. 119.
[94] Ebert am 19. 2. 1893; Schulz, Die Bremer Anfänge, S. 48.
[95] Ebert am 19. 3. 1893; ebd., S. 50.
[96] Ebert am 4. 4. 1895; ebd., S. 77.
[97] Ebert am 9. 11. 1892; ebd., S. 40f.
[98] Ebert am 11. 1. 1895; ebd., S. 76.
[99] Ebert am 19. 3. 1893, ebd., S. 50.

wollte. In diesem Zusammenhang muß auch nach dem theoretischen Ausgangspunkt seines politischen Denkens, nach seiner ideologischen Position gefragt werden.

Bereits am Anfang seiner Bremer Tätigkeit übernahm Ebert, das ist zu Recht hervorgehoben worden, die ideologische Position der Parteimehrheit.[100] Er stellte sich hinter das Erfurter Programm von 1891, mit dem der Marxismus offiziell zur theoretischen Grundlage der Partei wurde.[101] Wie eng er sich an die marxistische Gesellschaftsanalyse des neuen Programms anlehnte, offenbart sich in vielen seiner Vorträge. So legte Ebert klar, daß das „Großkapital [...] die gesamten Produktionsmittel in Händen" habe.[102] Die „Aneignung der Produktion durch das Kapital" führe zum „Verfall des Kleinmeisterthums". „Hierdurch habe das Handwerk seinen goldenen Boden verloren und werde es denselben auch niemals wieder erreichen".[103] Vor Arbeitslosen wies er darauf hin, daß „die Arbeitslosigkeit ihren Ursprung in der heutigen anarchistischen Produktionsweise hat und sich von Jahr zu Jahr vermehrt". „Krisen", so lautete eine von ihm unterstützte Resolution, seien „mit dem bestehenden kapitalistischen Wirtschaftssystem untrennbar verbunden" und könnten „nur beseitigt werden [...], wenn an Stelle der Ausbeutung des Menschen durch den Menschen ein auf Gleichberechtigung Aller beruhendes Gütererzeugungs- und Austausch-System Platz greift, wie es der Sozialismus erstrebt".[104] Als Voraussetzung für den Sozialismus müsse „das Privateigenthum und somit der Kapitalismus beseitigt" werden.[105] Bei anderer Gelegenheit führte er aus, daß „die Arbeitslosigkeit und das mit ihr verbundene Elend [...] erst dann verschwinden [würden], wenn das Proletariat in den Besitz der politischen Macht gelangt" sei. „Um dieses zu erreichen, müssen sich die Arbeiter zu wirthschaftlichen und politischen Kampfesorganisationen zusammenschließen [...]". Träger des historischen Fortschritts waren für Ebert das „Proletariat", die „Arbeiter", während es den „besitzenden Klassen" um die Erhaltung des status quo gehe.[106]

Der Untergang des Kleinbetriebes und die damit einhergehende Verschärfung des Klassenkampfes als Folge der ökonomischen Entwicklung der bürgerlichen Gesellschaft, die sich ständig verschärfenden Krisen als wesentliches Merkmal des Kapitalismus, die Beseitigung des Privateigentums an Produktionsmitteln als notwendige Voraussetzung für die Befreiung der Menschen von Not und Elend und die Berufung der Arbeiterklasse zu dieser historischen Aufgabe, das waren die wesentlichen Punkte des Erfurter Programms[107] und das ideologische Rückgrat der Partei. Indem Ebert sich in seinen Reden und Vorträgen auf

[100] Kotowski, Friedrich Ebert, S. 42; Buse, Friedrich Ebert, S. 33f.; Witt, Friedrich Ebert, in: Friedrich Ebert 1871–1925, S. 15.
[101] Ritter, Die Arbeiterbewegung, S. 95.
[102] Ebert am 20. 12. 1896; Schulz, Die Bremer Anfänge, S. 101.
[103] Ebert am 27. 10. 1892; ebd., S. 39.
[104] Ebert am 6. 2. 1894; ebd., S. 66.
[105] Ebert am 25. 7. 1894; ebd., S. 72.
[106] Ebert am 6. 1. 1893; ebd., S. 43.
[107] Protokoll SPD-Parteitag 1891, S. 3–6.

dieses Programm stützte, bekannte er sich zum Marxismus in der Form, wie er in das Erfurter Parteiprogramm der SPD eingeflossen war.[108]

Dieses Bekenntnis muß in Zusammenhang mit seinen Bemühungen gesehen werden, sich mit den theoretischen Grundlagen des Sozialismus vertraut zu machen. Vortragsthemen wie die „Entwicklung des Kapitals"[109], „Die Entwicklung des Kapitalismus und unsere heutigen wirthschaftlichen Zustände"[110], „Kommunismus und Kapitalismus"[111] sowie seine Referate über das Parteiprogramm der SPD[112] legen Zeugnis ab von seinem Streben, sich wirtschaftstheoretische Grundkenntnisse zu erarbeiten, die Kritik an gesellschaftlichen Zuständen aus historischer Perspektive anzugehen und sich mit dem Programm der SPD auseinanderzusetzen. Die drei Vorträge über „Die Ware", „Das Geld" und über die „Verwandlung von Geld in Kapital"[113] zeigen darüber hinaus, daß Ebert zumindest mit einzelnen Kapiteln von Karl Marx' „Kapital" vertraut war. In diesen Vorträgen faßte er die ersten beiden Abschnitte des „Kapitals" zusammen[114], wobei es ihm darauf ankam, in knapper Form die Marxschen Definitionen der Begriffe „Ware", „Geld" und „Kapital" beziehungsweise „Mehrwert" zu erläutern. Er beherrschte also nicht nur das marxistische Vokabular, sondern arbeitete sich auch in das ökonomische Theoriensystem von Marx ein. Ebert eignete sich auf diese Weise zielstrebig die theoretischen Grundpositionen der Sozialdemokratie an und bemühte sich gleichzeitig um deren Popularisierung. Diese Beobachtung erlaubt es, sein Bekenntnis zum Marxismus im Sinne des Erfurter Programms als Ausdruck seiner Weltanschauung und seiner politischen Grundüberzeugung zu deuten, die bereits zu Beginn seiner Bremer Zeit in wesentlichen Punkten festgelegt waren. Eberts Anschluß an die Hauptströmung der Partei entsprach also nicht der Haltung eines politischen Lehrlings „auf der Suche nach einer eigenen Position".[115] Sein frühes Engagement war vielmehr Ausdruck politischer Überzeugungen, die er durch das Studium theoretischer Literatur zu vertiefen bestrebt war. Sein theoretisches Interesse ging niemals so weit, daß er sich um eine selbständige ideologische Position bemüht hätte. Die konkrete Ausprägung seiner ideologischen Vorstellungen wurde vielmehr maßgeblich von der offiziellen Parteiideologie beeinflußt. Sein autodidaktischer Eifer richtete sich allein darauf, deren Grundpositionen besser zu verstehen. Man muß deshalb an dieser Stelle betonen, daß Ebert nicht über den Weg der Theorie zur SPD kam, sondern durch das Vorbild praktischer Tätigkeit, wie er es bei seinem Vater und seinem Onkel gesehen hatte, und durch sein Engagement in der Gewerkschaftsbewegung. Dies führte dazu, daß er zwar das sozialistische Gedankengut aufgriff und sich zum Marxismus bekannte, sich aber nicht

[108] Zur Einschätzung der ideologischen Position Eberts vgl. Buse, Friedrich Ebert, S. 34 und S. 38.
[109] Ebert am 12. 11. 1891; Schulz, Die Bremer Anfänge, S. 13f.
[110] Ebert am 17. 11. 1891; ebd., S. 14.
[111] Ebert am 25. 7. 1894; ebd., S. 72.
[112] Ebd., S. 15–17.
[113] BBZ, 14., 22. und 29. 7. 1892.
[114] Vgl. Buse, Friedrich Ebert, S. 34f.
[115] Witt, Friedrich Ebert, in: Friedrich Ebert 1871–1925, S. 15.

bereit zeigte, aus theoretischen Erwägungen heraus die praktische Arbeit zu vernachlässigen. So blieb seine gewerkschaftliche Arbeit vollkommen unbeeinflußt von der auf dem Parteitag in Köln 1893 von Bebel vertretenen Ansicht, daß die Aussichten erfolgreicher gewerkschaftlicher Betätigung angesichts des fortschreitenden Konzentrationsprozesses in der Wirtschaft geringer würden, womit natürlich indirekt auch die Bedeutung der gewerkschaftlichen Organisation insgesamt in Zweifel gezogen wurde.[116]

Ziel des politischen Kampfes war nach Eberts Ausführungen die Beseitigung des Kapitalismus, die Eroberung der politischen Macht durch das Proletariat und die Etablierung eines sozialistischen Systems. Unklar aber bleibt, wie sich Ebert ein solches System im einzelnen vorstellte. Außerdem gibt er keine Antwort auf die Frage, wie das Proletariat die Macht erobern sollte. Die Revolution war für ihn keine notwendige Voraussetzung, um zumindest einen Teil der emanzipatorischen Forderungen der Arbeiterklasse durchzusetzen. Vielmehr verwies er in diesem Zusammenhang von Anfang an auf den parlamentarischen Weg und damit auf den Einsatz und die Anwendung legaler Mittel. Beispielsweise trat er in den Auseinandersetzungen mit den „Jungen“ für die parlamentarische Taktik der Parteiführung ein und drang auf Verabschiedung der Resolution, die sich gegen das Verhalten dieser innerparteilichen Oppositionsbewegung aussprach.[117] Das Streben nach wirtschaftlicher und politischer Organisation der Arbeiterschaft hatte für ihn daher unter dem Gesichtspunkt zu erfolgen, daß „unsere Vertreter stark genug sind, Gesetze im Reichstag durchzubringen, die dem Arbeiter zum Nutzen gereichen“.[118] Ob die SPD auf diesem Weg jedoch auch die grundlegende Veränderung der gesellschaftlichen und politischen Ordnung des Kaiserreichs erreichen konnte, ließ er offen. Diese Unbestimmtheit ist nicht allein charakteristisch für Ebert, sondern typisch für die Parteimehrheit. Diese sah keinen Widerspruch darin, den parlamentarischen Weg und die Reformpolitik auf dem Boden der bestehenden Staats- und Gesellschaftsordnung zu propagieren mit dem Ziel, die Lage der Arbeiter zu verbessern, während sie gleichzeitig eben dieses Gesellschaftssystem ablehnte.[119]

Das starke Gewicht, das Ebert auf den parlamentarischen Kurs legte, kann auch als Ergebnis seiner bisherigen politischen Entwicklung verstanden werden. Den Einsatz für konkrete, praktische, wenn auch bescheidene Ziele lernte er bereits durch das Engagement seines Vaters im Arbeiterbildungsverein und in der Gewerkschaft kennen. In Mannheim kam er mit einer Form sozialdemokratischer Politik in Berührung, welche die parlamentarische Arbeit in den Mittelpunkt stellte. Hinzu kam seine Tätigkeit in der Gewerkschaftsbewegung, in der die unmittelbare Durchsetzung wirtschaftlicher Verbesserungen im Vordergrund

[116] Protokoll SPD-Parteitag 1893, S. 201. Zur Einschätzung der Gewerkschaftsbewegung durch die Parteimehrheit vgl. Ritter, Die Arbeiterbewegung, S. 126.
[117] BBZ, 25. 9. 1891.
[118] Ebert am 9. 11. 1892; Schulz, Die Bremer Anfänge, S. 40f.
[119] Vgl. zu dieser Problematik: Ritter, Die Arbeiterbewegung; Steinberg, Sozialismus; Groh, Negative Integration.

stand. Schließlich fand er in der Bremer SPD, die eine reformistische, die praktische Tagesarbeit betonende Politik verfolgte, seine politische Heimat. Geprägt durch diese Erfahrungen und Einflüsse sah er nun in Bremen das konkrete Anliegen der Arbeiterbewegung nicht in der durch Agitation, Propaganda und Demonstrationspolitik herbeizuführenden klassenkämpferischen Konfrontation mit dem politischen Gegner, sondern in der Durchsetzung unmittelbarer Verbesserungen für die Arbeiter auf dem Verhandlungsweg und über das Parlament. Mit diesem Kurs folgte Ebert nicht immer der Ansicht der Parteiführung. So distanzierte er sich beispielsweise in seiner Bewertung des „Sozialen Kongresses des Freien Deutschen Hochstiftes" in Frankfurt am Main 1893 deutlich von der Meinung Bebels. Auf diesem Kongreß verhandelten Vertreter der freien Gewerkschaften mit bürgerlichen Sozialpolitikern über die Organisation des Arbeitsnachweises.[120] Die Zusammenarbeit mit Bürgerlichen stieß bei Bebel auf scharfe Ablehnung, der diesen Vorgang als „Canossagang eines Theils der Gewerkschaftsführer nach Frankfurt" verurteilte.[121] In einer Parteiversammlung in Bremen kritisierte Ebert die Äußerung Bebels und gab darüber hinaus zu erkennen, daß er „den Gang nach Frankfurt am Main seitens der verschiedenen Gewerkschaftsführer [...] billigen" müsse.[122] Die Diskussion, aber auch die Zusammenarbeit mit dem politischen Gegner waren für Ebert ein notwendiges Mittel der Politik, um die bestehende Gesellschaft umzuformen.

c) *Reform und Agitation. Zum politischen Wirken Eberts bis 1899*

Eberts politisches Wirken in Bremen war bestimmt von der Durchsetzung praktischer Reformforderungen der Arbeiterschaft. Den Anstoß dazu gaben seine Erfahrungen, die er durch seine Tätigkeit in den verschiedenen Arbeiterorganisationen und durch seine zahlreichen Vorträge gewonnen hatte. Ob er nun vor Arbeitslosen oder Tapezierern und Sattlern sprach, die Bäcker agitatorisch unterstützte oder dem Verband der Friseure, Barbiere und Perückenmacher die Aufgaben der Gewerkschaftsbewegung erläuterte, ob er mit den Parteigenossen in den Vororten zusammenarbeitete oder nach langen Fußmärschen in entlegenen Landgebieten vor Landarbeitern über die Ziele der Sozialdemokratie referierte, stets hatte er in den anschließenden Diskussionen Gelegenheit, die Probleme der Arbeiter aus unmittelbarer Nähe kennenzulernen. Ebert antwortete darauf mit praxisbezogener, aktueller Reformpolitik, die er auf legalem Weg durchzusetzen suchte. Das läßt sich an mehreren Beispielen illustrieren, unter anderem an seinen Aktivitäten in der Arbeitslosenfrage. Als die seit Herbst 1890 einsetzende Wirtschaftskrise und der strenge Winter 1891/92 die Erwerbs- und Ernährungsverhältnisse der Bremer Arbeiter verschlechterten und nach Angaben der Gewerkschaftsvorstände vom Januar 1892 mindestens ein Drittel aller Arbeiter in Bremen arbeitslos war, unterbreitete eine auf einer Arbeitslosenver-

[120] Varain, Freie Gewerkschaften, S. 22.
[121] Protokoll SPD-Parteitag, 1893, S. 202.
[122] Ebert am 13. 12. 1893; Schulz, Die Bremer Anfänge, S. 63 ff.

sammlung gewählte Deputation dem Senat Vorschläge zur Milderung der Arbeitslosigkeit, die jedoch abgelehnt wurden.[123] Ebert kritisierte die uneinsichtige Haltung der „Herren vom grünen Tisch“, denen das Verständnis für die Lage der Arbeiter fehle.[124] Unter seiner Leitung ging nun die Kontrollkommission daran, eine statistische Erhebung über den Umfang der Arbeitslosigkeit durchzuführen[125], um Druck auf die öffentliche Meinung auszuüben und den Senat zu Maßnahmen gegen die Erwerbslosigkeit zu veranlassen. Auf dieses Material konnte sich Ebert während einer Arbeitslosenversammlung im Januar 1893 stützen. Er führte zunächst aus, daß die Arbeitslosigkeit ein Produkt der wirtschaftlichen Verhältnisse sei und erst mit der Machteroberung des Proletariats beseitigt werden könne. „Um aber eine Milderung des gegenwärtigen Nothstandes für Bremen zu erwirken, sei es nothwendig, sich an die hiesigen Behörden zu wenden [...]“, denen folgende Forderungen unterbreitet wurden: Inangriffnahme von Staatsarbeiten, zehnstündiger Maximalarbeitstag, Minimaltagesverdienst von drei Mark, kostenloses Schulfrühstück für Kinder arbeitsloser Eltern und darüber hinaus grundlegende Reformen wie staatliche Arbeitslosenunterstützung und Errichtung einer Arbeiterkammer. Letztere verstand man als eine „Institution zur Wahrung der Interessen des Arbeiterstandes“, um nicht mehr länger „im Wege der Bitte die nothwendige Staatshilfe [...] erreichen“ zu müssen.[126] Sie sollte als Beratungsorgan der Behörden wirken und neben den bereits bestehenden Handels-, Gewerbe- und Landwirtschaftskammern errichtet werden.[127] Ebert wurde in eine Deputation gewählt, die diese Forderungen durch Verhandlungen mit dem Senat durchsetzen sollte.[128] Der Senat stellte zwar die Inangriffnahme staatlicher Arbeiten in Aussicht, die für die SPD entscheidenden Reformen aber verweigerte er.[129] Deshalb berief die Partei für den 23. Januar 1893 eine Versammlung ein, auf der Ebert über die Verhandlungen mit dem Senat und dessen negative Haltung berichtete. Die Zusammenkunft wurde jedoch aufgelöst, nachdem Ebert eine Anordnung des überwachenden Kommissars als unberechtigt bezeichnet und sich daraufhin lauter Beifall erhoben hatte. Die Versammlungsteilnehmer, die sich vor dem Lokal zusammengefunden hatten, wurden schließlich mit Gewalt auseinandergetrieben, „wobei die Schutzmänner auf die sich hierbei Widersetzenden mit flacher Klinge einschlugen“.[130] Noch am selben Tag legten Sozialdemokraten bei der Behörde Beschwerde ein und versicherten, daß sie die Versammlung vollständig in der Hand gehabt hätten[131], und „die Arbeiter an nichts weniger dächten als an Erregung

[123] Moring, Die Sozialdemokratische Partei, S. 27.
[124] Ebert am 10. 2. 1892; Schulz, Die Bremer Anfänge, S. 17.
[125] Ebert am 28. 6. 1892; ebd., S. 34 und S. 36.
[126] Ebert am 6. 1. 1893; ebd., S. 43.
[127] Moring, Die Sozialdemokratische Partei, S. 30.
[128] Ebert am 6. 1. 1893; Schulz, Die Bremer Anfänge, S. 43.
[129] Moring, Die Sozialdemokratische Partei, S. 31.
[130] Bericht des Polizeikommissars Jensen vom 23. 1. 1893, StAB: 4,14/1–XII.A.1.a.
[131] Aufz. Schultz, 23. 1. 1893, zitiert nach: Moring, Die Sozialdemokratische Partei, S. 31.

von Exzessen".[132] Daraufhin wurde ein zweites Treffen gestattet, in dem nach Versicherung Eberts die Partei „durch Ansprache und durch bestellte Aufsichtsgenossen für die Ordnung sorgen würde".[133] Sie verlief denn auch „in musterhafter Ruhe und Ordnung".[134] Damit fügte sich Ebert den polizeilichen Anordnungen und vermied Auseinandersetzungen. Wenn er auch die ablehnende Haltung des Senats gegenüber den Forderungen der SPD zur Agitation auszunutzen verstand, so blieb das doch im Rahmen der gegebenen Möglichkeiten. Entscheidend aber ist, daß Ebert trotz dieser Mißerfolge weiterhin seine sozialreformerischen Ideen auf legalem Weg zu verwirklichen suchte. Deshalb setzte er sich auch weiterhin konsequent für einen Maximalarbeitstag, für einen Mindestlohn und für die Errichtung einer Arbeiterkammer ein, beispielsweise während seiner Tätigkeit in der Bremer Bürgerschaft. Rückschläge jedenfalls brachten ihn von seinem einmal eingeschlagenen Kurs nicht ab.

Die nüchterne und besonnene Haltung Eberts gegenüber den Behörden zeigte sich ebenfalls bei den Vorbereitungen der Gewerkschaftsfeste, mit denen er als Vorsitzender der Kontrollkommission 1893 betraut wurde.[135] Das erste Bremer Fest, an dem sich alle Gewerkschaften beteiligten, wurde bereits 1890 veranstaltet. Nach Meinung des Zigarrenmachers Alwin Kerrl, einer der führenden Persönlichkeiten der Bremer Arbeiterbewegung, sollte das Gewerkschaftsfest als „wirkliches, echtes Volksfest" in Konkurrenz zur Sedanfeier stehen,[136] die jedes Jahr mit chauvinistischem Eifer die Kapitulation der französischen Armee und die Gefangennahme Napoleons III. in der für den Deutsch-Französischen Krieg entscheidenden Schlacht bei Sedan 1870 in Erinnerung rief. Natürlich gaben die Gewerkschaftsfeste darüber hinaus Gelegenheit, für die Ziele der Gewerkschaftsbewegung zu werben. Als Ebert im Juli 1893 die Genehmigung zur Abhaltung des Festes einholen wollte, lehnte es der Senat ab, den Umzug durch die Innenstadt zu führen und wies der Arbeiterschaft statt dessen den Grünekamp zu, einen Platz auf der linken Weserseite, wo sie sich „unter Ausschluß rother Fahnen [...] versammeln" könne.[137] Wenige Tage später beantragte Ebert, man möge einzelnen Gruppen erlauben, „mit Musik von ihrem Sammelpunkt nach dem Grünekamp zu marschieren".[138] Als dies ebenso abgelehnt wurde wie sein daraufhin eingereichter Antrag, „den am Zug theilnehmenden Vereinen" zu gestatten, „von ihren Vereinslokalen ohne Musik in corpore nach dem Grünekamp zu gehen"[139], nahm die Arbeiterschaft in einer Protestversammlung am 22. Au-

[132] So der Bericht der BBZ vom 24. 1. 1893 über die Konferenz, zitiert nach: Ebd.
[133] Aufz. Schultz, 24. 1. 1893, zitiert nach: Ebd.
[134] Polizeibericht vom 25. 1. 1893, zitiert nach: Ebd.
[135] Ebert an den Senat, 17. 7. 1893, StAB: 4,14/1-XII.C.2.d. Siehe auch Schulz, Die Bremer Anfänge, S. 13 und S. 57ff. Eine von Ebert unterschriebene Versammlungsanzeige ist bereits vom 23. Okt. 1891 überliefert. Sicherlich hat er hier bereits als Vorsitzender der Kontrollkommission gehandelt, wenn auch erst auf der Gewerkschaftsversammlung vom 11. Juli 1893 beschlossen wurde, das Arrangement dieser Feste der Kontrollkommission zu übertragen.
[136] Alwin Kerrl nach dem Polizeibericht vom 18. 8. 1890, StAB: 4,14/1-XII.A.1.a. Zu den Bremer Gewerkschaftsfesten siehe Moring, Die Sozialdemokratische Partei, S. 26.
[137] Ebert an den Senat, 19. 7. 1893, und Polizeiprotokoll vom 4. 8. 1893, StAB: 4,14/1-XII.C.2.d.
[138] Ebert an den Senat, 8. 8. 1893, ebd.
[139] Ebert an den Senat, 16. 8. 1893, ebd.

gust gegen dieses Vorgehen des Senats Stellung.[140] Bevor der Redner Bruhns seinen Vortrag begann, ermahnte Ebert „die Anwesenden dringend zur Ruhe und Ordnung, [...] und nach Kräften dahin zu wirken, daß die Versammlung, so bedauerlich deren Veranlassung sei, desto würdiger verlaufe". Bruhns, der das Vorgehen des Senats kritisierte, schloß seine Rede mit der Bemerkung: „Wir werden uns fügen. Wir wollen beweisen, daß wir gewöhnt sind, uns den gesetzlichen Vorschriften zu fügen." Was das Verbot betraf, rote Fahnen mitzuführen, versicherte Ebert, er „glaube nicht, daß völlig rote Fahnen von irgend einer der Bremischen Gewerkschaften geführt würden und nur solche [...] sollten verboten sein. – Falls aber dennoch eine solche sich vorfinden sollte, so wollen wir schon dafür sorgen, daß dieselbe beim Feste nicht 'völlig' rot erscheint". Abschließend ermahnte Ebert die Anwesenden, „zum würdigen Verlaufe des Festes [...] beizutragen, namentlich nicht etwaigen unsauberen Elementen gegenüber, die sich einschleichen könnten, zu Thätlichkeiten sich hinreißen zu lassen, damit unter allen Umständen die Bremische Bevölkerung Achtung vor dem Bremischen Arbeiterstande bewahren" müsse.[141] Auch hier bemühte sich Ebert, Agitation und Propaganda im Rahmen der gesetzlichen Möglichkeiten zu betreiben[142], wie es dem Kurs der bremischen Partei entsprach.[143]

Charakteristisch für Eberts Politik ist ferner seine Stellung zu den Gewerbegerichten und seine Initiative für ein städtisches Arbeitsamt. Das Gesetz vom 29. Juli 1890 sah für die Gewerbegerichte als Organ zur Entscheidung gewerblicher Streitigkeiten zwischen Arbeitern und Unternehmern neben einem Vorsitzenden auch paritätisch von Arbeitern und Unternehmern in getrennter Abstimmung zu wählende Beisitzer vor.[144] Ebert erläuterte 1892, als man in Bremen zur Wahl der Beisitzer schritt, in mehreren Versammlungen die Bedeutung der Gewerbegerichte.[145] Er kritisierte ihre Machtlosigkeit, da sie „auch nicht im geringsten Einfluß [...] auf den Arbeitsvertrag zwischen Arbeitgeber und Arbeitnehmer" hätten, verurteilte scharf die „reaktionären Bestimmungen bezüglich des Wahlrechts zum Gewerbegericht, welche schlimmer sind als die Wahlgesetze zum Reichstage und zu den Landtagen der einzelnen Bundesstaaten" und hielt das Ganze für ein Werk „sozialer Kurpfuscher".[146] Gleichzeitig aber nutzte die Kontrollkommission unter seiner Leitung die vom Gesetz geschaffenen Möglichkeiten, um durch die Wahl von Beisitzern für die Arbeitervertreter legale Positionen zu erobern.[147]

Mit dem Thema „Städtisches Arbeitsamt" beschäftigte sich Ebert seit Ende 1893, als er die Gründung einer solchen Behörde angeregt hatte[148], bis zu sei-

[140] Ebert an die Polizeidirektion Bremen, 22. 8. 1893, ebd.
[141] Polizeibericht vom 22./23. 8. 1893, ebd.
[142] Vgl. Buse, Friedrich Ebert, S. 48 f.
[143] Moring, Sozialdemokratische Partei, S. 27.
[144] Gesetz, betreffend die Gewerbegerichte, vom 29. 7. 1890, in: Reichs-Gesetzblatt 1890, Nr. 24.
[145] Ebert am 14. und 16. 3. 1892; Schulz, Die Bremer Anfänge, S. 21 f.
[146] Ebert am 11. 3. 1892; ebd., S. 19 f.
[147] Sitzung der Kontrollkommission am 23. 3. 1892; ebd. S. 19.
[148] Ebert am 12. 11. 1893; ebd., S. 60.

nem Weggang aus Bremen Ende 1905.[149] Die Notwendigkeit einer kommunalen, unentgeltlichen Arbeitsvermittlung begründete er mit der „vampyrartige[n] Thätigkeit der Privatarbeitsnachweise", mit der Schwäche gewerkschaftlicher Arbeitsnachweise[150] und mit der Forderung, den Unternehmereinrichtungen eine Konkurrenzorganisation gegenüberzustellen.[151] Die Bremer Kontrollkommission erarbeitete ein Statut, das ein von Arbeitgebern und Arbeitnehmern paritätisch zu besetzendes Arbeitsamt vorsah.[152] In den zähen Verhandlungen mit dem Bremer Senat um dieses Projekt zeigte sich Ebert zu weitgehenden Zugeständnissen bereit. So befürwortete er die Errichtung eines Arbeitsamtes auch ohne die Aufnahme der Streikklausel in das Statut. Gerade diese Klausel stand ursprünglich ganz oben im Forderungskatalog der Arbeiter, denn sie sah die Einstellung der Vermittlungstätigkeit für bestreikte Unternehmen vor, um keine Streikbrecher anzuwerben.[153]

Neben der Kontinuität seiner praktischen Reformforderungen zeigen die angeführten Beispiele Eberts Bereitschaft, bestehende Institutionen anzuerkennen und dort durch positive Mitarbeit die Wirkungsmöglichkeit der Arbeitervertreter auszuschöpfen. Wenn er auch nicht auf scharfe Kritik verzichtete und die uneinsichtige Haltung der bremischen Regierung für die Parteiwerbung auszunutzen verstand, so akzeptierte er doch die legalen Beschränkungen, die für Agitation und Propaganda bestanden.[154] Sein politischer Stil war ferner dadurch gekennzeichnet, daß er sich zur Zusammenarbeit mit der Regierung und zu Zugeständnissen bereit zeigte. Es kam ihm nicht darauf an, allein zu agitatorischen Zwecken Forderungen zu stellen, von denen er wußte, daß sie nicht realisiert werden würden: Ihm ging es vielmehr um praktische Verbesserungen, die er durch Unterredungen und Verhandlungen mit den obersten Behörden auf legalem Weg durchzusetzen suchte.

Einen interessanten Hinweis auf Eberts Selbstverständnis gibt schließlich sein Engagement im Bremer Wirteverein. Diese 1894 gegründete Einrichtung stellte sich zur Aufgabe, „die Interessen der Wirthe in allen Beziehungen" zu schützen.[155] Auch in diesem Verein war Ebert an entscheidender Stelle tätig. Vermutlich saß er im Vorstand, da er Verbandstagungen, wie die des Norddeutschen Gastwirteverbandes, als Vorsitzender leitete.[156] Eine der ersten Initiativen des Vereins war eine Protestversammlung gegen den Militärboykott[157], ein Thema, mit dem man sich auch in den folgenden Jahren beschäftigte. Noch 1899 prangerte Ebert den „Terrorismus der Militär-, Post- und Eisenbahn-Verwaltungen" gegen Wirte an, „in deren Lokalen Angehörige einer mißliebigen Partei

[149] Gewerkschaftskartell Bremen, 1905; ebd., S. 61 f.
[150] Ebert am 3. 4. 1894; ebd., S. 67f.
[151] Gewerkschaftskartell Bremen, 1905; ebd., S. 62.
[152] Ebert am 3. 4. 1894; ebd., S. 68.
[153] Gewerkschaftskartell Bremen, 1905; ebd., S. 61 f.
[154] Buse, Friedrich Ebert, S. 48.
[155] BBZ, 10. 6. 1894; Schulz, Die Bremer Anfänge, S. 70f.
[156] Ebert am 12.–14. 7. 1898; ebd., S. 152.
[157] Bericht der BBZ über eine Versammlung vom 12. 6. 1894; ebd., S. 71.

verkehren [...]".[158] Eberts Aktivitäten im Wirteverein treten jedoch erst ab 1897 deutlicher hervor, als es um die Einführung des Bedürfnisnachweises ging. Dabei handelte es sich um einen Versuch des Senats, den Konsum von Spirituosen durch Auflagen bei der Konzessionsvergabe einzuschränken.[159] Auffallend ist die Vehemenz, mit der Ebert sich gegen diese Beschränkungen aussprach. Mehrere Male wandte er sich an die Öffentlichkeit, um gegen die Einführung des Bedürfnisnachweises zu protestieren, da dieser kein geeignetes Mittel zur Bekämpfung der Trunksucht sei. Dem Spitzel- und Denunziantentum würden vielmehr Tür und Tor geöffnet, die Gesetze umgangen und die Zahl der wegen Trunksucht festgenommenen Personen sich erhöhen.[160] Er empfahl daher, eine Petition an den Reichstag einzusenden, mit dem Ziel, die Beschränkungen aufzuheben.[161] Auch wirtschaftsliberale Argumente führte er in seinem Kampf gegen den Bedürfnisnachweis an. Dieser stünde nämlich im Widerspruch zur Gewerbefreiheit, die er „als eine der besten Errungenschaften der bürgerlichen Freiheiten" bezeichnete. Er protestierte gegen die Auflagen, weil „überall da, [...] wo ein Geschäft existenzfähig ist, [...] auch das Bedürfniß vorhanden" sei und kritisierte, daß die „Auswüchse des Wirthsgewerbes" als Anlaß zu Maßnahmen genommen würden, „von denen wir ehrlichen Geschäftsleute dann getroffen werden".[162]

Buse führt zu Recht aus, daß sich Ebert hier für Interessen stark machte, die mit den Anliegen der Arbeiterbewegung nicht viel zu tun hatten. Da er wirtschaftsliberale Argumente aufgriff, schien er außerdem bereit zu sein, die Spielregeln des bestehenden Wirtschaftssystems zu akzeptieren.[163] Jedenfalls bemerkte er nicht, daß sich diese Argumente nicht ohne weiteres mit seinen bei anderen Gelegenheiten geäußerten Ansichten vereinbaren ließen. Wenn diese Episode auch nicht überbewertet werden darf, so deutet sie doch darauf hin, daß Ebert seine Position, die er in der Öffentlichkeit zu bestimmten Fragen einnahm, auch von seiner Funktion und seinen Aufgaben her, wie sie ihm zum Beispiel im Wirteverein zufielen, zu bestimmen vermochte. Seine sozialistische Grundüberzeugung konnte dabei in den Hintergrund treten. Möglicherweise kommt hier in Ansätzen bereits eine Haltung zum Ausdruck, auf die sich Eberts spätere Amtsauffassung als Reichspräsident zurückführen läßt.

Zu seiner praktischen Reformpolitik tritt als weiterer Aspekt der politischen Tätigkeit Eberts in Bremen seine Kritik an der Politik der Bremer Nationalliberalen und der Freisinnigen Vereinigung. Diese beiden liberalen Parteien hatten sich nach ihrer Niederlage in den Reichstagswahlen 1890, als der Sozialdemokrat Julius Bruhns das Bremer Mandat gewonnen hatte, zu einer Koalition zusammengefunden, die sich seit 1893 für zwei Legislaturperioden das Reichs-

[158] Ebert am 11./13. 7. 1899; ebd., S. 169.
[159] Vgl. dazu und zum folgenden: Buse, Friedrich Ebert, S. 71–73.
[160] Leserbrief Eberts an die BBZ, 5. 7. 1897; Schulz, Die Bremer Anfänge, S. 113–115.
[161] Ebert am 28./30. 6. 1897; ebd., S. 113.
[162] Ebert am 12./14. 7. 1898; ebd., S. 153.
[163] Buse, Friedrich Ebert, S. 72f.

tagsmandat sichern konnte.[164] Auch in der Bremer Bürgerschaft dominierten die Liberalen, selbst wenn dort die Parteizugehörigkeit eine geringe Rolle spielte.[165] Der SPD ging es daher in ihrer Agitation vor allem darum, sich gegen die einflußreiche Position des Bremer Liberalismus zur Wehr zu setzen und sich positiv vom Gegner abzuheben. Einen Ansatzpunkt dafür sah Ebert in der Zustimmung der Liberalen zur Flottenvorlage. Dieser vom Staatssekretär im Reichsmarineamt, Admiral Alfred Tirpitz, im Reichstag eingebrachte und am 28. März 1898 verabschiedete Entwurf sah für die kommenden Jahre einen ehrgeizigen Flottenausbau vor. Er leitete eine rüstungspolitische Entwicklung ein, die langfristige außen- und innenpolitische Konsequenzen hatte: Sie belastete das Verhältnis zur Seemacht England und führte das Reich in eine Finanzkrise.[166] Zur Deckung der steigenden Rüstungsausgaben mußte die Reichsregierung auf Zölle und indirekte Steuern zurückgreifen, was zur Verteuerung der Lebenshaltungskosten beitrug und vor allem die Schichten mit niedrigstem Einkommen traf.[167] Genau diesen Punkt griff Ebert auf, indem er betonte, „daß für die militaristischen Ausgaben hauptsächlich die große Masse des Volkes, die arbeitende Klasse, die Kosten decken müsse, Kosten, die ihnen durch das ungerechte System der indirekten Steuern abgezwackt werden [...]".[168] Daher prangerte er die „Militärbewilligungslust"[169] der Liberalen an, was ihm um so leichter fiel, als zu diesem Zeitpunkt die SPD im Reichstag noch prinzipiell jeden Militäretat ablehnte gemäß dem Grundsatz, dem bestehenden System keinen Mann und keinen Groschen zu gewähren.[170] Auch in der Bremer Bürgerschaft ließ Ebert kaum eine Gelegenheit aus, sich mit den liberalen Kaufleuten auseinanderzusetzen. Dabei konnte er äußerst polemisch und scharfzüngig auftreten. Er hielt den Abgeordneten vor, sie seien „nur liberal, wo es sich um den Fang von Arbeiterstimmen handelt, im übrigen sind Sie reaktionär bis auf die Knochen wie die preußischen Junker".[171] „Die Liberalen", so meinte er schließlich, seien „überhaupt keine Anhänger freiheitlicher Gesetze [...] sie wollen Freiheit in wirthschaftlichen Betrieben und verstehen darunter das Recht des Unternehmers, die Arbeiter unbeeinträchtigt auszubeuten."[172] Indem er ihnen vorwarf, nicht das Wohl aller, sondern das der Besitzenden im Auge zu haben, sprach Ebert den Liberalen die Legitimität ihres politischen Herrschaftsanspruchs grundsätzlich ab. Wie Buse herausgearbeitet hat, diente die Kritik Eberts und der SPD am Bremer Liberalismus mehreren Funktionen: Sie sollte neue Wähler für die SPD mobilisieren, die Einheit der Partei im Kampf gegen den politischen Gegner stärken und innerparteiliche Differenzen in ideologischen und tagespolitischen

[164] Moring, Die Sozialdemokratische Partei, S. 23 und S. 220.
[165] Buse, Friedrich Ebert, S. 92.
[166] Witt, Reichsfinanzen. Vgl. auch Lambi, The Navy.
[167] Groh, Negative Integration, S. 47; S. 84–96.
[168] Ebert am 20. 2. 1898; Schulz, Die Bremer Anfänge, S. 134.
[169] Ebert am 17. 5. 1898; ebd. S. 137.
[170] Wachenheim, Die deutsche Arbeiterbewegung, S. 348–351.
[171] Ebert, Kämpfe, S. 208.
[172] Ebert am 11. 6. 1898; Schulz, Die Bremer Anfänge, S. 148f.

Fragen möglichst ausgleichen. Und schließlich sollten die verbalen Attacken gegen die Liberalen über die Gefahr hinweghelfen, daß die einfachen Parteimitglieder die auf dem Weg der Verhandlungen, Unterredungen und Zusammenarbeit mit anderen politischen Kräften verfolgte Reformpolitik als Verrat an dem revolutionären Endziel der sozialistischen Bewegung ansehen könnten.[173]

d) Eberts Aufstieg in der Bremer Arbeiterbewegung bis 1899

Eberts unermüdliches Engagement in der Bremer Arbeiterbewegung wird unter anderem belegt durch zwei Polizeiberichte aus den Jahren 1891 und 1893, die ihn als „zur Zeit [...] eifrigsten socialdemokratischen Agitator" beziehungsweise „als eifrigen und zielbewußten Vertreter der socialdemokratischen Partei" ausweisen.[174] Dieser rastlose Einsatz war ebenso eine Voraussetzung für seinen Aufstieg in der Bremer SPD gewesen wie seine Redegewandtheit und Schlagfertigkeit, die ihn zu einem populären Versammlungs- und Wahlkampfredner machten.[175] Das belegen die in volkstümlichen Knittelversen gehaltenen Gedichte des „Schelms von Bremen".[176] „Stürmischer" und „minutenlanger rauschender Beifall"[177] der Zuhörer waren keine Seltenheit. Ein Zeugnis für seine Beliebtheit legt eine Versammlungsanzeige in der „Bremer Bürger-Zeitung" ab, die Eberts angekündigte Teilnahme mit der Bemerkung kommentiert: „Da Herr Ebert einen Vortrag zugesagt hat, wird eine lebhafte Betheiligung erwartet."[178] Sein durchaus nicht immer sehr sanftes Auftreten[179] hat seine Beliebtheit offenbar noch gesteigert.

[173] Buse, Friedrich Ebert, S. 94f.

[174] Polizeiberichte vom 28. 11. 1891 und vom 8. 7. 1893; Schulz, Die Bremer Anfänge, S. 15 und S. 55; siehe die Dokumente auf S. 59 und S. 94.

[175] Zu Eberts Redetalent siehe jetzt auch Buse, Friedrich Eberts Aufstieg, S. 38ff.

[176] BBZ, 30. 5. und 1. 6. 1893; Schulz, Die Bremer Anfänge, S. 53ff. Zu einem Diskussionsbeitrag Eberts während einer Wahlkampfveranstaltung des Reichstagskandidaten der vereinigten Liberalen, des Bremer Tabakkaufmanns Hermann Frese, bemerkt der „Schelm von Bremen" in der BBZ vom 30. 5. 1893 beispielsweise:

„... Muthig auf den Plan tritt Ebert.
Ei, wie hat es da gebebert
Bei den freisinnigen ‚Männern'
Und den ‚liberalen' Gönnern.
‚Patriotisch wollt Ihr sein?
Ach, wir kennen diesen Schein!
Daß der kleine Mann bezahle,
Macht Ihr jetzt zum zweiten Male
Selber Kriegsfurcht und Skandale.
Heuchler seid Ihr stets gewesen,
Doch mit einem scharfen Besen
Fegen wir auch diesmal wieder
Euch hinaus, ihr sauberen Brüder!'
‚Bravo!' klang's da tausendkehlig.
Habt Euch Gott ihr Gegner selig!..."

„Schelm von Bremen" war das Pseudonym des kaufmännischen Angestellten und Gelegenheitsdichters Ludwig Wiemann (1865–1919). Vgl. BBZ, 30. 1. 1970.

[177] Ebert am 19. 3. 1893 und am 17. 5. 1898; Schulz, Die Bremer Anfänge, S. 50f. und S. 138.

[178] BBZ, 10. 5. 1892; ebd., S. 24; Anzeige hier auf S. 110 abgedruckt.

[179] Bruhns am 13. 12. 1893; Schulz, Die Bremer Anfänge, S. 63.

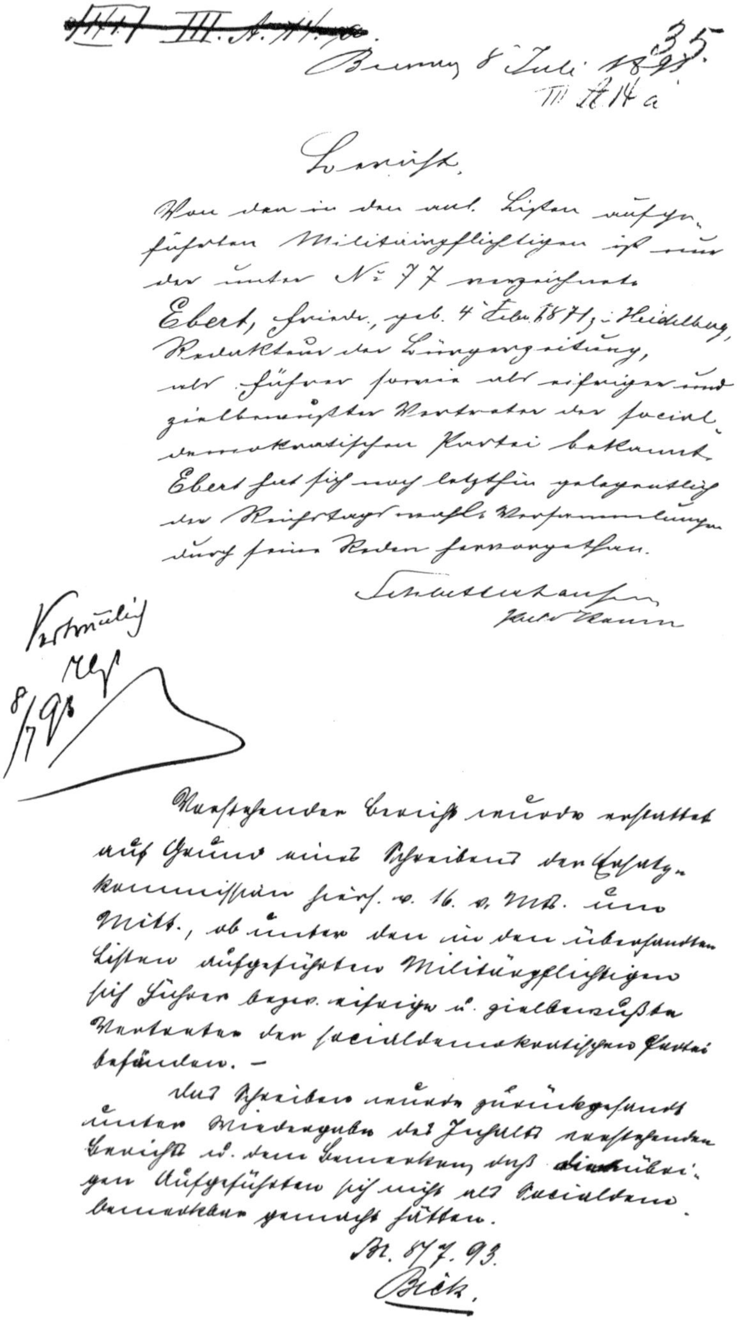

~~III. A. 14. a.~~

Bremen 8 Juli 1893. 35.

III A 14 a

Bericht.

Von den in den anl. Listen aufgeführten Militärpflichtigen ist nur der unter No 77 verzeichnete Ebert, Friedr., geb. 4 Febr. 1871 i. Heidelberg, Redakteur der Bürgerzeitung, als Führer sowie als eifriger und zielbewußter Vertreter der social-demokratischen Partei bekannt. Ebert hat sich noch letzthin gelegentlich der Reichstagswahl-Versammlungen durch seine Reden hervorgethan.

[illegible]

[illegible]

Vertraulich

[illegible]

8/7 93

Nachstehender Bericht wurde erstattet auf Grund eines Schreibens der Ersatzkommission hier. v. 16. v. Mts. um Mitt., ob unter den in den übersandten Listen aufgeführten Militärpflichtigen sich Führer bezw. eifrige u. zielbewußte Vertreter der socialdemokratischen Partei befänden. —

Das Schreiben wurde zurückgesandt unter Wiedergabe des Inhalts vorstehenden Berichts u. dem Bemerken, daß die übrigen Aufgeführten sich nicht als Socialdemokraten gemacht hätten.

Br. 8.7.93.

Bick.

Bericht des Bremer Polizeikommissariates vom 8. Juli 1893 über die sozialdemokratischen Aktivitäten des Militärpflichtigen Friedrich Ebert.

Sein Engagement und seine Popularität, sein energischer Wille zum politischen Kampf gegen soziale und politische Ungleichheit sowie sein persönlicher Ehrgeiz, der ihm unterstellt werden darf, aber auch die Tatsache, daß seine Reformpolitik dem Kurs der Bremer Partei entsprach, führten dazu, daß man Ebert in der wachsenden Bremer Arbeiterbewegung in zunehmendem Maße organisatorische Aufgaben übertrug. Er wurde Vorsitzender der Kontrollkommission und im Februar 1893 Mitglied der Zeitungskommission, die das Parteiorgan, die „Bremer Bürger-Zeitung“, beaufsichtigte und deren prinzipielle Linie überwachte.[180] Im gleichen Monat wurde er zum Mitglied der für Oldenburg, Ostfriesland, Bremen und Hannover zuständigen „Agitationskommission aller in der Leder- und Bekleidungsindustrie beschäftigten Arbeiter und Arbeiterinnen“ ernannt[181] und war darüber hinaus im Festkomitee für die Maifeier tätig.[182] Am 2. März 1894 erfolgte seine Wahl zum Vorsitzenden des sozialdemokratischen Vereins[183], eine Position, die er bis 1896 einnahm.[184] Damit wurde Ebert nun keineswegs federführend in der Bestimmung der politischen Linie der Bremer SPD, die vielmehr nach wie vor in der Hand des Chefredakteurs der „Bremer Bürger-Zeitung“ lag. Doch macht seine Wahl deutlich, daß er bereits zu dem Kreis der Parteimitglieder gehörte, denen man in zunehmendem Maße die Verantwortung für die Bremer Gesamtpartei übertrug. In diese Richtung weist auch sein immer häufiger erfolgender Einsatz als Wahlkampfredner.[185] Am 26. Januar 1897 wurde Ebert in die Agitationskommission für das Bremer Landgebiet gewählt[186], dessen Vorsitz er vermutlich zugleich übernahm.[187] Als sich die Partei später entschloß, die Landkommission aufzulösen und statt dessen den „Engeren Vorstand“ des Sozialdemokratischen Vereins um drei Beisitzer zu erweitern, erhielt Ebert 1904 einen dieser Posten und gehörte seitdem wieder dem Vorstand der Bremer SPD an.[188]

Mit seiner Nominierung zum Bremer Delegierten für den Parteitag der SPD in Gotha 1896[189] verließ Ebert zum ersten Mal den regionalen Rahmen seiner Tätigkeit. Auf diesem Parteitag sprach er vor den Delegierten in knapper, sachlicher Form über Mißstände bei der Unfallversicherung für Seeleute und forderte bei den Maifeiern ein entschiedeneres Eintreten für die Arbeitsruhe.[190] Damit wurde Ebert freilich noch nicht zum überregional beachteten SPD-Politiker. Entscheidender war für ihn wohl die persönliche Befriedigung, die er in seiner

[180] BBZ, 6. 2. und 22. 2. 1893; ebd., S. 47 und S. 49.
[181] Konferenz vom 19. 2. 1893; ebd., S. 48.
[182] BBZ, 29. 3. 1893; ebd., S. 51.
[183] 2. 3. 1894 und 12./13. 3. 1896; ebd., S. 67 und S. 82. Ebert an die Polizeidirektion, 5. 3. 1894, StAB: 4,14/1–XII.C.2.b.
[184] Moring, Die Sozialdemokratische Partei, S. 223.
[185] Siehe dazu die Tabelle bei Buse, Friedrich Ebert, S. 74.
[186] BBZ, 26. 1. 1897; Schulz, Die Bremer Anfänge, S. 103.
[187] Vgl. Bericht der BBZ über die Konferenz vom 26. 9. 1897, in dem Ebert als Vorsitzender des Agitationskomitees bezeichnet wird; ebd., S. 125.
[188] Moring, Die Sozialdemokratische Partei, S. 51.
[189] Bericht der BBZ über eine Versammlung vom 6. 10. 1896; Schulz, Die Bremer Anfänge, S. 84.
[190] Protokoll SPD-Parteitag 1896, S. 120 und S. 127.

Nominierung finden konnte. 1899 wurde er erneut zum Delegierten für den Parteitag in Hannover gewählt.[191] Und bereits zuvor, im Dezember 1897, wurde er als Reichstagskandidat für den 3. oldenburgischen Wahlkreis aufgestellt.[192] Obwohl im überwiegend protestantischen Großherzogtum Oldenburg gelegen, wies dieser ländlich geprägte Reichstagswahlkreis einen hohen katholischen Bevölkerungsanteil auf und war daher im Deutschen Kaiserreich eine Domäne des Zentrums.[193] Eberts Kandidatur konnte lediglich eine Zählkandidatur sein. Sie sollte den sozialdemokratischen Parteimitgliedern zeigen, daß selbst in einem vom Zentrum beherrschten Wahlkreis noch Stimmen, wenn auch nicht das Reichstagsmandat, gewonnen werden konnten. Im Vergleich zur vorangegangenen Wahl 1893 gelang es Ebert tatsächlich, der SPD in den näher zu Bremen gelegenen Amtsbezirken Delmenhorst und Elsfleth weitere Wähler zuzuführen. Dennoch unterlag er mit 1293 gegenüber 11 918 der abgegebenen Stimmen hoffnungslos dem Kandidaten des Zentrums, Graf von Galen[194], Vater des später wegen seiner Predigten gegen das nationalsozialistische Euthanasieprogramm bekanntgewordenen Kardinals.

Eberts über Jahre hinweg beharrliches Engagement in der Arbeiterbewegung und seine Fähigkeiten, die er bei seiner Arbeit unter Beweis gestellt hatte, trugen ihm 1899 die Wahl zum Arbeitersekretär und zum Abgeordneten der Bremer Bürgerschaft ein. Ebert war damit zum hauptamtlichen Funktionär der Arbeiterbewegung geworden.

3. Der Arbeitersekretär (1900–1905)

Arbeitersekretariate waren Auskunftsbüros in juristischen und gewerblichen Streitfragen. Es handelte sich bei ihnen um „institutionelle Neuschöpfungen der deutschen Arbeiterbewegung“[195], mit dem Ziel, der unzureichenden Rechtsberatung der Bevölkerung entgegenzuwirken.[196] Um die in den zahlreichen Gesetzen und Verordnungen im Bereich der Sozialversicherung und der Arbeiterschutzbestimmungen verankerten Rechte wirksam wahrnehmen zu können, bedurfte es kompetenter Beratung. Zwar versuchten schon seit Jahren einzelne Vertrauenspersonen aus Gewerkschaft und Partei, Arbeiter mit den komplizierten und umfangreichen Bestimmungen der in den 80er Jahren ergangenen Gesetze zur Kranken-, Unfall-, Invaliditäts- und Altersversicherung sowie der 1891 novellierten Gewerbeordnung und anderen Regelungen vertraut zu machen.

[191] Bericht der BBZ über eine Versammlung vom 27. 9. 1899; Schulz, Die Bremer Anfänge, S. 170f.
[192] Bericht der BBZ über eine Parteikonferenz vom 12. 12. 1897; ebd., S. 131.
[193] Mosebach-Tegtmeier, Politischer Wandel, S. 143. Zu den sozialstrukturellen Besonderheiten und zum Wahlverhalten in Oldenburg siehe den Sammelband: Parteien und Wahlen in Oldenburg.
[194] Bericht der Wahlkommission des III. Oldenburgischen Wahlkreises vom 22. Juni 1898 und Zusammenstellung des Ergebnisses der am 16. Juni 1898 stattgefundenen Wahlen vom 20. Juni 1898, Niedersächsisches StaatsA Oldenburg, Best. 136 Nr. 783 (9). Für die Überlassung der Materialien danke ich Herrn Mühlhausen. Vgl. auch Specht/Schwabe, Reichstagswahlen, S. 278.
[195] Ritter, Die Arbeiterbewegung, S. 166.
[196] Martiny, Die politische Bedeutung, S. 172.

Ebert führte solche Beratungen in seinem Lokal durch. Die Erteilung von Auskünften durch Partei- und Gewerkschaftsmitglieder war um so wichtiger, als einige Arbeiter weder lesen noch schreiben konnten und die Einschaltung eines Rechtsanwalts aus finanziellen Gründen nicht in Frage kam. Doch gerade in größeren, industrialisierten Städten reichte diese in Form einer ehrenamtlichen Nebentätigkeit ausgeführte Beratungstätigkeit keineswegs aus, um den vielen Ratsuchenden im wünschenswerten Umfang zu helfen. Mitte der 80er Jahre wurde daher bereits der Gedanke zur Gründung von Auskunftsstellen für Arbeiter angeregt.[197] Nachdem schließlich am 1. November 1894 in Nürnberg das erste Arbeitersekretariat eröffnet worden war, erfolgten in den nächsten Jahren in fast allen größeren Städten Sekretariatsgründungen – in Bremen im Jahre 1900.[198]

Bei der Gründung des Arbeitersekretariats handelte es sich in Bremen wie in den anderen Städten um eine Aktion kollektiver Selbsthilfe der organisierten Arbeiterschaft, denn finanziell getragen wurde das Projekt durch Beiträge der örtlichen Gewerkschaften. Der Anstoß zur Gründung dieser Institution in Bremen kam vom Chefredakteur der „Bremer Bürger-Zeitung", Franz Diederich, der es jedoch den in der Gewerkschaftsarbeit erfahrenen Parteimitgliedern wie Ebert überließ, dafür bei den Gewerkschaftsvereinen zu werben.[199] In der Sitzung des Gewerkschaftskartells im April 1897, in der Ebert zum ersten Mal die Idee der Errichtung eines Arbeitersekretariats vortrug, fand dieses Projekt ebenso Zustimmung[200] wie in der darauffolgenden öffentlichen Gewerkschaftsversammlung, in der er betonte, wie notwendig ein Beistand für den Arbeiter sei „in allen Fällen, die ihn mit diesen Gesetzen [gemeint ist die Sozialgesetzgebung] in Berührung bringen". Das Gewerkschaftskartell erhielt den Auftrag, das Projekt voranzutreiben.[201] Es ging davon aus, daß ein ständiges Büro mit einem angestellten Beamten notwendig sei. Am 20. August 1897 stimmte das Kartell einer von Diederich eingebrachten Resolution zu, wonach dem Arbeitersekretariat „außer der Auskunfterteilung in socialpolitischen und rein juristischen Fragen die Pflege einer den Interessen der bremischen Arbeiterschaft dienenden Socialstatistik als Aufgabe zugewiesen", „eine Garantie bezüglich einer regelmäßigen Deckung der Kosten getroffen" werden müsse und „die Kostendeckung durch Beiträge der gewerkschaftlich organisierten Arbeiter zu sichern" sei.[202] Trotz der allgemeinen Zustimmung zur Eröffnung des Sekretariats zum 1. Januar 1898 wurden die vereinbarten Beschlüsse nicht ausgeführt, da das Gewerkschaftskartell infolge größerer Streikunterstützungen finanziell zu sehr belastet war.[203]

[197] Soudek, Die deutschen Arbeitersekretariate, S. 10ff.

[198] Ebd., S. 15. Vgl. Geschäfts-Bericht des Arbeiter-Sekretariats Nürnberg für 1894/95, S. 9.

[199] Moring, Die Sozialdemokratische Partei, S. 61.

[200] Ebert am 9. 4. 1897; Schulz, Die Bremer Anfänge, S. 106f.

[201] Ebert am 7. 5. 1897; ebd., S.109f.

[202] Bericht der Siebenerkommission, S. 3f. ASB, 1. Jb. (1900), S. 3ff.

[203] Ebd. Möglicherweise war die Finanzierungsfrage nur ein vorgeschobener Grund für einige Gewerkschaften, die ein Projekt dieses Ausmaßes nicht wünschten, so jedenfalls Moring, Die Sozialdemokratische Partei, S. 61. Die Behauptung von Witt, Friedrich Ebert, in: Friedrich Ebert 1871–1925, S. 19, Anm. 10, Ebert hätte diese Widerstände vorausgesehen und daher von vornherein für ein Sekretariat kleineren Zuschnitts geworben, läßt sich anhand der Quellen nicht belegen.

Die Planungen zu diesem Projekt wurden erst 1899 wieder aufgenommen. Man bildete eine Kommission, zunächst aus drei, dann aus sieben Mitgliedern, die sich der weiteren Arbeiten annehmen sollte.[204] Um die Frage nach der Form der Finanzierung zu entscheiden, wurde eine Urabstimmung unter den gewerkschaftlich organisierten Arbeitern vorgenommen[205], bei der sich die Mehrheit der Mitglieder für einen obligatorischen Beitrag von zehn Pfennig pro Monat aussprach.[206] Damit konnten die Kosten für Errichtung und Unterhaltung des Sekretariats, die mit 5620 Mark veranschlagt wurden, gedeckt werden.[207] Die Vorbereitungen zogen sich jedoch noch bis Ende Oktober 1899 hin, bevor das Gewerkschaftskartell auf der Grundlage des Berichtes der Siebenerkommission schließlich die Stelle eines Sekretärs zum 1. Januar 1900 in der „Bremer Bürger-Zeitung", im „Vorwärts" und in der „Neuen Zeit" ausschreiben konnte.[208]

Die Bewerber, von denen „die vollständige Kenntniß unserer socialpolitischen Gesetzgebung" verlangt wurde, mußten über ihre bisherige Tätigkeit und Stellung in der Arbeiterbewegung Auskunft geben und darüber hinaus auf vier Seiten ihre Vorstellungen von ihrer künftigen Aufgabe niederlegen.[209] Neun Kandidaten meldeten sich daraufhin. In einem komplizierten Auswahlverfahren prüfte die durch ein Mitglied des Parteivorstandes und der Bremer Bürgerschaft erweiterte Siebenerkommission die eingegangenen Arbeiten, deren Einsender zunächst geheimgehalten wurden[210], nach Inhalt, Orthographie, Interpunktion und Satzbau.[211] Zwei Bewerber kamen in die engere Wahl: der Berliner Gewerkschaftssekretär Rudolf Millarg und Ebert. Nun hatte das Gewerkschaftskartell in geheimer Abstimmung zwischen den beiden Bewerbern zu entscheiden. Mit dem knappen Resultat von 56 gegenüber 40 Stimmen wurde Ebert am 19. Dezember 1899 zum ersten Arbeitersekretär in Bremen gewählt.[212] Das Wahlergebnis zeigt deutlich, daß Ebert keineswegs die führende Stellung in der Bremer Arbeiterbewegung einnahm.

Die Tätigkeit als Arbeitersekretär sicherte ihm ein regelmäßiges Einkommen von 2000 Mark im Jahr[213], das ihn materieller Sorgen enthob. Ferner gewährte man ihm 14 Tage bezahlten Urlaub, was zur damaligen Zeit äußerst entgegenkommend war und als Attraktion galt.[214] Gleichzeitig übernahm er jedoch eine Fülle neuer Aufgaben, die große Anforderungen an ihn stellten.

Gemäß der bereits 1897 beschlossenen Resolution Diederichs hatte Ebert zunächst als Praktikant eine Studienreise zu unternehmen, während der er sich

[204] ASB, 1. Jb. (1900), S. 5f.
[205] Bericht der Siebener-Kommission, S. 5ff.
[206] Ebd., S. 11.
[207] Ebd., S. 11ff. An der Finanzierung beteiligten sich seit 1900 auch die BBZ und der Sozialdemokratische Verein; siehe ASB, 1. Jb. (1900), S. 11.
[208] Bericht der Siebener-Kommission, S. 18; BBZ, 12. 11. 1899.
[209] Ebd.
[210] BBZ, 21. 12. 1899, und Schulz, Die Bremer Anfänge, S. 183.
[211] Felden, Eines Menschen Weg, S. 228.
[212] BBZ, 21. 12. 1899, und Schulz, Die Bremer Anfänge, S. 185.
[213] Bericht der Siebener-Kommission, S. 13.
[214] ASB, 1. Jb. (1900), S. 11. Vgl. Martiny, Politische Bedeutung, S. 162.

über Organisation und Arbeitsweise der wichtigsten Arbeitersekretariate informieren sollte. Unter anderem besuchte er das Frankfurter Sekretariat, wie Kampffmeyer, der zu dieser Zeit dort als Arbeitersekretär tätig war, berichtet.[215] Nach Bremen zurückgekehrt, setzte Ebert für das Bremer Sekretariat die Anschaffung einer Schreibmaschine und einer Telefonanlage durch.[216] Am 5. März 1900 schließlich konnte das Arbeitersekretariat eröffnet werden.[217] Eberts Tätigkeit stand seitdem unter der Aufsicht einer achtköpfigen Kommission, die insbesondere für finanzielle Angelegenheiten zuständig war.[218]

Der Umfang und die Vielfalt der Aufgaben, die Ebert nun zu erledigen hatte, ergeben sich aus dem „Regulativ" des Arbeitersekretariats: Im Mittelpunkt sollte die mündliche Beratung in Angelegenheiten der Kranken-, Unfall- und Invalidenversicherung und die Beratung bei Streitigkeiten über Arbeitsverträge stehen. Außerdem sollten Auskünfte über Arbeiterschutz, Vereins- und Versammlungsrecht sowie über die Gewerbeinspektion gegeben werden. Auch bei Mietstreitigkeiten sowie „in Heimats-, Bürgerrechts-, Verehelichungs- und Armensachen" sollte geholfen werden. Darüber hinaus hatte der Sekretär die für die Erledigung einzelner Fälle erforderlichen Schriftsätze für Verwaltungs- und Gerichtsbehörden anzufertigen. Neben dieser umfangreichen Rechtsberatung, auf welcher der Schwerpunkt der Tätigkeit ruhte, wurde zusätzlich die Durchführung statistischer Erhebungen erwartet. Nach Ablauf eines Geschäftsjahres schließlich mußte das Sekretariat einen schriftlichen Jahresbericht und eine größere sozialpolitische Arbeit vorlegen.[219]

Kenntnis der sozialpolitischen Gesetze, Organisationserfahrung und Kommunikationsfähigkeit waren unabdingbare Voraussetzungen für die erfolgreiche Erledigung dieser umfangreichen Aufgaben, Voraussetzungen, die Ebert mitbrachte. Erinnert sei hier an seine Beschäftigung mit sozialpolitischen Fragen, beispielsweise mit der Unfallversicherung auf dem SPD-Parteitag in Gotha 1896, sowie auf die unentgeltliche Auskunft, die er Ratsuchenden in arbeits- und sozialrechtlichen Fragen in seinem Lokal, dem „inoffiziellen Arbeitersekretariat", erteilt hatte. Hinzu kommen die zahlreichen organisatorischen Aufgaben, die er für Partei- und Gewerkschaften bereits erfolgreich gelöst hatte, seine im Umgang mit Behörden erprobte Verhandlungssicherheit und sein wirkungsvolles Auftreten bei Versammlungen und Diskussionen.

Einblick in die praktische Tätigkeit Eberts als Arbeitersekretär geben die ausführlichen Jahresberichte des Arbeitersekretariats. Die meisten Anfragen betrafen Fragen der Arbeiterversicherung. Allein 1196 von 4406 Personen, die im ersten Jahr die Hilfe des Arbeitersekretariats in Anspruch nahmen, suchten in die-

[215] Kampffmeyer, Fritz Ebert, S. 46; vgl. auch Martiny, Die politische Bedeutung, S. 164.
[216] ASB, 1. Jb. (1900), S. 11.
[217] Ebd.
[218] Regulativ, in: ebd., S. 155.
[219] Ebd., S. 155f. Das Statut des Nürnberger Arbeitersekretariats wurde von Bremen fast wörtlich übernommen; siehe Martiny, Die politische Bedeutung, S. 166f. Es wurde somit nicht von Ebert entworfen, wie Witt, Friedrich Ebert, in: Friedrich Ebert 1871–1925, S. 20, behauptet.

ser Angelegenheit Rat. Hinzu kamen Anfragen in Streitigkeiten über Arbeitsverträge, in Angelegenheiten des Gesinderechts, der Seemannsordnung, des Arbeiterschutzes und der Gewerbeordnung. Wegen Einschreitens der Polizei gegen streikende Arbeiter wurde Betroffenen ebenso Auskunft erteilt wie bei Darlehens-, Abzahlungs- und Versicherungsverträgen. Hilfestellung gewährte das Sekretariat schließlich auch bei Scheidungsangelegenheiten, bei Fragen der Unterhaltsgewährung, bei Steuer- und Strafsachen.[220] Die Liste ließe sich fortsetzen. Obwohl die meisten Anfragen mündlich erledigt werden konnten, war es in vielen Fällen dennoch notwendig, schriftlich Klagen, Berufungen, Beschwerden und Anträge bei den verschiedenen Behörden und Gerichten einzureichen, was viel Zeit in Anspruch nahm. In einigen Fällen wurden auch Personen vor Gericht vertreten.[221]

Es ist hier nicht der Ort, auf die Tätigkeit Eberts im einzelnen einzugehen. Zwei Aspekte verdienen jedoch, hervorgehoben zu werden. Die Auseinandersetzung mit sozialpolitischen Fragen aller Art machte ihn zum Spezialisten auf diesem Gebiet. Für seine Arbeit in der Bremer Bürgerschaft, in die er im Januar 1900 als Abgeordneter einzog, war das von unschätzbarem Wert. Zahlreiche Anträge, welche die SPD-Fraktion dort einbrachte, stützten sich auf die Informationen und Erfahrungen, die Ebert als Arbeitersekretär sammeln konnte. Die Möglichkeiten, die das Arbeitersekretariat in dieser Hinsicht bot, konnten jedoch nur zweckmäßig genutzt und für parlamentarische Initiativanträge verwendet werden, wenn man systematisch Material sammelte und auswertete sowie die Mängel bestehender Gesetze und Verordnungen analysierte. Unter diesem Gesichtspunkt müssen die zahlreichen Fallbeispiele[222], die in die Jahresberichte aufgenommen wurden, die Erläuterungen neuer Verordnungen und Gesetze sozialpolitischer Art[223], die Berichte über Gewerkschafts- und Lohnbewegungen und über die von der Polizei getroffenen Maßnahmen gegen Streikposten[224] gesehen werden. In diesen Zusammenhang gehört auch das „Ergebnis einer statistischen Erhebung über die Lebensverhältnisse der bremischen Arbeiter", die, wie es das Statut vorschrieb, als größere sozialpolitische Arbeit unter Federführung Eberts 1902 vom Arbeitersekretariat herausgegeben worden war.[225] Die dort sorgfältig aufgearbeiteten Daten über Arbeitszeiten, Lohnverhältnisse, Arbeitslosigkeit, Wohnungsverhältnisse und über Erwerbstätigkeit von Ehefrauen und schulpflichtigen Kindern konnten von den Parlamentariern in vielfacher Hinsicht verwendet werden.

Der zweite Aspekt betrifft die Zusammenarbeit mit den staatlichen Sozialbehörden, die vom Bremer Arbeitersekretariat gepflegt wurde. Ebert versuchte beispielsweise bei Streiks durch die Anrufung des Gewerbegerichts eine Einigung

[220] ASB, 1.Jb. (1900), S. 14.
[221] Ebd., S. 20.
[222] Ebd., S. 22 und S. 45f.
[223] Ebd., S. 21ff.
[224] Ebd., S. 58–73 und S. 141–145.
[225] Ergebnis einer statistischen Erhebung; das Titelblatt hier auf S. 101.

Ergebnis

einer statistischen Erhebung über die Lebensverhältnisse ** der bremischen Arbeiter **

Bearbeitet vom

Arbeiter-Sekretariat Bremen und Umgebung.

Selbstverlag des Arbeiter-Sekretariats.

Titelblatt der 1902 vom Arbeitersekretariat Bremen unter Federführung Friedrich Eberts herausgebenen Untersuchung „Ergebnis einer statistischen Erhebung über die Lebensverhältnisse der bremischen Arbieter".

herbeizuführen.[226] Ferner arbeitete er mit dem Statistischen Amt in Bremen zusammen, um Daten über Wohnverhältnisse zu erheben.[227] Eine durchaus kollegiale Zusammenarbeit kam mit der Gewerbeinspektion zustande, wobei man sogar untereinander Material austauschte.[228] Hinzu kamen die sich bei der Arbeit notwendigerweise ergebenden Kontakte zu den Arbeiterschiedsgerichten, den Landesversicherungsanstalten, Vertrauensärzten und Juristen. Umgekehrt zeigten die Behörden ein „allgemein wohlwollendes Entgegenkommen". Sie nahmen auch mehrfach die Hilfe des Arbeitersekretariats in Anspruch.[229] Diese begrenzte Zusammenarbeit mit Behörden war für alle Arbeitersekretariate typisch. Sie trug mit dazu bei, die Isolierung der Arbeiterbewegung zu durchbrechen. In Verbindung mit der Popularisierung der Arbeiterschutzgesetzgebung durch die Aufklärungsarbeit der Arbeitersekretäre förderte dies eine teilweise Integration der Arbeiterschaft in das Gesellschaftssystem des Kaiserreiches.

Daß die Einrichtung des Bremer Arbeitersekretariats tatsächlich notwendig gewesen war, zeigt die ständig wachsende Zahl der Auskunftsuchenden. Waren es bereits im ersten Jahr über 4400, so stieg ihre Zahl bis 1905 auf 10028. Da viele Ratsuchende mehrmals erschienen, lag die Zahl der erteilten Auskünfte mit beispielsweise 13000 im Jahre 1905 sogar noch deutlich über derjenigen der Besucher.[230] Bereits im ersten Jahr sprachen durchschnittlich etwa 18 Personen täglich im Sekretariat vor.[231] Die Arbeitsbelastung für den neuen Arbeitersekretär stieg dadurch bereits in den ersten Monaten in einem Maße, daß es ihm, wie er der „Bremer Bürger-Zeitung" berichtete, „nur unter Zuhilfenahme der Nächte und Samstage möglich gewesen sei, die Geschäfte zu erledigen".[232] Hinzu kamen für Ebert noch die Aufgaben, die er gleichzeitig als Fraktionsvorsitzender der SPD in der Bremer Bürgerschaft sowie als Vorsitzender der Sattlergewerkschaft und der Agitationskommission für das Landgebiet übernommen hatte.[233] Die Anstellung eines zweiten Sekretärs wurde deshalb bereits nach wenigen Monaten zur „Notwendigkeit". Die Wahl fiel Ende November 1900 auf den aus Werdau in Sachsen stammenden Lithographen Hermann Müller (Lichtenberg).[234]

Der Entschluß, allen Personen unentgeltlich Auskunft zu erteilen, ob sie nun in der Arbeiterbewegung organisiert waren oder nicht[235], förderte wesentlich den raschen Aufstieg des Bremer Arbeitersekretariats. Obwohl die beträchtlichen Mittel für die Unterhaltung des Sekretariats von den örtlichen Gewerk-

[226] ASB, 1. Jb. (1900), S. 44. Vgl. VBB, 10. 7. 1901; Schulz, Friedrich Ebert in Bremen, S. 47.
[227] ASB, 1. Jb. (1900), S. 53f.
[228] Ebd. S. 47. Vgl. den Bericht des Leiters der Gewerbeinspektion, Wegener, in: VBB, 1901, S. 151; zitiert nach: Kotowski, Friedrich Ebert, S. 100f.
[229] ASB, 1. Jb. (1900), S. 13.
[230] Ebd., S. 15. ASB, 6. Jb. (1905), S. 5.
[231] ASB, 1. Jb. (1900), S. 15.
[232] BBZ, 14. 10. 1900; zitiert nach: Moring, Die Sozialdemokratische Partei, S. 62, Anm. 467.
[233] ASB, 1. Jb. (1900), S. 149 und S. 153.
[234] Ebd., S. 11.
[235] Ebd., S. 156.

schaften aufgebracht werden mußten und sich deshalb auch Widerstand gegen die kostenlose Beratung Nichtorganisierter regte[236], vertrat Ebert hartnäckig das Prinzip gebührenfreier Beratung für jedermann nach dem Vorbild der bereits bestehenden Arbeitersekretariate.[237] Er begründete seine Haltung mit moralischen und politischen Argumenten. Im ersten Jahresbericht des Arbeitersekretariats heißt es:

„Mit unserer ganzen socialen Anschauung müßten wir auch in Widerstreit geraten, wenn wir z. B. einem alten hilflosen Mütterlein, welches uns weinend seine Klagen vorträgt, oder einem Dienstboten, dessen Gesicht deutlich die Spuren gröblicher ‚herrschaftlicher' Mißhandlung erkennen läßt, oder einem Arbeiter-Invaliden, der sich mühsam zu uns geschleppt hat, weniger helfend zur Seite stehen könnten, als einem zufällig organisierten Arbeiter."[238]

Und auf der ersten Konferenz der Arbeitersekretäre im Mai 1905 weist er auf die „unzweifelhaft agitatorische Wirkung" unentgeltlicher Auskunftserteilung hin.[239] Es gelang Ebert, seine Vorstellungen in Bremen durchzusetzen, auch wenn der Anteil der Nichtorganisierten unter den Auskunftsuchenden mit beispielsweise fast 48% im ersten Arbeitsjahr sehr hoch lag.[240] Die schriftlichen Arbeiten für nicht gewerkschaftlich organisierte Personen beschränkte man allerdings auf das Notwendigste.[241]

Eberts sechsjährige Tätigkeit als Arbeitersekretär von 1900 bis 1905 war für seine weitere Entwicklung in mehrfacher Hinsicht bedeutend. In dieser Zeit konnte er sich in einen der zentralen Bereiche sozialdemokratischer Politik, die Sozialpolitik, einarbeiten. Darüber hinaus förderten die zahlreichen Pflichten, die Ebert übernahm, seine Fähigkeit, systematisch zu arbeiten und umfangreiche Vorhaben durch geschickte Organisation zügig bewältigen zu können.[242] Ebert konnte dadurch Kenntnisse und Erfahrungen sammeln, die ein Fundament für seine spätere Parteikarriere legten. Außerdem dürfte für seinen Aufstieg in der Partei der Umstand von Bedeutung gewesen sein, daß er als Arbeitersekretär über Bremen hinaus bekannt wurde, da die Arbeitersekretäre schon bald untereinander in eine organisatorische Verbindung traten.[243] Seine tägliche Beschäftigung mit den Klagen über die Arbeits- und Lebensbedingungen zahlreicher Menschen und mit den Schwierigkeiten, die Rechtsansprüche der Arbeiter durchzusetzen, bestärkte Ebert sicherlich in seiner Einschätzung des bestehenden Gesellschaftssystems und in seiner Überzeugung von der Notwendigkeit sozialer und politischer Veränderungen.[244] Entscheidend aber ist die Art

[236] Moring, Die Sozialdemokratische Partei, S. 62.
[237] Ebert am 30. 5. 1899; Schulz, Die Bremer Anfänge, S. 165f. Vgl. Martiny, Die politische Bedeutung, S. 171.
[238] ASB, 1. Jb. (1900), S. 17.
[239] Protokoll der Verhandlungen der ersten Konferenz, 1905, S. 279.
[240] ASB, 1. Jb. (1900), S. 19.
[241] Moring, Die Sozialdemokratische Partei, S. 62.
[242] Martiny, Die politische Bedeutung, S. 171.
[243] Siehe Protokoll der Verhandlungen der ersten Konferenz, 1905.
[244] Vgl. Buse, Friedrich Ebert, S. 91.

und Weise, in der Ebert diesem System begegnete und auf Veränderungen hinwirkte. Indem er die gegebenen Rechte und Möglichkeiten nutzte, versuchte er auf legalem Wege konkrete Verbesserungen herbeizuführen. Zur Zusammenarbeit mit staatlichen Behörden, nicht zur Konfrontation führte dieser Weg. Seine Tätigkeit als Arbeitersekretär verstärkte daher die pragmatische Einstellung Eberts.

4. Der Bürgerschaftsabgeordnete (1900–1905)

Bei den alle drei Jahre stattfindenden Bürgerschaftswahlen, in denen jeweils die Hälfte der Abgeordneten für sechs Jahre gewählt wurde, sollte 1899 auch Ebert für die SPD kandidieren. Voraussetzung für das passive Wahlrecht war jedoch, daß man mindestens seit drei Jahren im Besitz des Bremer Bürgerrechts sein mußte. Da Ebert am 4. Dezember 1896 den Bürgereid geleistet hatte[245], die Wahlen jedoch bereits am 2. Dezember 1899 beendet sein mußten, erfüllte er diese Voraussetzung nicht. Nach einer persönlichen Anfrage Eberts bei der Wahldeputation wurde ihm das schriftlich mitgeteilt.[246] Daraufhin stellte die SPD in zwei für sie sicheren Wahlbezirken den gleichen Kandidaten auf, der jedoch nur die Wahl in einem Bezirk annahm, so daß im anderen sofort eine Nachwahl erforderlich wurde, die am 15. Dezember erfolgte. Sie ergab eine große Mehrheit für Ebert.[247] Damit hatte die SPD geschickt eine Möglichkeit des bremischen Wahlrechts genutzt, um den neunundzwanzigjährigen Ebert doch noch als Abgeordneten in die Bürgerschaft entsenden zu können, denn am 15. Dezember hatte er die formale Voraussetzung für die Erlangung des passiven Wahlrechts erfüllt. Zwar prüfte die juristische Kommission der Bürgerschaft die Gültigkeit seiner Wahl; sie kam jedoch zu dem Ergebnis, „daß, wenn sein Name auch nicht in der Wählerliste gestanden hat, seine Wahl doch gültig ist, weil er die gesetzliche Qualifikation zur Zeit seiner Wahl besaß".[248]

Insgesamt hatte die SPD bei der Bürgerschaftswahl 1899 einen großen Erfolg erringen können. Sie steigerte ihre Mandatszahl von zwei auf elf. Die sozialdemokratischen Abgeordneten bildeten daraufhin im Januar 1900 eine Fraktion unter dem Vorsitz Eberts, ein Novum in der Geschichte der Bürgerschaft, da diese bisher nach Klassen, nicht nach Parteien gegliedert war.[249]

Sechs Jahre, eine Legislaturperiode lang, wirkte Ebert in der Bremer Bürgerschaft. Es ist hier jedoch nicht möglich, die Geschichte der bremischen Kommunalpolitik dieser Zeit aufzurollen, um die politische Tätigkeit Eberts in ausführ-

[245] Akte betreffend die Erwerbung der Bremischen Staatsangehörigkeit, StAB: 2–P.8.A.6.a.5/1896/103.
[246] Mitteilung des Vorsitzenden der Wahldeputation an den Präsidenten der Bürgerschaft, 8. 12. 1899, StAB: 6,40–M.3.c. Nr. 17.
[247] Kotowski, Friedrich Ebert, S. 88. Vgl. den Bericht der BBZ über die Wahlen am 15. 12. 1899; Schulz, Die Bremer Anfänge, S. 183.
[248] Bericht der juristischen Kommission vom 30. 12. 1899, StAB: 6,40–M.3.c. Nr. 17.
[249] VBB, 1900, S. 3. Vgl. Moring, Die Sozialdemokratische Partei, S. 58.

licher Weise zu beschreiben.[250] Statt dessen sollen lediglich einige charakteristische Merkmale der politischen Arbeit Eberts skizziert werden.

Der Schwerpunkt seiner parlamentarischen Tätigkeit lag auf dem Gebiet der Sozialpolitik. Zahlreiche Anträge sozialpolitischer Natur wurden von ihm eingebracht und vorangetrieben, die Debatten in der Bürgerschaft genutzt, um auf soziale Mißstände hinzuweisen. So ergriff er mehrmals die Gelegenheit, die Wohnungsnot in Bremen, eines der Kernprobleme der Stadt, zur Sprache zu bringen. Er drängte auf staatliches Eingreifen, etwa auf die öffentliche Förderung des Wohnungsbaus, um die Wohnungsmisere zu beheben.[251]

Er verlangte die beschleunigte Durchführung von Kanalisationsarbeiten, um die hygienischen Mißstände zu beseitigen, die sich aus dem Abwasserproblem in den engen Gassen der Bremer Altstadt ergaben.[252] Die meisten Anträge wurden allerdings abgelehnt. Als bespielsweise eine Erhebung des Arbeitersekretariats bei zahlreichen Arbeiterfamilien unzumutbare Wohnverhältnisse aufgedeckt hatte[253], forderte er die Einsetzung einer Deputation mit dem Ziel, sich über die Errichtung eines Wohnungsamtes mit Kompetenzen bei der Wohnungsinspektion und -vermittlung zu verständigen.[254] Dies fand ebensowenig Zustimmung wie eine Empfehlung, ein staatlich finanziertes Armenhaus einzurichten.[255]

Durch die Beeinflussung der städtischen Arbeiterpolitik versuchte Ebert ferner, das Lohnniveau der Arbeiter zu heben und deren Arbeitsbedingungen zu verbessern. Er verlangte für staatliche Betriebe die Festsetzung eines täglichen Mindestlohns von vier Mark sowie einen „vorläufig" neunstündigen Arbeitstag, vorläufig deshalb, weil sein Ziel der Achtstunden-Arbeitstag blieb. Er setzte sich außerdem für eine Klausel ein, wonach es bei Vergabe staatlicher Arbeiten an Privatunternehmen diesen zur Auflage gemacht werden sollte, die von ihm geforderten Arbeitsbestimmungen einzuhalten.[256] Auch in diesem Fall wurden seine Vorschläge abgelehnt. Der Antrag auf Errichtung einer Arbeiterkammer als öffentlich-rechtliche Interessenvertretung der Arbeiter, bei dem es sich um eine ältere Forderung der SPD handelte, wurde jahrelang verschleppt.[257] Ebenso erging es seinem Plan, einen städtischen Arbeitsnachweis zu gründen, um Arbeitssuchenden zu helfen. Auch dieses Vorhaben war ein altes Anliegen der SPD. Es stieß zwar auf breite Unterstützung in der Bürgerschaft, letztlich aber erwies sich der Widerstand einiger liberaler Abgeordneter gegen einen entsprechenden Gesetzentwurf doch als so groß, daß es Ebert trotz jahrelanger Bemü-

[250] Die ausführlichste Beschreibung der kommunalpolitischen Arbeit Eberts bietet Kotowski, Friedrich Ebert, S. 84–146. M. E. überbewertet Kotowski jedoch die Bedeutung, die Ebert für die Kommunalpolitik in Bremen gehabt hat.

[251] VBB, 5. 11. 1902; Schulz, Friedrich Ebert in Bremen, S. 20–24.

[252] VBB, 1. 11. 1905; ebd., S. 31f.

[253] VBB, 5. 11. 1902; ebd., S. 22.

[254] Ebd., S. 24.

[255] VBB, 15. 10. 1902; ebd., S. 103–106.

[256] VBB, 14. 11. 1900, S. 536–545. Auszug in: Ebert, Kämpfe, S. 53–56.

[257] Kotowski, Friedrich Ebert, S. 119–125.

hungen nicht gelang, vor seiner Übersiedelung nach Berlin eine positive Entscheidung herbeizuführen.[258]

Mehr Erfolg hatte hingegen ein Antrag Eberts im Zusammenhang mit der Anstellung eines Hafeninspektors im Bremer Freihafen. Er konnte erreichen, daß diese Stelle hauptamtlich besetzt wurde[259], was wegen der vielfältigen Aufgaben notwendig war. Sie bestanden vor allem darin, Gefahrenherde im Hafenbereich zu beseitigen und dadurch zum Schutz der Arbeiter vor Unfällen beizutragen. Im Rahmen der SPD-Forderung nach Abschaffung sämtlicher indirekter Steuern drängte Ebert darauf, die Verbrauchsabgabe in Bremen aufzuheben.[260] Der dadurch für die Stadt entstehende Einnahmeverlust sollte durch eine progressive Einkommenssteuer gedeckt werden. Tatsächlich bahnte Eberts Initiative den Weg zu einer Kompromißlösung mit den Liberalen, die darin bestand, daß die Verbrauchsabgabe durch direkte Steuern ersetzt wurde, die vor allem die hohen Einkommen betrafen. Damit hatte die SPD eine wichtige Steuerreform durchsetzen können.[261]

Auffallend ist, daß es sich bei den Anträgen, welche die SPD-Fraktion in der Bürgerschaft einbrachte, meist um Forderungen handelte, die Ebert bereits lange vor seinem Einzug in das Parlament erhoben hatte. Beachtet man ferner, wie er die Anträge politisch zu realisieren suchte, nämlich indem er die Zusammenarbeit mit Anhängern divergierender Auffassungen und Kompromißlösungen anstrebte, so wird deutlich, daß Ebert in der Bürgerschaft keine andere Politik verfolgte als in den vorangegangenen Jahren. Unternahm er schon damals alles, um auf dem Verhandlungsweg Verbesserungen der Lebensbedingungen der Arbeiter und sozial benachteiligter Schichten zu erreichen, so verfolgte er diesen Weg im Parlament weiter. Seine stets ausführlich begründeten Vorlagen zielten auf praktische Reformen. Nicht Demonstrationspolitik bestimmte daher seine parlamentarische Tätigkeit, sondern der Wille, allmählich Verbesserungen durchzusetzen, was ihm in einigen Fällen auch gelang. Sicherlich wäre es jedoch unzureichend, allein nach den Erfolgen seiner Politik zu fragen und dabei die Anerkennung außer Acht zu lassen, die er sich in der Bürgerschaft erwarb. Sie kam darin zum Ausdruck, daß er 1903, als die Ergänzungswahlen zu den Kommissionen und Deputationen – das sind die aus Senats- und Bürgerschaftsmitgliedern bestehenden Aufsichtsorgane über die Verwaltung[262] – anstanden, nicht nur in die Wahlprüfungskommission gewählt wurde, sondern auch in die Finanz- und Steuerdeputation sowie ins Bürgeramt[263], einen Ausschuß, der auf Aufrechterhaltung der Verfassung und der Gesetze zu achten hatte.[264] Wenn er in diesen Gremien die Meinung der SPD auch kaum erfolgreich zur Geltung

[258] Ebd., S. 125–131.
[259] VBB, 31. 1. 1900, S. 46–49.
[260] VBB, 10. 10. 1900, S. 481.
[261] Kotowski, Friedrich Ebert, S. 92–97.
[262] Deutsche Verwaltungsgeschichte, Bd. 3, S. 838.
[263] VBB, 7. 1. 1903, S. 4f. und S. 8f.
[264] Meyers Konversations-Lexikon, Bd. 3, S. 385.

bringen konnte, so erhielt er dadurch immerhin Einblick in den Regierungs- und Gesetzgebungsmechanismus.

Auf größere Erfolge in der Sozialpolitik konnte die sozialdemokratische Fraktion nicht hoffen, wenn es ihr nicht gelang, die Bremische Verfassung ihres ständischen Charakters zu entkleiden und durch eine Änderung des Wahlrechts mehr Einfluß auf die Gesetzgebung zu gewinnen. Dessen war sich Ebert bewußt. Sein politisches Hauptziel war daher eine Wahlrechts- und Verfassungsreform, deren Kernpunkt die Beseitigung des Klassenwahlrechts bildete:

„Wir werden selbstverständlich in Zukunft nicht erlahmen in dieser unserer [sozialpolitischen] Tätigkeit, aber die Hauptsache ist, daß eine Vorbedingung geschaffen werden muß, um dieser Tätigkeit mehr als bisher Erfolg zu sichern. Diese Vorbedingung muß darin liegen, daß die bremische Bevölkerung weit mehr Einfluß auf die Gesetzgebung und die Verwaltung des Staates erhält, als das bei dem reaktionären Klassenwahlsystem, wie wir es in Bremen haben, der Fall ist, wo eine kleine Minderheit die Macht in der Hand hat. Die große Masse kann wohl Wünsche äußern, aber bei der Entscheidung ist sie machtlos. Das Klassenwahlsystem muß beseitigt und das allgemeine, gleiche, direkte und geheime Wahlrecht eingeführt werden. Ohne die freie und ungehinderte Mitwirkung der Arbeiter kann ich mir eine gesunde Sozialpolitik nicht denken, und ohne eine solche ist eine Kulturentwicklung nicht möglich. (Sehr richtig! bei den Sozialdemokraten.) Ich glaube, die bürgerlichen Herren der Linken sind durch die Entwicklung unserer Verfassungsrevision zu der Überzeugung gekommen, daß in dieser Frage in Güte und mit Halbheiten beim Senat nichts anzufangen ist. Der Senat verweigert grundsätzlich jede zeitgemäße und freiheitliche Entwicklung unserer staatlichen Verhältnisse, [...] Wenn hier etwas geändert werden soll, dann muß die Bewegung in die breite Masse des Volkes gelegt werden, und jeder politischen Bevormundung entschieden der Krieg erklärt werden. Das ist und wird die Aufgabe der Sozialdemokratie sein, und sie glaubt dadurch den Interessen der Gesamtheit und besonders der Arbeiterbevölkerung Bremens am besten dienen zu können. (Bravo! bei den Sozialdemokraten.)“[265]

Tatsächlich sicherte das Klassenwahlrecht ja einer Minderheit der Bevölkerung Bremens die Mehrheit in der Bürgerschaft. Darin sah Ebert die „politische Bevormundung“, die durch die Allmacht des Senats noch zusätzlich verschärft werde. Denn die gängige Praxis bei der Wahl der Senatoren sichere „einigen wenigen Patrizierfamilien und dem Großkapital sowohl in der Regierung wie in der gesamten Verwaltung das unumschränkte Herrschaftsrecht“.[266] Diesem „reaktionären Charakter“[267] der bremischen Staatsverfassung stellte er „die Forderung der Arbeiterklasse nach politischer Gleichberechtigung“[268] entgegen, wie sie in dem Ruf nach einem allgemeinen, gleichen, direkten und geheimen Wahlrecht sowie einer „gründlichen“ Verfassungsreform[269] zum Ausdruck kam.

Es stellt sich nun erneut die Frage, ob es sich um reine Demonstrationspolitik handelte, wenn Ebert im Parlament die Forderung nach einer Verfassungs- und Wahlrechtsreform erhob. Denn wenn schon auf sozialpolitischem Gebiet wenig Aussicht bestand, etwas in Bewegung zu setzen, so galt das um so mehr für ein-

[265] VBB, 12. 4. 1905; Schulz, Friedrich Ebert in Bremen, S. 30.
[266] VBB, 12. 12. 1903; ebd., S. 148.
[267] VBB, 30. 1. 1901; ebd., S. 124.
[268] VBB, 27. 4. 1904; ebd., S. 73.
[269] VBB, 30. 1. 1901; ebd., S. 127.

schneidende Verfassungsreformen, deren Nutznießer lediglich die Sozialdemokratie sein konnte. Sicherlich versuchte man mit dem ständigen Hinweis auf die Klassenherrschaft in Bremen Wähler zu mobilisieren. Doch schon die Hartnäckigkeit, mit der die SPD-Fraktion unter Ebert immer wieder das Thema der Wahlrechtsreform zur Sprache brachte, deutet auf ein ernsthaftes politisches Wollen hin. Verfolgt man die Reden Eberts zu diesem Thema, so lassen sich Ansätze für ein planvolles Vorgehen erkennen.[270] Zunächst mußten die Schranken fallen, welche die SPD daran hinderten, zumindest alle Möglichkeiten des Klassenwahlrechts auszunutzen, um ihren Einfluß zu vergrößern. Die Gebühr für die Ableistung des Bürgereids galt es demnach ebenso zu beseitigen[271] wie die Bestimmung, die Empfänger von Armenunterstützung vom Wahlrecht auszuschließen.[272] Außerdem sollten die Wahlen auf Sonn- und Feiertage gelegt werden, um den Arbeitern überhaupt erst Gelegenheit zur Ausübung ihres Wahlrechts zu geben.[273] Darüber hinaus bemühte sich die SPD-Fraktion darum, die Macht des Senats, der das Haupthindernis auf dem Weg zu einer weitgehenden Verfassungsreform war, zu brechen, indem man seine Zusammensetzung beziehungsweise, unter Ausnutzung des Budgetrechts, seine politische Haltung zu verändern suchte[274], um ihn dadurch für Wahlrechtsreformen gefügiger zu machen. Zwar gelang es der SPD tatsächlich, zeitweise die Mehrheit der Bürgerschaft in eine Oppositionsstellung gegen den Senat zu führen, doch zeigte sich, daß die Bürgerschaft letztlich nicht bereit war, es mit dem Senat zu einem offenen Konflikt kommen zu lassen.[275] Auch nach sechs Jahren war es Ebert nicht gelungen, in der Wahlrechts- und Verfassungsfrage einen entscheidenden Schritt weiterzukommen. Hier zeichneten sich die Grenzen der parlamentarischen Wirkungsmöglichkeiten für die SPD ab, wenn natürlich auch die Frage offen bleiben muß, ob auf einen längeren Zeitraum hin gesehen Eberts Taktik möglicherweise nicht doch Erfolge hätte erzielen können. Dies entzieht sich jedoch einer Beurteilung, weil die sozialdemokratische Fraktion ihre Politik änderte, nachdem Ebert nach Berlin übergesiedelt war.[276] Die Strategie der kleinen Schritte wurde ersetzt durch einen schärferen Konfrontationskurs gegenüber dem politischen Gegner, der die Suche nach Bündnispartnern in der Bürgerschaft erschwerte.

Die Bedeutung der kommunalpolitischen Arbeit für Eberts weitere Entwicklung lag vor allem darin, daß er Mechanismen des parlamentarischen Wirkens kennenlernte und Einblick in die wichtigsten Regierungs- und Gesetzgebungsarbeiten eines Staates erhielt. Darüber hinaus öffnete sich ihm ein breites Experimentierfeld für die Zusammenarbeit mit Anhängern anderer politischer Auffassungen. Die politische Linie, die Ebert in der Bremer Bürgerschaft vertrat,

[270] Siehe dazu Kotowski, Friedrich Ebert, S. 103ff.
[271] VBB, 10. 10. 1900; Schulz, Friedrich Ebert in Bremen, S. 123, und VBB, 3. 2. 1904; ebd., S. 150–157.
[272] VBB, 14. 2. 1900; ebd., S. 87, und VBB, 18. 2. 1903; ebd., S. 107–113.
[273] VBB, 20. 2. 1901; ebd., S. 134–139.
[274] Kotowski, Friedrich Ebert, S. 104.
[275] Ebd., S. 118.
[276] Ebd., S. 118f.

unterscheidet sich allerdings nicht von derjenigen, die er am Anfang seiner Bremer Tätigkeit verfolgt hatte.

5. Zwischen Revisionismus und Radikalismus

a) Eberts politische Haltung im innerparteilichen Richtungsstreit der SPD

Eberts politische Haltung gegen Ende seiner Bremer Zeit muß vor dem Hintergrund der innerparteilichen Diskussionen um Strategie, Taktik, Theorie und Praxis der SPD untersucht werden. Ausgangspunkt dieser Auseinandersetzung war das widersprüchliche Verhältnis zwischen der revolutionären Zielsetzung der Partei und ihrer praktischen Reformpolitik, zwischen Theorie und Praxis. Der Ruf der „Jungen" nach einer revolutionären Taktik und Georg von Vollmars Vorstellungen einer Politik der Reformen und Kompromisse auf dem Boden der bestehenden Staats- und Gesellschaftsordnung[277] bildeten Anfang der neunziger Jahre die Pole, zwischen denen sich die Auseinandersetzungen entzündeten. Die offizielle Parteiideologie war soweit gespannt, daß sich beide Richtungen damit identifizieren konnten.[278] Die Parteiführung unter Bebel und Kautsky pflegte konsequent einen formalen Radikalismus[279], verfolgte aber gleichzeitig eine reformistische Politik, deren Grundlage die praktische Zusammenarbeit mit dem „Klassenfeind" in der bestehenden Gesellschaftsordnung bildete. Die marxistische Ideologie diente dabei als Leitfaden der historisch-gesellschaftlichen Interpretation. Der erhoffte Zusammenbruch des Kapitalismus sollte aber nicht in einem revolutionären Umschlag erfolgen, sondern wurde als Ergebnis einer automatischen Entwicklung gedeutet, welche die Partei nur abzuwarten brauche. Selbst den großen „Kladderadatsch" herbeizuführen, wie Bebel den Zusammenbruch bezeichnete[280], galt als unangemessen. Es war Kautsky, der diese Auffassung der Parteiführung auf die einprägsame Formel brachte, daß „die Sozialdemokratie eine revolutionäre, aber keine revolutionsmachende Partei" sei.[281] Diese fatalistische Haltung der Partei und ihr „revolutionärer Attentismus"[282] waren die charakteristischen Kennzeichen der Position der Parteiführung und des Parteizentrums, die man auch als Zentrismus bezeichnet.[283] Das Festhalten an einer revolutionären Phraseologie, die den nichtrevolutionären Charakter der Partei verhüllte, war entscheidend bedingt durch die inneren Verhältnisse im Wilhelminischen Reich, in dem die SPD trotz ihrer Mandatsgewinne, vor allem im Reichstag, kaum politischen Einfluß geltend machen konnte; denn der politische Spielraum der Parlamentarier war beschränkt

[277] Ritter, Die Arbeiterbewegung, S. 87f.
[278] Steinberg, Sozialismus, S. 76.
[279] Ebd., S. 72–75.
[280] Zitiert nach: Steinberg, Die deutsche Sozialdemokratie, S. 57.
[281] Zitiert nach: Potthoff, Sozialdemokratie, Dokumentenanhang Nr. 6, S. 182f.
[282] Siehe dazu Groh, Negative Integration.
[283] Steinberg, Sozialismus, S. 75f.

Geburts-Anzeige.

Ein kleiner „Umstürzler“ ist angelangt. [5256

Bremen, 12. Sept. 1894.

Fritz Ebert u. Frau.

Achtung!

Textilarbeiter!

Dienstag, 10. Mai, Abends 8½ Uhr

öffentliche Versammlung

bei Hasshagen, Tannenstraße No. 18.

Da Herr Ebert einen Vortrag zugesagt hat, wird eine lebhafte Betheiligung erwartet.

2592] Der Einberufer.

Fritz Ebert, Brautstr. 16

Bierhalle und Restauration.

Bringe den geehrten Gewerkschaften, Clubs und Vereinen meinen durch Umbau bedeutend vergrößerten (100 Personen fassend), schön eingerichteten

SAAL

in empfehlende Erinnerung. [3976

Aus der „Bremer Bürger-Zeitung“: Anzeige zur Geburt des „Umstürzlers“ Friedrich Ebert jun. vom 14. 9. 1894 (oben); Versammlungsanzeige vom 10. 5. 1892 (Mitte); Annonce Friedrich Eberts vom 24. 8. 1898 (unten).

und der Kanzler dem Reichstag nicht verantwortlich.[284] Hinzu kamen die staatlichen Repressionen sowie die bestehende soziale und politische Chancenungleichheit, die eine prinzipielle Wendung zur Reformpolitik verhinderten. Andererseits förderten die zunehmende ökonomische Besserstellung der Arbeiter sowie die Politik der Sozialreformen die Integration der SPD in das Kaiserreich, so daß der durch ihre Lage hervorgerufene Unmut der Arbeiter nie bis zu dem Punkt anwuchs, an dem er in revolutionäre Aktionen umschlug.[285]

Die zentristische Position der Parteiführung wurde Ende der neunziger Jahre durch den Revisionismus Eduard Bernsteins in Frage gestellt, der als theoretische Antwort auf das Auseinanderklaffen zwischen radikal-revolutionärer Phraseologie der Partei und sozialreformerischer Praxis zu verstehen ist.[286] Bernstein richtete seine Kritik gegen die Vorstellung eines mit Naturnotwendigkeit erfolgenden Zusammenbruchs des Kapitalismus und gegen den fruchtlosen Radikalismus. Er forderte statt dessen das Bekenntnis zur sozialreformerischen Praxis und die Angleichung der Theorie an diese Praxis[287], ohne mit dieser Forderung allerdings durchdringen zu können. Zwar erwiesen sich Bernsteins theoretische Anregungen für die zukünftige Entwicklung der Partei als bedeutsam, doch für den tatsächlichen Wandel der Partei vor dem Ersten Weltkrieg zu einer praktischen Arbeiterpartei, die ihren politischen Aktionsradius innerhalb des bestehenden Gesellschaftssystems festlegte, war weniger das Wirken Bernsteins bestimmend als das der Reformisten und Praktiker.[288] Deren Einstellung spiegelte sich in einem Brief von Ignaz Auer an Bernstein, in dem es unter anderem heißt: „Mein lieber Ede, das, was Du verlangst, so etwas beschließt man nicht, so etwas sagt man nicht, so etwas tut man. Unsere ganze Tätigkeit [...] war die Tätigkeit einer sozialdemokratischen Reformpartei. Eine Partei, die mit den Massen rechnet, kann auch gar nicht anders sein."[289] Kennzeichnend für die reformistische und praktizistische Grundhaltung war, so Hans-Josef Steinberg, „die Abneigung gegenüber jeder theoretischen Auseinandersetzung über das Wesen der Partei und die realistische Einschätzung dessen, was der deutschen Sozialdemokratie angesichts ihrer Tradition zugemutet werden konnte hinsichtlich der Emanzipation von vulgärmarxistischen Dogmen".[290]

Ebert wurde zu den Reformisten[291], Praktikern[292] und Zentristen[293] gezählt. Diese unterschiedliche Zuordnung deutet auf die Schwierigkeit hin, Eberts ideologische Position innerhalb der SPD zu charakterisieren. Durch eine Analyse

[284] Ebd., S. 146f.
[285] Groh, Die Sozialdemokratie im Verfassungssystem, S. 69.
[286] Steinberg, Sozialismus, S. 89 und S. 92.
[287] Ebd., S. 92ff.
[288] Vgl. ebd., S. 106.
[289] Eduard Bernstein, Ignaz Auer, der Führer, Freund und Berater, Sozialistische Monatshefte 1907, I, S. 345f., zitiert nach: Ritter, Die Arbeiterbewegung, S. 201f.
[290] Steinberg, Sozialismus, S. 109.
[291] Moring, Die Sozialdemokratische Partei, S. 95.
[292] Steinberg, Sozialismus, S. 124.
[293] Kotowski, Friedrich Ebert, S. 56. Buse, Friedrich Ebert, S. 83–91.

der Stellungnahme Eberts in der Revisionismusdebatte und seiner öffentlichen Äußerungen soll im folgenden versucht werden, seine Position zu skizzieren.[294]

Die Bernsteindebatte hielt Ebert für das wichtigste Ereignis auf dem Parteitag in Hannover 1899, an dem er als Delegierter teilgenommen hatte. Bernstein habe, so führte Ebert nach dem Parteitag in einer Versammlung in Bremen aus, „seine Kritik durchaus im Rahmen unserer Grundsätze gehalten", denn „er erkenne den Klassenkampf an" und „er wolle nach wie vor die Vergesellschaftung der Produktionsmittel". Aber der Kritik Bernsteins wollte Ebert nicht folgen. Vielmehr stimmte er Bebel zu, „daß die wirthschaftliche und kapitalistische Entwicklung sich so vollzieht, wie sie Marx uns überliefert" habe. Bernstein, so fuhr Ebert fort, sei „bei dieser Bebel'schen Beweisführung schlecht weggekommen, so trefflich fundirt und auf sicherem Material aufgebaut waren die Ausführungen Bebel's".[295] Daher hatte er der Resolution Bebels auf dem Parteitag zugestimmt und damit in der Bernsteindebatte die offizielle Linie der Parteiführung unterstützt. Gleichzeitig forderte er jedoch, die theoretischen Auseinandersetzungen einzugrenzen und zitierte in diesem Zusammenhang zustimmend Vollmar, der auf dem Parteitag ausgeführt habe, die Partei hätte etwas Besseres zu tun, als sich zum Tummelplatz von theoretischen Streitigkeiten zu machen, nämlich die Lage des Proletariats und der Arbeiterklasse zu heben.[296] Deutlicher noch kommt seine Abneigung gegenüber theoretischen Auseinandersetzungen in einer Parteiversammlung im Oktober 1903 zum Ausdruck, in der über den Dresdener Parteitag, insbesondere die wiederaufgelebte Bernsteindebatte, Bericht erstattet wurde. Ebert machte aus seiner Kritik an Bebel und dessen persönlichen Angriffen auf einzelne Parteigenossen keinen Hehl. „Wenn wir in Zukunft schmutzige Wäsche zu waschen haben, so gehen wir damit besser in die Waschküche, aber nicht in die Öffentlichkeit." Schließlich forderte er ein Ende der theoretischen Streitigkeiten, da sie „eine Erörterung der praktischen, wirtschaftlich-sozialen und politischen Aufgaben fast unmöglich" machten. „In Zukunft müsse nützliche, praktische Arbeit geleistet werden im Interesse unserer Bestrebungen."[297] Aus seiner Ablehnung öffentlicher theoretischer Auseinandersetzungen kann man jedoch noch nicht auf eine rein praktizistische Einstellung Eberts im Sinne Steinbergs schließen. Denn Ebert erkannte den Widerspruch nicht, auf den Bernstein hinwies, und den auch ein ausgesprochener Praktiker wie Auer sah, aber aus parteitaktischen Gründen in Kauf nahm. Daß Ebert theoretische Widersprüche verborgen bleiben konnten, zeigte sich ja bereits bei seiner Tätigkeit im Wirteverein, als er mit wirtschaftsliberalen Argumenten die Interessen der Gastwirte zu verteidigen suchte. Ebert jedenfalls hielt die Kritik Bernsteins für verfehlt und die Argumente Bebels für richtig. Das waren keine Lippenbekenntnisse. Auf dem Dresdener Parteitag hatte er zusammen mit der

[294] Diesen Ansatz legte bereits Buse, ebd., seiner Untersuchung zugrunde. Einige seiner Schlußfolgerungen müssen jedoch korrigiert werden.
[295] Ebert am 17. 10. 1899; Schulz, Die Bremer Anfänge, S. 174–178.
[296] Ebd., S. 177.
[297] BBZ, 3. 10. 1903.

Mehrheit der Partei der Resolution Bebels und Kautskys zugestimmt, die den Revisionismus verurteilte.[298] Und wie eindeutig Ebert sich auch weiterhin mit der ideologischen Position des Parteizentrums identifizierte, spiegelt sich in vielen seiner Reden. Als er, durch antisozialistische Propagandaschriften über die angeblichen Schrecken eines sozialistischen Zukunftsstaates herausgefordert[299], während des Reichstagswahlkampfes 1898 zur zukünftigen wirtschaftlichen und gesellschaftlichen Entwicklung sowie den Zielen der SPD Stellung nahm, führte er unter anderem aus, „daß überall in Industrie wie Landwirthschaft die Großen die Kleinen vernichten und daß einmal der Augenblick kommt, wo dieser Zustand nicht mehr weiter gehen kann und eine Wende erfolgen muß, das ist es, worauf die Sozialdemokratie hinweist".[300] Keineswegs sei es so, „daß die Sozialdemokratie den Umsturz des Bestehenden anstrebe", denn „dieses besorge hinlänglich die Entwicklung der Verhältnisse selbst".[301] Hier erkennt man die fatalistische Haltung der Parteiführung wieder. In der Überzeugung, die soziale Wirklichkeit und ihre weitere Entwicklung richtig zu interpretieren, brauche die SPD nur „auf die wirthschaftliche Entwicklung" zu bauen, „die unseren Sieg herbeiführen wird".[302] In welcher Form sich der Umsturz vollziehen werde, darüber machte sich Ebert öffentlich ebensowenig Gedanken wie die Parteimehrheit. Daß die SPD ihn jedoch nicht selbst herbeiführen müsse, war für ihn selbstverständlich. Wenn Ebert daher meinte, die Theorie müsse „ständig Kompaß für unser Handeln sein"[303], so verstand er darunter die offizielle Parteiideologie. An ihr hielt er fest, weil er von ihrer Richtigkeit überzeugt war, nicht etwa aus realistischer Einschätzung dessen, was der Sozialdemokratie hinsichtlich der Emanzipation von vulgärmarxistischen Dogmen zugemutet werden konnte.

Es läßt sich nicht feststellen, daß Ebert von seiner früher eingenommenen Position graduell abgerückt wäre und seine politischen Grundüberzeugungen nun am Ende seiner Bremer Zeit nicht mehr voll durch das Erfurter Programm abgedeckt worden wären.[304] Nach wie vor bekannte er sich zu den wesentlichen Bestandteilen des ersten Teils des Erfurter Programms, zum Klassenkampf und zur Sozialisierung. Zu Recht charakterisierte ihn daher Georg Kotowski als unbedingten Anhänger und Verfechter des Erfurter Programms.[305] Daran änderte auch seine langjährige Tätigkeit in der Bremer Bürgerschaft und als Arbeitersekretär nichts. Es ist jedoch nicht zu leugnen, daß Ebert dort, wo es um den Stellenwert der Theorie ging, eine andere Ansicht vertrat als etwa Bebel. Ebert ver-

[298] Protokoll SPD-Parteitag 1903, S. 148f.; s.a. Buse, Friedrich Ebert, S. 84ff.

[299] Vgl. etwa die Schrift des führenden Reichstagsabgeordneten der Deutschen freisinnigen Partei und seit 1893 der Freisinnigen Volkspartei Eugen Richter, Sozialdemokratische Zukunftsbilder, Berlin 1892.

[300] Ebert am 10./12. 6. 1889; Schulz, Die Bremer Anfänge, S. 149.

[301] Ebert am 13. 6. 1898; ebd., S. 151.

[302] Ebert am 12. 9. 1897; ebd, S. 123.

[303] BBZ, 3. 10. 1903.

[304] Vgl. dagegen Witt, Friedrich Ebert, in: Friedrich Ebert 1871–1925, S. 22.

[305] Kotowski, Friedrich Ebert, S. 102.

urteilte die Auseinandersetzungen, weil sie von der praktischen Tagesarbeit ablenkten. Im Zentrum stand für ihn wie bereits zu Beginn seiner Bremer Zeit die praktische Reformpolitik, die er auf dem Verhandlungswege verfolgte und die auch die Zusammenarbeit mit bestehenden Institutionen und Kompromißlösungen mit dem politischen Gegner in ihr Konzept mit einbezog. Er zeigte sich nicht bereit, wegen theoretischen Fragen diese politische Taktik aufzugeben, eine Haltung, die ihn wieder in die Nähe der Reformisten und Praktiker rückte.

Bezeichnete man ihn allein als Zentristen, so würde der reformistische, praktische Zug seiner Politik nicht angemessen erfaßt werden. Ordnete man ihn hingegen den Reformisten und Praktikern zu, so bliebe weitgehend unberücksichtigt, in wie starkem Maße er sich mit der Ideologie der Parteiführung identifizierte. Es ist daher nicht möglich, Ebert eindeutig auf eine bestimmte, theoretisch ausformulierte Position innerhalb der SPD festzulegen. Man muß vielmehr betonen, daß er, wie wohl die meisten Parteimitglieder, in einem „Sowohl-als-Auch" die zentristische und reformistische Haltung in Einklang bringen konnte. Überzeugt von der Richtigkeit der offiziellen Parteiideologie, sah er die Hauptaufgabe der sozialdemokratischen Tagespolitik in der Durchsetzung praktischer Reformen. Seine Rede zum 1. Mai 1902 ist dafür ein typisches Beispiel:

„Wenn wir aber auch wissen, daß Not und Elend endgiltig nur durch die Verwirklichung des Socialismus zu beseitigen sind, so müssen wir doch alle Maßnahmen ergreifen, die geeignet sind, in wirtschaftlicher, geistiger und politischer Beziehung die Arbeiterschaft zu schützen und zu fördern, so weit sie mit unserem Klassenkampfe vereinbar sind. Wir müssen das im Interesse unseres großen Kampfes."[306]

Neben dem Achtstundentag forderte er daher „eine weitgehende Fabrikhygiene, Fabrikräume, deren Beschaffenheit der Gesundheitslehre entspricht, eine [...] allen Ansprüchen genügende Gewerbeinspektion", „den Ausbau der Sozialgesetzgebung", eine „staatliche Versicherung gegen Arbeitslosigkeit" sowie die „Einführung einer Witwen- und Waisenversicherung".[307] Über die Spannung zwischen Theorie und Praxis, zwischen Erwartung des revolutionären Endziels und praktischer Politik, wie sie hier zum Ausdruck kommt, reflektierte Ebert nicht. Prinzipientreue und aktuelle Reformpolitik bildeten für ihn ein untrennbares Ganzes[308]:

„Auch wir wollen fürderhin alles thun, was wir zur Hebung der Arbeiterklasse thun können, soweit es sich mit unseren Prinzipien vereinbart, aber unser Endziel, die Vergesellschaftung der Produktionsmittel, auch fernerhin als unser Theuerstes in dem uns noch bevorstehenden Kampfe vorantragen."[309]

[306] BBZ, 3. 5. 1902.
[307] Ebd.
[308] Vgl. Moring, Die Sozialdemokratische Partei, S. 65.
[309] Ebert am 17. 10. 1899; Schulz, Die Bremer Anfänge, S. 178.

b) Ebert und die Bremer SPD (1900–1905). Der Bremer Parteitag 1904

Als Arbeitersekretär und als Fraktionsvorsitzender der SPD in der Bürgerschaft hatte Ebert eine einflußreiche Position in der Bremer Partei. Seit 1901 nahm er außerdem regelmäßig an den sozialdemokratischen Parteitagen teil, zunächst als Bremer Delegierter, ab 1903 als Delegierter des 18. hannoveranischen Wahlkreises[310], in dem er als Reichstagskandidat aufgestellt wurde. Mit umfangreichen Reden trat Ebert allerdings weder auf den Parteitagen noch auf dem Kongreß der Internationale in Amsterdam 1904 hervor, zu dem die Bremer SPD Ebert als Delegierten entsandt hatte. Während seiner Bremer Zeit gelang es ihm trotz mehrerer Anläufe nicht, ein Reichstagsmandat zu gewinnen. 1898 unterlag er im 3. oldenburgischen Wahlkreis dem Zentrumsabgeordneten Graf von Galen. In dem Blumenthal, Stade, Bremervörde und Osterholz umfassenden 18. hannoveranischen Wahlkreis gewann er zwar im ersten Wahlgang am 16. Juni 1903 mit 29,6% fast ebensoviele Stimmen wie sein nationalliberaler Gegenkandidat Dr. Sattler, auf den 32,4% der abgegebenen Stimmen entfielen. In der darauffolgenden Stichwahl jedoch wurde Ebert von seinem Gegner deutlich geschlagen, der 63% der Stimmen verbuchen konnte.[311] 1906, als Ebert bereits in den Parteivorstand der SPD aufgerückt war und Bremen verlassen hatte, versuchte er im gleichen Wahlkreis in einer Nachwahl ein Mandat zu erringen, wiederum vergeblich. Erst bei der Reichstagswahl 1912 gelang ihm im Wahlkreis Elberfeld-Barmen der Sprung in den Reichstag.[312]

Trotz der zahlreichen Aufgaben, die Ebert neben seinen sonstigen Verpflichtungen in der Partei übernommen hatte, war er zu keiner Zeit der führende Kopf in der Bremer SPD[313], denn der Chefredakteur der „Bremer Bürger-Zeitung“, Franz Diederich, sowie der 1897 gewählte Vorsitzende des Sozialdemokratischen Vereins, der Kistenmacher Johannes Voigt[314], nahmen nach wie vor maßgeblichen Einfluß auf den Kurs der Partei. Und auch der 1903 für die Bremer SPD in den Reichstag einziehende Zigarrenarbeiter und Gastwirt Johann Hinrich Schmalfeldt[315] sowie der zweite Arbeitersekretär Hermann Müller zählten zum tonangebenden Führungskreis. Allerdings ordnete sich Ebert in diese Gruppe als geachteter und bekannter Politiker ein. Den Höhepunkt seiner Popularität erreichte er 1904, als er neben Johann Heinrich Dietz zum Vorsitzenden des SPD-Parteitages in Bremen gewählt wurde.

Bereits auf dem Parteitag in München 1902 hatte Ebert Bremen als nächsten Tagungsort vorgeschlagen.[316] Die Wahl fiel damals jedoch auf Dresden. Erst 1903 gelang es, Bremen für 1904 zum Tagungsort wählen zu lassen.[317] Auf die

[310] Protokolle der SPD-Parteitage 1901–1905.
[311] Specht/Schwabe, Reichstags-Wahlen, S. 131.
[312] Buse, Parteiagitation, S. XI und S. 4f.
[313] Witt, Friedrich Ebert, in: Friedrich Ebert 1871–1925, S. 23.
[314] Moring, Die Sozialdemokratische Partei, S. 49.
[315] Ebd., S. 71ff.
[316] Protokoll SPD-Parteitag 1902, S. 279.
[317] Protokoll SPD-Parteitag 1903, S. 127 und S. 420.

Bremer Parteigenossen kamen damit umfangreiche organisatorische Vorbereitungen zu, die sie während der Monate bis zur Eröffnung des Parteitags in Anspruch nahmen. Für die sitzungsfreie Zeit wurde ein Rahmenprogramm erarbeitet, das als Höhepunkt einen Ausflug nach Helgoland vorsah.[318] Darüber hinaus verfaßte man eine Festschrift mit dem Titel: „Bremen und die Sozialdemokratie". Für diese Publikation schrieb Ebert einen Artikel über die Organisation der Bremer Partei. Auf wenigen Seiten legte er ihren Aufbau und ihre Leistung in Wahlkämpfen dar. Mit spürbarem Stolz wies er auf die bis ins einzelne durchorganisierte Vorbereitung bei Wahlen hin, bei denen man anhand amtlicher Wählerlisten systematisch jeden Wähler zu erfassen versuchte und an Wahltagen einen speziellen „Schlepperdienst" einrichtete, damit keine Stimme verlorenging. Dadurch werde, wie Ebert hervorhob, eine hohe Wahlbeteiligung gesichert, so daß diese Organisation von „allgemeinem Interesse sein dürfte".[319]

Am 12. September 1904 meldete Ebert bei der Bremer Polizeidirektion die Verhandlungen des Parteitags an. Die Genehmigungen wurden umgehend erteilt.[320] Als Tagungslokal bestimmte man das „Casino". Die Behörden bereiteten sich nun ihrerseits innerhalb kürzester Zeit auf die geplante Veranstaltung vor. Man wandte sich umgehend an die Polizeidirektion in Dresden und bat um Übersendung der Polizeiakten über den dort im vorangegangenen Jahr abgehaltenen Parteitag, um eine Grundlage für die zu treffenden Vorkehrungen zu haben.[321] Der Senat bewilligte finanzielle Mittel, um die Überwachung der Verhandlungen sicherzustellen und stenographische Protokolle aufnehmen zu lassen.[322] Gleichzeitig machte man alle Polizeibeamten auf den bevorstehenden Parteitag aufmerksam und ermahnte sie zu einem besonders vorsichtigen Verhalten: Da „die hiesigen Polizeibeamten [...] unter der schärfsten Beobachtung der zugereisten sozialdemokratischen Abgeordneten aus allen Gegenden Deutschlands stehen", sollten sie „bei geringen Uebertretungen Nachsicht [...] üben, unter allen Umständen höflich und freundlich [...] sein, und wo ihr Einschreiten erforderlich wird, stets ruhig und sachlich vor[zu]gehen."[323]

Am Abend des 18. September 1904 schließlich wurde der Parteitag im festlich geschmückten „Casino" unter Chorgesang eröffnet. Noch am gleichen Abend wurden die Vorsitzenden des Parteitags gewählt: der Buchdrucker und Verleger Johann Heinrich Dietz anstelle des erkrankten Parteivorsitzenden Paul Singer und Friedrich Ebert als Vertreter des gastgebenden Ortsvereins.[324] Nur acht Jahre nachdem er zum ersten Mal als Delegierter einen sozialdemokratischen Parteitag besucht hatte, saß Ebert nun selbst einem solchen Parteitag vor. Aus

[318] Protokoll SPD-Parteitag 1904, S. 149f.
[319] Ebert, Die Organisation, in: Bremen und die Sozialdemokratie, S. 61–65, Zitat S. 65ff; siehe das Dokument auf S. 117.
[320] Ebert an die Polizeidirektion Bremen, 12. 9. 1904, StAB: 4,14/1-XII.C.2.e.1.
[321] Schreiben der Königlichen Polizeidirektion Dresden vom 13 9. 1904, ebd.
[322] Mitteilung des Senators Stadtländer vom 13. 9. 1904, ebd. – Die amtlichen Protokolle sind ebenfalls dort abgelegt.
[323] Instruktion vom 15. 9. 1904, ebd.
[324] Protokoll SPD-Parteitag 1904, S. 141 und S. 145.

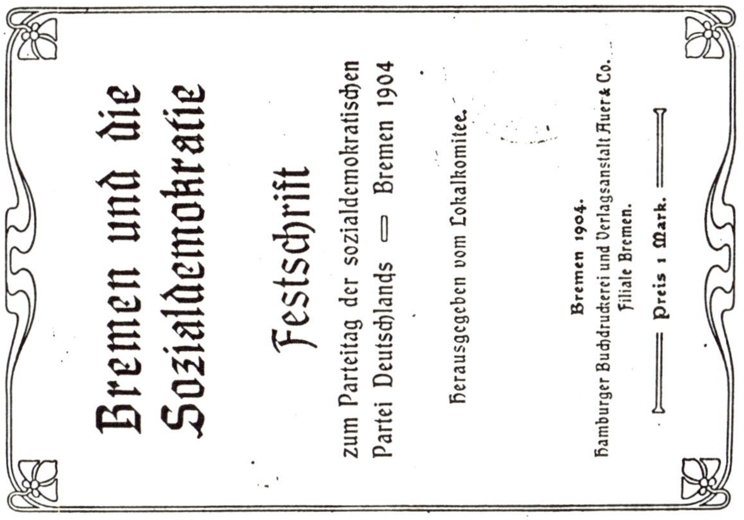

Bremen und die Sozialdemokratie

Festschrift

zum Parteitag der sozialdemokratischen Partei Deutschlands — Bremen 1904

Herausgegeben vom Lokalkomitee.

Bremen 1904.
Hamburger Buchdruckerei und Verlagsanstalt Auer & Co.
Filiale Bremen.

Preis 1 Mark.

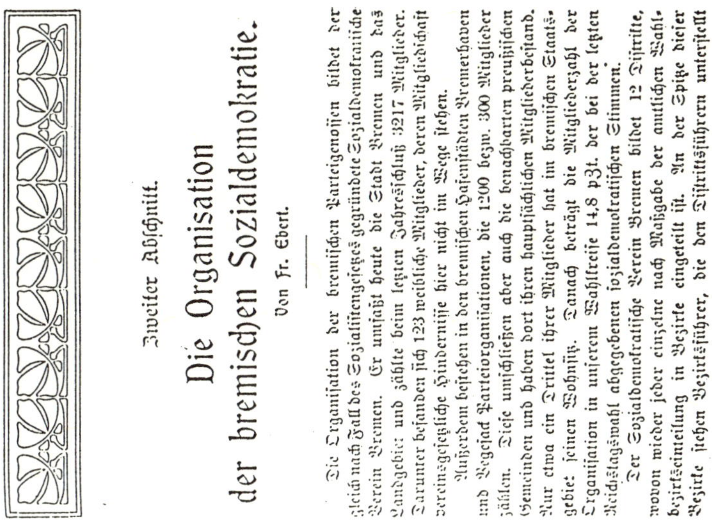

Zweiter Abschnitt.

Die Organisation der bremischen Sozialdemokratie.

Von Fr. Ebert.

Die Organisation der bremischen Parteigenossen bildet der gleich nach Fall des Sozialistengesetzes gegründete Sozialdemokratische Verein Bremen. Er umfaßt heute die Stadt Bremen und das Landgebiet und zählte beim letzten Jahresschluß 3217 Mitglieder. Darunter befanden sich 123 weibliche Mitglieder, deren Mitgliedschaft vereinsgesetzliche Hindernisse hier nicht im Wege stehen.

Außerdem bestehen in den bremischen Hafenstädten Bremerhaven und Vegesack Parteiorganisationen, die 1200 bezw. 300 Mitglieder zählen. Diese umschließen aber auch die benachbarten preußischen Gemeinden und haben dort ihren hauptsächlichen Mitgliederbestand. Nur etwa ein Drittel ihrer Mitglieder hat im bremischen Staatsgebiet seinen Wohnsitz. Danach beträgt die Mitgliederzahl der Organisation in unserem Wahlkreise 14,8 pZt. der bei der letzten Reichstagswahl abgegebenen sozialdemokratischen Stimmen.

Der Sozialdemokratische Verein Bremen bildet 12 Distrikte, wovon wieder jeder einzelne nach Maßgabe der amtlichen Wahlbezirkseinteilung in Bezirke eingeteilt ist. An der Spitze dieser Bezirke stehen Bezirksführer, die den Distriktsführern unterstellt

61

Festschrift der SPD in Bremen zum Bremer Parteitag 1904. Die Publikation enthält einen Beitrag Friedrich Eberts über „Die Organisation der bremischen Sozialdemokratie".

dem Verhandlungsprotokoll geht nicht hervor, wie es zur Wahl kam. Da er jedoch maßgeblich an der Organisation der Veranstaltung beteiligt gewesen war, wurde er vermutlich von seiten der Bremer Genossen für dieses Amt vorgeschlagen. Einer der beiden Parteitagsvorsitzenden wurde ohnehin immer von der örtlichen Sozialdemokratie gestellt. Als Vorsitzender wurde Ebert nun dem gesamten Kreis der Parteitagsdelegierten bekannt. Außerdem hatte er Gelegenheit, seine Kontakte zum Parteivorstand auszubauen. Den Vorsitzenden des Parteitags fiel die Aufgabe zu, für den reibungslosen Ablauf der Beratungen und Abstimmungen sowie für die Einhaltung des Arbeits- und Zeitplans zu sorgen. Auf der neun Punkte umfassenden Tagesordnung standen neben den obligatorischen Berichten des Parteivorstands, der Kontrollkommission und der SPD-Reichstagsfraktion auch die Erörterung neuer Vorschläge zur Parteiorganisation und zur sozialdemokratischen Kommunalpolitik. Während des einwöchigen Parteitags hatten die Delegierten 151 Anträge zu erörtern und einer Abstimmung zuzuführen. Das umfangreiche Pensum konnte jedoch bewältigt werden, wie Dietz am Ende des Parteitags in seiner Bilanz hervorhob.[325] Als erfreulich wertete er dabei den Umstand, daß diesmal durch massive persönliche Angriffe und Beleidigungen gekennzeichnete Streitigkeiten ausgeblieben waren, welche die Revisionismusdebatten des Dresdener Parteitags im September 1903 belastet hatten.[326] Damit hinterließ die Bremer Versammlung bei den Delegierten und in der Öffentlichkeit einen ungewohnten Eindruck von Harmonie und Geschlossenheit. Als der Parteitag ohne Zwischenfälle am 25. September zu Ende ging, war Eberts Popularität in Bremen zweifellos gestiegen. Dennoch kam es schon bald nach der „roten Woche“ zu Auseinandersetzungen mit dem linken Flügel der Bremer Partei, die langsam in ihm den Wunsch aufkommen ließen, Bremen zu verlassen.

c) Die Goethebunddebatte und die Diskussion um den politischen Massenstreik

Personelle Veränderungen innerhalb der Bremer Parteiführung machten es für Ebert zunehmend schwieriger, eine Politik zu verfolgen, die seinen Vorstellungen entsprach. Denn der im Herbst 1902 erfolgte Wechsel des Chefredakteurs der „Bremer Bürger-Zeitung“, Diederich, in die Redaktion der „Sächsischen Arbeiterzeitung“ in Dresden und die Berufung des zweiten Arbeitersekretärs Müller zum Leiter des Berliner Zentralarbeitersekretariats im Juni 1905 schwächten den reformorientierten Flügel der Partei, zu dem auch Ebert gehörte.[327] Anstelle Diederichs übernahm nun Heinrich Schulz die Chefredaktion der „Bremer Bürger-Zeitung“. Der gebürtige Bremer, der sich als Redakteur in Erfurt und Magdeburg sowie als sozialdemokratischer Bildungspolitiker bereits einen Namen gemacht hatte, setzte mit seiner scharfen Betonung des Klassenkampfprinzips

[325] Protokoll SPD-Parteitag 1904, S. 326f.
[326] Protokoll SPD-Parteitag 1903, S. 298–422.
[327] Moring, Die Sozialdemokratische Partei, S. 69 und S. 94.

einen neuen Akzent in der bremischen Sozialdemokratie.[328] Um ihn sammelten sich in den nächsten Jahren die mehr dem radikalen Flügel der SPD zuzurechnenden Kräfte. Dazu zählten der aus Altona kommende Zigarrenarbeiter Alfred Henke, seit 1900 Redakteur bei der „Bremer Bürger-Zeitung“, sowie Wilhelm Pieck, der spätere Präsident der DDR[329], der zu dieser Zeit bereits mehrere Parteifunktionen ausübte und zudem 1905 als sozialdemokratischer Abgeordneter in die Bremer Bürgerschaft einzog. Ende 1904 kam es schließlich in der Goethebunddebatte zum schroffen Ausbruch der innerparteilichen Gegensätze.

Die Bremer Arbeiterbewegung versuchte auf vielfältige Weise, die kulturellen Bestrebungen der Arbeiterschaft zu fördern und ihnen neue Impulse zu geben. Das führte im Jahre 1900 im Anschluß an die Protestbewegung der Liberalen und Sozialdemokraten gegen die lex Heinze - dieses Gesetz sah strafrechtliche Bestimmungen vor für Schriften, Abbildungen und Darstellungen, die das Schamgefühl gröblich verletzten — zur Gründung des Goethebundes.[330] Ebert zollte dieser gemeinsamen Bildungsinstitution höchste Anerkennung, ermöglichte doch die Zusammenarbeit mit Bürgerlichen weiten Kreisen der Arbeiterschaft, am kulturellen Leben teilzunehmen.[331] Es war vor allem Schulz, der diese institutionelle Zusammenarbeit heftig kritisierte. Als Anlaß für eine grundsätzliche Erörterung nutzte er einen Vortrag des Nationalökonomen Werner Sombart über „Wirtschaft und Kunst“ im Goethebund, der mit der Bemerkung angekündigt wurde, der Vortrag ließe eine „prinzipielle Auseinandersetzung mit der durch den Sozialismus vertretenen Geschichtsauffassung“ erwarten.[332] Für derartige Vorträge, so erläuterte Schulz in der „Bremer Bürger-Zeitung“, dürften die Sozialdemokraten nicht die Mitverantwortung tragen. Da die Sozialdemokraten ohnehin „in einem unüberbrückbaren Gegensatz zur Gedankenwelt des Bürgertums“ stünden, der zudem „kein Entgegenkommen an die bestehende Ordnung“ dulde, zog er die Schlußfolgerung: „die klassenbewußten Arbeiter Bremens müssen dem Goethebund den Rücken kehren.“[333] Statt Verwischung der Klassengegensätze forderte er eine „bessere Schulung zur raschen Beseitigung des Gegenwartsstaates“. Er hielt es daher für wünschenswert, „daß die klassenbewußte Arbeiterschaft aus eigener Kraft zweckentsprechende Organisationen schafft [..]“.[334]

Ebert dagegen bedauerte, daß man die Auseinandersetzungen in der Öffentlichkeit austrage und dem Gegner somit ein Bild der Zerrissenheit biete. Er fügte hinzu: „Wir haben nicht zu warten brauchen, bis Heinrich Schulz nach Bremen

[328] Zu Heinrich Schulz, der von 1919–1927 Unterstaatssekretär, dann Staatssekretär für die Abteilung Schule und Bildung im Reichsinnenministerium war, siehe: Neumann, Sozialdemokratische Bildungspolitik, bes. S. 247–360.

[329] Zu den beiden Richtungen in der Bremer SPD siehe Moring, Die Sozialdemokratische Partei, S. 69–102. Zu Pieck siehe Voßke/Nitzsche, Wilhelm Pieck.

[330] Moring, Die Sozialdemokratische Partei, S. 77.

[331] Ebert, Kämpfe, S. 105f.

[332] Zitiert nach: Moring, Die Sozialdemokratische Partei, S. 79.

[333] BBZ, 15. 1. 1905.

[334] BBZ, 5. 2. 1905.

kommt und uns aus dem Sumpfe holt."[335] Denn Schulz, so hob Ebert hervor, wolle die Zusammenarbeit mit Bürgerlichen im Goethebund zu einer Grundsatzfrage machen, während sie doch nur eine „Frage der Zweckmäßigkeit" sei: „[...] ich meine, wir können in Bezug auf die Bildung bis zu einem gewissen Grade mit bürgerlichen Kreisen zusammenarbeiten, umso mehr, als wir im Goethebund einen wesentlichen Einfluß haben. Vorzuziehen sei ja eine eigene Organisation. Wenn wir aber nicht die Künstler und Redner aus den eigenen Reihen nehmen können, können wir dasselbe erleben wie beim Goethebund."[336]

Prinzipiell bekannte sich Ebert zwar zur Notwendigkeit, sozialdemokratische Bildungsinstitutionen einzurichten, womit er den klassenkämpferischen Forderungen der Radikalen entgegenkam. Dieses Bekenntnis jedoch, und das ist für Eberts Position charakteristisch, verband er mit der Forderung nach pragmatischem Handeln. Ebert konnte seine Position in den heftigen und mit persönlichen Angriffen erfüllten Debatten allerdings nicht durchsetzen, und er erklärte sich schließlich bereit, einer von Schulz und Henke eingebrachten Resolution zuzustimmen, die den Weg frei machte für die Trennung vom Goethebund und die Gründung einer eigenen Bildungseinrichtung.[337]

Die Meinungsverschiedenheiten mit dem radikalen Flügel kamen erneut anläßlich der Diskussion um den politischen Massenstreik zum Vorschein. Sie wurde schon seit Jahren innerhalb der deutschen Sozialdemokratie geführt, flammte aber nun erneut auf unter dem Eindruck des Streiks der Bergarbeiter an der Ruhr und der russischen Revolution zu Beginn des Jahres 1905. Während die Gewerkschaften eine Festlegung auf den Generalstreik ablehnten, sahen zahlreiche Parteifunktionäre der SPD in ihm die Möglichkeit, bei Bedarf parlamentarische Besitzstände zu verteidigen und politische Reformen, ja die politisch-soziale Revolution selbst durchzusetzen. In Bremen war es Wilhelm Pieck, der sich in diesem Sinn für den offensiven Gebrauch des Massenstreiks als revolutionäres Kampfmittel aussprach und dessen Propagierung forderte. Dagegen lehnte der rechte Flügel der Partei die Auseinandersetzung mit der neuen Taktik ab, weil sie die Arbeiterschaft von der Kleinarbeit abhalte.[338] In der Diskussion über den Generalstreik nahm Ebert wieder die für ihn bezeichnende Haltung ein. Prinzipiell bekannte er sich zu der Auffassung, den politischen Massenstreik als Kampfmittel defensiv, das heißt gegen Maßnahmen wie die Beseitigung des Reichstagswahl- oder Koalitionsrechts, und offensiv, „bei der Geburtshilfe der sozialistischen Gesellschaft", einzusetzen. Da jedoch die Voraussetzungen für eine erfolgversprechende Anwendung durch das Proletariat wegen der machtpolitischen Strukturen Deutschlands ungünstig seien, müsse „der politische Massenstreik vorsichtig propagiert werden". Zu dieser Mahnung fügte er hinzu:

[335] BBZ, 2. 2. 1905. Vgl. Ebert, Schriften, Bd. 1, S. 253–256.
[336] BBZ, 2. 2. 1905.
[337] BBZ, 9. 2. 1905. Vgl. Moring, Die Sozialdemokratische Partei, S. 80.
[338] BBZ, 13. 8. 1905.

„Vor dem politischen Massenstreik ist die politische Betätigung in Staat, Gemeinde, Reichskommune, kurzum in allen öffentlichen Körperschaften notwendig. [...] Wenn alle diese Vorbedingungen vorhanden sind, dann kann uns der politische Massenstreik einmal sehr gute Dienste leisten. Nicht als Ersatz (Sehr richtig!), nicht als Abschwächung (Sehr richtig!), sondern als Ergänzung (Sehr richtig!) der bisherigen Methode, das muß mit allem Nachdruck betont werden. Wir müssen bedenken, daß dieses Mittel keine Zauberkraft besitzt, daß er nicht angewendet werden kann, ehe die Organisationen nicht kräftiger geworden sind".[339]

Ebert versuchte damit, den Ruf nach außerparlamentarischen politischen Aktionen zu dämpfen und ihn in die traditionellen Bahnen der Organisationsarbeit zu lenken. Er war nicht bereit, seine Politik der parlamentarischen Mitarbeit im bestehenden Gesellschaftssystem durch eine neue Taktik in Frage stellen zu lassen oder gar zu ersetzen. Den politischen Massenstreik wollte er daher nur als eine Ergänzung der bisherigen Methode gewertet wissen, auf die er nach wie vor das Schwergewicht seiner Bemühungen legte. Nur in dieser abgeschwächten Form stimmte er dem Ansinnen zu, außerparlamentarische Taktiken in das Arsenal politischer Kampfmittel aufzunehmen.

Ebert konnte jedoch auch hier nicht verhindern, daß der radikale Flügel seine Vorstellungen durchsetzte und die Parteimitglieder schließlich einer Resolution von Schulz zustimmten, die den Genossen das Studium des Massenstreiks empfahl.[340] Die neue Kräftekonstellation innerhalb der Bremer SPD, das zeichnete sich nun immer deutlicher ab, verschob sich zunehmend zugunsten der Radikalen. Wenn auch nicht Konfrontation, sondern in der Regel Zusammenarbeit das Bild der Bremer Partei bestimmte[341], so führte die angedeutete Entwicklung immerhin dazu, daß es für Ebert schwieriger wurde, einen pragmatischen Kurs zu steuern.

6. Von Bremen nach Berlin

„Immer schwebt mir das imposante Dresden vor Augen", schrieb Ebert am 4. Juni 1905 seinem Freund Franz Diederich, der ihm vorgeschlagen hatte, sich um eine Stelle als Arbeitersekretär in Dresden zu bewerben. Diederich war seit dem Herbst des Jahres 1902 bei der „Sächsischen Arbeiterzeitung" in Dresden tätig. Vermutlich hatte er Ebert auf die Vakanz der Stelle eines Arbeitersekretärs hingewiesen. Zwar nahm Ebert von einer Bewerbung Abstand, da er in Bremen die Kündigungsfrist einhalten mußte und deshalb in Dresden nicht rechtzeitig beginnen konnte, doch äußerte er deutlich den Wunsch, Bremen zu verlassen: „Immerhin würde ich ganz gern einen guten Tausch machen. Die Vorgänge im letzten Winter – Diskussion wegen des Goethebundes – haben mir meine hiesige Tätigkeit gründlich verekelt. Ganz abgesehen von den taktischen Meinungsverschiedenheiten auf anderen Gebieten, kann ich mit Schulz und Henke wegen

339 Ebd.
340 Moring, Die Sozialdemokratische Partei, S. 84.
341 Buse, Friedrich Ebert, S. 85 und S. 107, Anm. 80.

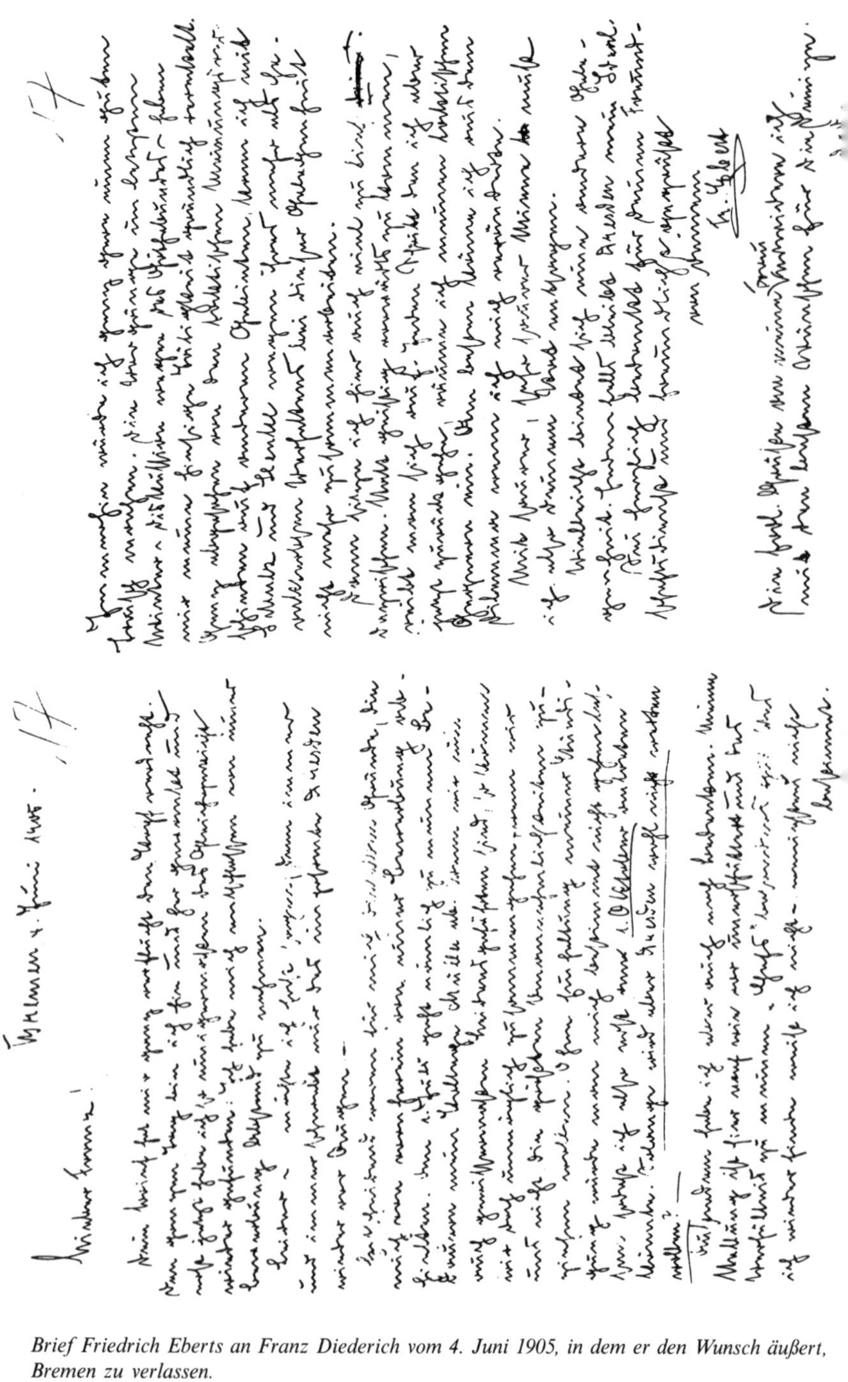

Brief Friedrich Eberts an Franz Diederich vom 4. Juni 1905, in dem er den Wunsch äußert, Bremen zu verlassen.

ihres mehr als charakterlosen Verhaltens bei dieser Gelegenheit nicht mehr zusammenarbeiten."[342]

Seine Stellung in Bremen sei zwar, so schrieb er, „nach wie vor unerschüttert und das Verhältnis zu meinen 'Chefs'[343] besonders gut", doch fügte er hinzu: „Statt geistig vorwärts zu kommen, reibt man sich auf. Jeden Schritt, den ich aber jetzt zurückgehe, räume ich meinen taktischen Gegnern ein. Am besten käme ich aus dem Dilemma, wenn ich mich veränderte."[344]

Ebert war der Auseinandersetzungen mit seinen innerparteilichen Gegnern in Bremen, insbesondere mit Schulz und Henke, überdrüssig. Die Diskussion um den Massenstreik, die erst einige Wochen nach dem Briefwechsel Ebert – Diederich einsetzte, mußte ihn daher in seiner Absicht bestärkt haben, Bremen zu verlassen. Offensichtlich ging er jedoch davon aus, auch weiterhin als Arbeitersekretär tätig zu sein. Von anderen Plänen ist in seinem Brief jedenfalls nicht die Rede.

Drei Monate später, am 24. September 1905, wurde Ebert auf dem Parteitag in Jena mit 174 von 283 Stimmen als zusätzlicher Sekretär in den Parteivorstand gewählt.[345] Es läßt sich nicht mehr feststellen, auf wessen Initiative hin Ebert auf die Vorschlagsliste der Kandidaten für die Wahl zum Parteivorstand gesetzt wurde.[346] Da jedoch in erster Linie die Parteileitung die Kandidaten vorschlug[347], stellt sich die Frage, woher Ebert der Parteispitze bekannt war.

Hinweise auf Bekanntschaften mit führenden Sozialdemokraten, die er noch während seiner Wanderschaft geschlossen haben soll[348], sind in diesem Zusammenhang aus den bereits weiter oben genannten Gründen wenig hilfreich. Und was die Organisation von Wahlkampfauftritten prominenter Sozialdemokraten betrifft, die Ebert in Bremen durchführte, so ging sie sicherlich nicht über das übliche Maß der Zusammenarbeit hinaus. Dagegen hatte er als Delegierter auf den SPD-Parteitagen Gelegenheit, Kontakte zur Parteileitung zu knüpfen. Daß er nach einigen Jahren der Parteiführung schließlich kein Unbekannter mehr war, zeigte sich 1904, als der Vorstand Ebert zum Vorsitzenden eines Schiedsgerichts berief, das über den Antrag der SPD in Bremerhaven auf Ausschluß eines ihrer Mitglieder entscheiden sollte.[349] Auf dem Parteitag in Jena 1905 arbeitete er ferner in der Fünfzehnerkommission mit, die Vorschläge zur Eingrenzung der Kontroverse erarbeiten sollte, die zwischen den verschiedenen Parteiblättern

[342] Ebert an Diederich, 4. 6. 1905, AdsD: Best. Friedrich Ebert. Der Brief ist wiedergegeben hier S. 122. Vgl. Moring, Die Sozialdemokratische Partei, S. 94, und Buse, Friedrich Ebert, S. 98f.

[343] Gemeint sind wohl die Mitglieder der Aufsichtskommission für das Arbeitersekretariat und die Vorsitzenden des sozialdemokratischen Vereins.

[344] Ebert an Diederich, 4. 6. 1905, AdsD: Best. Friedrich Ebert. Vgl. auch Ebert an Diederich, 10. 6. 1905, AdsD: Best. Originalbriefe und Dokumente. Vgl. Buse, Friedrich Ebert, S. 99.

[345] Protokoll SPD-Parteitag 1905, S. 363.

[346] Vgl. ebd., S. 361. Auch Witt, Friedrich Ebert, in: Friedrich Ebert 1871–1925, S. 23; Buse, Friedrich Ebert, S. 99; und Kotowski, Friedrich Ebert, S. 149f., sind sich darin einig, daß sich der Vorgang nicht mehr rekonstruieren läßt.

[347] Ritter, Die Arbeiterbewegung, S. 50.

[348] Siehe oben S. 52.

[349] Protokoll SPD-Parteitag 1904, S. 35. Vgl. Buse, Friedrich Ebert, S. 100.

über taktische Fragen entbrannt war.[350] Vor allem seine erfolgreiche Tätigkeit als Mitvorsitzender des Parteitages in Bremen 1904 aber dürfte ihn bei der Parteiführung und den Delegierten bekannt gemacht haben. In den Blick rückte bei dieser Gelegenheit sicherlich auch seine Funktion als Vorsitzender der zahlenmäßig größten SPD-Fraktion, die in einem deutschen Landtag vertreten war[351], und seine mehrjährige, außerordentlich erfolgreiche Tätigkeit als Arbeitersekretär, mit der er sich bereits bei führenden Gewerkschaftsmitgliedern und Sozialpolitikern in der Partei Anerkennung und Vertrauen erworben hatte.

Organisationserfahrung und -talent hatte er mit seiner Arbeit unter Beweis gestellt. Damit erwies er sich als geeignet für eine Tätigkeit, die administrative Aufgaben umfaßte sowie die Durchführung der Organisation der Partei, vor allem auf regionaler und lokaler Ebene, nach den Bestimmungen des 1905 auf dem Parteitag angenommenen neuen Parteistatuts.[352] Unter diesem Gesichtspunkt mag sein Aufsatz über „Die Organisation der Bremer SPD", den er 1904 zu der Festschrift anläßlich des Bremer Parteitages beigesteuert hatte, bei seiner Aufstellung zum Kandidaten mit eine Rolle gespielt haben. Eberts politische Haltung dürfte bei seiner Kandidatur kaum Anlaß zu Auseinandersetzungen geboten haben.[353] Da er bei den Diskussionen über Theorie und Taktik der Partei auf den SPD-Parteitagen die Positionen der Parteiführung unterstützt hatte, darüber hinaus aber nicht weiter hervorgetreten war, kann er schwerlich als exponierter Vertreter eines bestimmten Parteiflügels gegolten haben. Seine Kandidatur stieß denn auch höchstens im linken Spektrum der Partei auf Widerstand, dem Ebert, so jedenfalls stellt es Hermann Müller-Franken im Rückblick dar, zu reformistisch, zu opportunistisch und nicht revolutionär genug gesonnen war.[354] Es gibt jedoch keinen Grund für die Annahme, die geringe Stimmenzahl, die auf Ebert entfiel, als Ausdruck eines Widerstandes gegen seine Kandidatur zu werten. Da zwischen der politischen Haltung Eberts und der seines Gegenkandidaten Hermann Müller-Franken, für den 77 Stimmen abgegeben wurden, kaum Unterschiede festzustellen sind[355], muß man statt dessen das Wahlergebnis auf den noch relativ geringen Bekanntheitsgrad Eberts unter den Delegierten zurückführen. Nach einjähriger Tätigkeit im Parteivorstand hatte sich das Bild bereits geändert. 1906 wurde er mit 344 von 352 Stimmen klar in seinem Amt bestätigt.[356]

Vor seinem Amtsantritt in Berlin versuchte Ebert Rudolf Wissell als kompetenten Nachfolger für den freigewordenen Posten im Bremer Arbeitersekretariat zu verpflichten.[357] Wissell leitete seit 1900 das Arbeitersekretariat in Lübeck, trat

[350] Protokoll SPD-Parteitag, 1905, S. 144 und S. 350–353.
[351] Protokoll SPD-Parteitag 1903, S. 26.
[352] Zu seinen Aufgaben siehe Buse, Friedrich Ebert, S. 123.
[353] Vgl. dagegen Besson, Friedrich Ebert, S. 40.
[354] Müller-Franken, Friedrich Ebert, in: Friedrich Ebert und seine Zeit, S. 75
[355] Witt, Friedrich Ebert, in: Friedrich Ebert 1871–1925, S. 23.
[356] Protokoll SPD-Parteitag 1906, S. 391.
[357] Ebert an Wissell, 25. 9. 1905, BA, NL Wissell/11. Siehe das Dokument auf S. 125. Vgl. Moring, Die Sozialdemokratische Partei, S. 95.

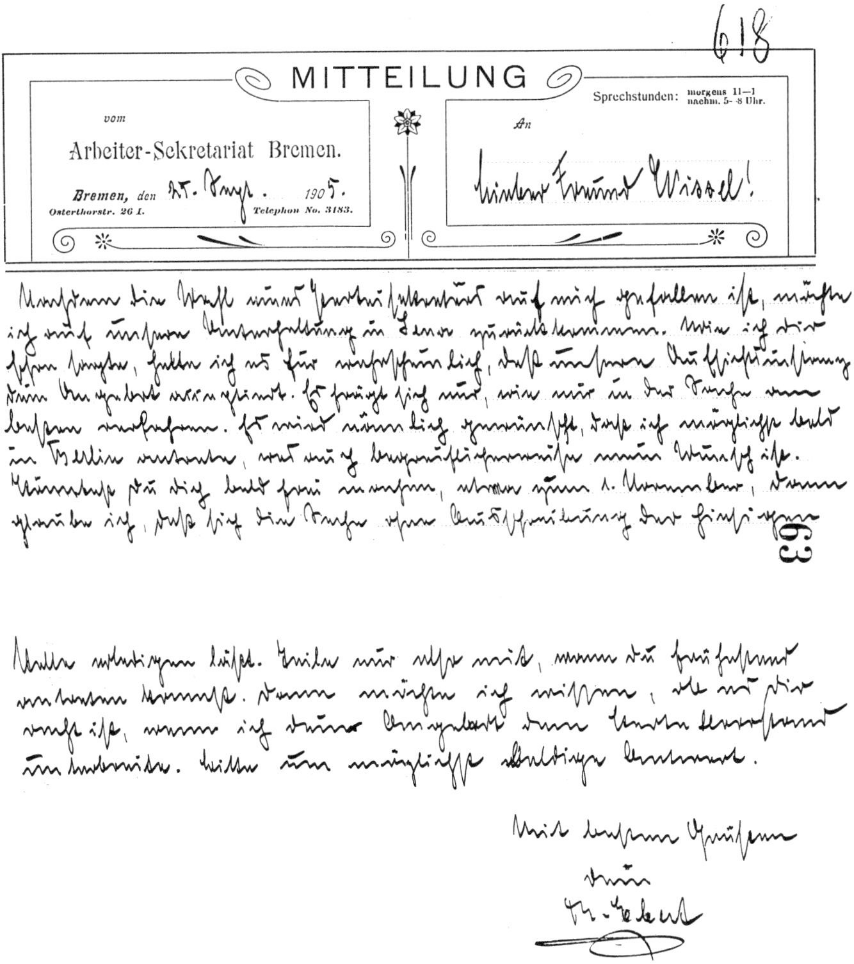

618

MITTEILUNG

Sprechstunden: morgens 11—1 nachm. 5–8 Uhr.

vom

Arbeiter-Sekretariat Bremen.

Bremen, den 25. Sept. 1905.

Osterthorstr. 26 I. Telephon No. 3183.

An

Lieber Freund Wissell!

Nachdem die Wahl zum Parteisekretär auf mich gefallen ist, möchte ich auf unsere Unterhaltung in Jena zurückkommen. Wie ich dir schon sagte, halte ich es für wahrscheinlich, daß unsere Aufsichtsinstanz dein Angebot acceptiert. Es fragt sich nur, wie wir in der Sache am besten verfahren. Es wird nämlich gewünscht, daß ich möglichst bald in Berlin antrete, was auch begreiflicherweise mein Wunsch ist. Könntest du dich bald frei machen, etwa zum 1. November, dann glaube ich, daß sich die Sache ohne Ausschreibung der hiesigen

63

Stelle erledigen läßt. Teile mir also mit, wann du frühestens antreten kannst. Dann möchte ich wissen, ob es dir recht ist, wenn ich dein Angebot dem Kartellvorstand unterbreite. Bitte um möglichst baldige Antwort.

Mit besten Grüßen

Dein

Fr. Ebert

Brief Friedrich Eberts vom 25. September 1905 an Rudolf Wissell, den Ebert als Nachfolger für das Bremer Arbeitersekretariat gewinnen will.

1908 in das Zentralarbeitersekretariat in Berlin ein, war nach Austritt der USPD aus dem Rat der Volksbeauftragen Ende 1918 Mitglied der revolutionären Übergangsregierung und stieg in der Weimarer Republik bis zum Reichswirtschafts- und Reichsarbeitsminister auf.[358] Obwohl es Wissell aus persönlichen Gründen nach Bremen zog – er war dort aufgewachsen –, fühlte er sich dennoch der Arbeiterbewegung in Lübeck tief verbunden. Als man ihm auch noch das Gehalt erhöhte, um ihn in Lübeck zu halten, lehnte Wissell schließlich das Bremer Angebot ab.[359] Nachfolger Eberts wurde daraufhin der Bremer Schriftsetzer Hermann Rhein, langjähriger Lokalredakteur der „Bremer Bürger-Zeitung", der darüber hinaus von Ebert auch den Fraktionsvorsitz in der Bürgerschaft übernahm.[360]

Am 1. Dezember verließ Ebert Bremen und siedelte nach Berlin über, ein von vielen Bremer Genossen als schmerzlicher Verlust empfundenes Ereignis, das aber gleichzeitig mit Stolz zur Kenntnis genommen wurde, da man einem aus ihren Reihen einen Posten in der Berliner SPD-Zentrale anvertraut hatte.[361] Nach den vorangegangenen parteiinternen Auseinandersetzungen dürfte Eberts Umzug freilich nicht von allen bedauert worden sein, auch nicht von Ebert selbst. Denn mit seiner Wahl zum Sekretär des zentralen Parteivorstands war sein Wunsch in Erfüllung gegangen, die Stadt, in der er mehr als 14 Jahre für Partei und Gewerkschaft gearbeitet hatte, zu verlassen.

[358] Zu Wissell siehe Barclay, Rudolf Wissell.
[359] Wissell an Ebert, 13. 10. 1905, BA, NL Wissell/11.
[360] BBZ, 1. 12. 1905. Lührs, Hermann Rhein, S. 402f.
[361] BBZ, 1. 12. 1905; ASB, 6. Jb. (1905), S. 3.

VI. Zusammenfassung und Schlußbetrachtung

Herkunft und Bildungsweg Friedrich Eberts waren für viele führende Sozialdemokraten der Weimarer Republik typisch. Der Besuch der Volksschule, das Erlernen eines Handwerks, die Wander- und politischen Lehrjahre, die durch Selbststudium erweiterte Bildung umschreiben gemeinsame Grundkonstellationen der persönlichen und politischen Sozialisation. Sie prägten die Erfahrungs- und Vorstellungswelt der sozialdemokratischen Politikergeneration Eberts, zu der beispielsweise die späteren Reichs- und Landesminister Gustav Noske, Robert Schmidt, Rudolf Wissell und Wilhelm Keil ebenso zählten wie der Vorsitzende der SPD Otto Wels, der Reichstagspräsident Paul Löbe und der preußische Ministerpräsident Otto Braun. Geboren im letzten Drittel des 19. Jahrhunderts erlebten sie das Ende des Sozialistengesetzes, die sozialdemokratischen Wahlerfolge und die anwachsende Organisation der Arbeiterbewegung. Diese verbindenden persönlichen und zeitgeschichtlichen Erlebnisse erschließen erst die Bedeutung dessen, was Ebert als den „steilen Weg" bezeichnete, der ihn und seine Kampfgefährten aus der Zeit des Sozialistengesetzes bis 1918 führte. Solche gruppentypischen Merkmale verdecken aber nicht die Tatsache, daß jeder dieser sozialdemokratischen Parteipolitiker eine individuelle Entwicklung durchlief und aus unterschiedlichsten Quellen Anregungen empfing.

Das gut gehende Schneidergeschäft seines Vaters, das der Familie einen bescheidenen Wohlstand sicherte, und das von Handwerkern geprägte Milieu kennzeichnen die Herkunft des späteren Reichspräsidenten Ebert aus dem Kleinbürgertum. Doch soziale Not und soziale Probleme infolge von Arbeitslosigkeit und Wohnungsnot blieben ihm nicht verborgen. Er konnte sie in seiner unmittelbaren Umgebung erleben, in seinem Geburtshaus, in den umliegenden Straßen. Sie wurden Teil seiner Erfahrungswelt, die ihn später für sozialreformerische Ideen empfänglich gemacht haben dürften. Vor diesem Hintergrund setzten die gewerkschaftspolitische Arbeit seines Vaters und die parteipolitische Tätigkeit seines Stiefonkels Wilhelm Strötz die ersten richtungweisenden Akzente für Friedrich Eberts späteres gesellschaftspolitisches Engagement. Auf diese Weise beeinflußt, reagierte er auf den mit seiner Wanderschaft verbundenen Desintegrationsprozeß sowie auf die berufliche und soziale Verunsicherung der Handwerksgesellen durch den Anschluß an die gewerkschaftliche und politische Arbeiterbewegung. Er beschritt damit einen Weg, den bereits sein Vater und Onkel gegangen waren. Weitere Impulse und Anregungen zur gewerkschaftlichen und politischen Organisation empfing Ebert fortlaufend in den großen Städten, in denen er sich auf seiner Wanderschaft bevorzugt aufhielt, und wo die Ideen der politischen Arbeiterbewegung ihren Nährboden fanden. Der Anschluß an die Arbeitnehmerorganisationen eröffnete ihm die Möglichkeit zu schneller Kontaktaufnahme unter Gleichgesinnten und erleichterte es ihm, sich in seiner neuen Umgebung zurechtzufinden.

Offenbar bereits durch sein Elternhaus zu strenger Arbeitsdisziplin angehalten, widmete er sich nun mit erstaunlichem Eifer der Gewerkschafts- und Parteiarbeit, ohne dabei in seinen beruflichen Verpflichtungen zu erlahmen. Er blieb vielmehr auch als Gewerkschafter und Sozialdemokrat ein geachteter Arbeiter und entsprach damit dem Anforderungsprofil eines idealen Arbeiterführers. Die zunehmende Anerkennung, die man Ebert wegen seines außergewöhnlichen Engagements entgegenbrachte und die sich in der Erringung von Wahlpositionen deutlich niederschlug, förderte eine immer intensivere Verbindung mit der sozialdemokratischen Arbeiterbewegung. Und bereits zu Beginn seiner Bremer Zeit konnte man erkennen, daß sein Einsatz für die Forderungen der Gewerkschaftsbewegung und der Sozialdemokratie zum Angelpunkt seiner gesellschaftlichen Aktivitäten geworden war. Vor die Wahl gestellt, in seine Heimatstadt zurückzukehren oder in Bremen zu bleiben, entschied er sich für den Verbleib in Bremen, für seine Partei- und Gewerkschaftsarbeit. Beruf, Privatleben und politische Tätigkeit verbanden sich nun bald auf das engste miteinander.

Eingebunden in die politische Subkultur der Arbeiterbewegung, griff Ebert das umlaufende sozialistische Gedankengut auf und bekannte sich zum Marxismus in der Form, wie er in das Erfurter Programm der SPD eingeflossen war. Mit autodidaktischem Eifer eignete er sich überdies die theoretischen Grundpositionen der offiziellen Parteiideologie an, ohne daß er sich jedoch um eine eigene ideologische Position bemüht hätte. Nicht die Theorie, sondern die Überzeugung von der Notwendigkeit, durch praktische Tätigkeit die Lage der Arbeiter zu verbessern, führte Ebert zur SPD. Diese Überzeugung formte auch seine Haltung gegenüber dem politischen Gegner. Er suchte nicht eine klassenkämpferische Konfrontation; vielmehr versuchte er die Auseinandersetzung mit dem politischen Gegner im Rahmen der gesetzlichen Möglichkeiten zu halten und die Forderungen nach Arbeitszeitverkürzung, Arbeitslosenunterstützung, Ausbau der Sozialversicherung und weiteren sozialpolitischen Reformen ebenso auf parlamentarischem Weg durchzusetzen, wie die Forderungen nach Wahlrechts- und Verfassungsreformen. Hinter seinem Streben nach Ausbau der gewerkschaftlichen und politischen Organisation, nach Stärke und Geschlossenheit der Arbeiterbewegung, stand daher die Absicht, eine starke Ausgangsbasis zu schaffen, um legale Positionen zu erobern und das politische Gewicht der Arbeiter in Verhandlungen mit den Regierungsbehörden und im Parlament zu vergrößern.

Die große Bedeutung, die Ebert der parlamentarischen Arbeit beimaß, läßt sich als Ergebnis seiner frühen politischen Erfahrungen darstellen. Der Einsatz für konkrete, wenn auch bescheidene Ziele, wie er es bei seinem Vater gesehen hatte, der Kontakt zu seinem Onkel Strötz, durch den er mit einer Parteirichtung in Berührung kam, welche die parlamentarische und praktische kommunalpolitische Arbeit befürwortete, sein Engagement in der Gewerkschaftsbewegung, in der die unmittelbare Durchsetzung materieller Verbesserungen im Vordergrund stand, und die Reformpolitik der Bremer SPD, all das formte die charakteristischen Züge der Politik Eberts und trug dazu bei, daß er einen parlamentarischen Kurs verfolgte und den Schwerpunkt seiner Arbeit auf die Verwirklichung praktischer Reformen legte. Seine Tätigkeit als Arbeitersekretär und SPD-Fraktionsvorsitzender in der Bremer Bürgerschaft prägte diese Haltung weiter aus. Darin zeigte sich eine insgesamt erstaunliche, bislang nicht ausreichend gewürdigte Kontinuität seines politischen Stils. Ebenso bemerkenswert erscheint die Kontinuität seiner politischen Grundüberzeugungen. Sowohl am Anfang als auch am Ende seiner Bremer Zeit bekannte er sich zur revolutionären Theorie der Partei, die er mit seinem pragmatischen Kurs zu verbinden wußte. Prinzipientreue und aktuelle Reformpolitik bildeten für ihn ein untrennbares Ganzes. Dies und sein Lerneifer, seine Redegewandtheit, seine organisatorische Begabung, seine Erfahrungen, die er in den verschiedensten Bereichen der Arbeiterbewegung gewonnen hatte, vor allem jedoch seine unermüdliche Energie und sein herausragendes Engagement waren die Voraussetzungen für seinen Aufstieg in der Bremer Arbeiterbewegung und für seine Wahl in den zentralen Parteivorstand.

Doch zeigte sich, daß Ebert zu keinem Zeitpunkt der führende Kopf der Bremer Partei gewesen war. Am Ende seiner Bremer Zeit schwand sein Einfluß sogar durch das Vordringen des linken Parteiflügels. Außerhalb Bremens trat er bis 1905 kaum hervor. Offenbar hatte er deshalb noch 1905 einen Eintritt in den Parteivorstand nicht in nähere Erwägung gezogen. All das weist darauf hin, daß Eberts Weg bis zu seiner Wahl in den Parteivorstand nicht als eine planvoll angesteuerte Parteikarriere gedeutet werden darf.

Im Rückblick erweist sich Eberts vierzehneinhalbjähriger Aufenthalt in Bremen als eine Zeit, in der er sich die Fähigkeiten aneignen oder zur Entfaltung bringen konnte, die das Fundament seiner späteren politischen Karriere im zentralen Parteivorstand der SPD legten: Fähigkeit zur systematischen Arbeit und zur Bewältigung umfangreicher organisatorischer Aufgaben. Ferner lernte er die parlamentarische Arbeit von Grund auf kennen und entwickelte sich infolge seiner Tätigkeit als Arbeitersekretär zum sozialpolitischen Experten. Keineswegs aber programmierten diese Voraussetzungen Eberts Durchbruch zur Parteispitze vor. Es folgten acht Jahre engagierter Arbeit als Sekretär im Parteivorstand der SPD, bevor er auf dem Parteitag in Jena am 20. September 1913 zum Nachfolger des verstorbenen Parteivorsitzenden August Bebel gewählt wurde.

Am 9. November 1918 übernahm er als Reichskanzler die bankrotten Reste des durch einen vierjährigen Weltkrieg sozial, wirtschaftlich, geistig und politisch tief zerrütteten Zweiten Deutschen Kaiserreichs, das nur wenige Tage vor seiner Geburt am 18. Januar 1871 in Versailles gegründet worden war. Er stand nun im Zentrum der deutschen Politik, von dem er zum Zeitpunkt seiner Geburt nicht nur in geographischer Hinsicht so unerreichbar fern zu sein schien. Denn so typisch seine persönliche und politische Sozialisation für viele Sozialdemokraten seiner Zeit auch gewesen sein mag, so untypisch war sie bis dahin für die traditionelle politische Führungsschicht im Deutschen Reich, ja in der deutschen Geschichte überhaupt. Und als Ebert, von der Nationalversammlung in Weimar am 11. Februar 1919 zum ersten Reichspräsidenten der neuen Republik gewählt, anstelle des erst kurz zuvor ins holländische Exil geflohenen Kaisers an die Spitze des Staates trat, blickten viele, für die stets der Adel oder das Großbürgertum die gesellschaftlichen Orientierungsmaßstäbe geliefert hatten, mit Überheblichkeit, ja Verachtung auf den Handwerkersohn, den Sattler, den Sozialdemokraten herab. Diese tief verwurzelten Vorurteile gegenüber einem ohne formales akademisches Bildungszertifikat aus dem Kleinbürgertum emporgestiegenen Handwerker und Mitglied einer Partei, deren Vertreter noch der Ruf der „vaterlandslosen Gesellen" anhaftete, bildeten den Hintergrund für die zahlreichen Verleumdungen, denen sich Ebert während seiner Präsidentschaft ausgesetzt sah. Eines der tragischen Momente seiner Biographie liegt darin, daß er, der sich gegen die seine persönliche und politische Herkunft diskreditierenden Schmähungen in zahlreichen Prozessen entschieden und hartnäckig zur Wehr setzte, ihnen schließlich dennoch zum Opfer fiel. Im Verlauf eines der Verleumdungsprozesse schob er die Behandlung einer Blinddarmentzündung so lange hinaus, bis es zu spät war. Er starb am 28. Februar kurz nach seinem 54. Geburtstag in Berlin.

Abkürzungen

AdsD	Archiv der sozialen Demokratie, Bonn
ASB, Jb.	Arbeiter-Sekretariat Bremen, Jahresbericht
BA	Bundesarchiv, Koblenz
BBZ	Bremer Bürger-Zeitung
Best.	Bestand
fl.	Gulden
GLA	Generallandesarchiv Karlsruhe
HD	Heidelberg
HiKo	Historische Kommission zu Berlin
Hs.	Handschrift
IISG	Internationales Institut für Sozialgeschichte, Amsterdam
Masch.	Maschinenschriftlich
NL	Nachlaß
StaatsA	Staatsarchiv
StAB	Staatsarchiv Bremen
StadtA	Stadtarchiv
UB	Universitätsbibliothek
VBB	Verhandlungen der Bremischen Bürgerschaft

Quellen- und Literaturverzeichnis

A. Quellen

I. Archivalien

Internationales Institut für Sozialgeschichte, Amsterdam:

Kleine Korrespondenz Friedrich Ebert

Staatsarchiv Bremen:

Behörden: Bremische Bürgerschaft
Polizeidirektion

Ratsarchiv: Innere Angelegenheiten
Senatsregistratur: Statistik

Historische Kommission zu Berlin:

Allgemeiner Deutscher Gewerkschaftsbund, Gewerkschaftliche Restakten

Archiv der sozialen Demokratie, Bonn:

Bestand Friedrich Ebert
Bestand von Fotokopien von Originalbriefen und Dokumenten

Stadtarchiv Braunschweig:

Meldebuch

Katholisches Kirchenbuchamt Heidelberg:

Tauf- und Sterbebücher der Katholischen Pfarrei Heiliggeist (Jesuitenkirche)

Stadtarchiv Heidelberg:

Adreßbücher
Amtsbücher Heidelberg
Einschätzungs-Tabelle, Gemeinde & Ort: Heidelberg, Feuerversicherungsbuch: IV
Drucksachen
Uraltkartei (Stadtratsakten)

Stadtplanungs- und Vermessungsamt der Stadt Heidelberg:

Bauaktenheft für das Anwesen Untere Straße 27

Stiftung Reichspräsident-Friedrich-Ebert-Gedenkstätte Heidelberg:

Sammlung Friedrich Ebert, Vorfahren
Sammlung Friedrich Erb
Sammlung Emmy Huber
Sammlung August Job
Sammlung Conrad Scherz
Sammlung Familie Seppich
Sammlung Heinrich Zeuner

Universitätsbibliothek Heidelberg:
Schriftgut des Arbeiterbildungsvereins Heidelberg

Generallandesarchiv Karlsruhe:
Bestand 233 (Staatsministerium)
Bestand 356 (Bezirksamt Heidelberg)

Stadtarchiv Kassel:
Bestand Einwohnermeldeamtskartei

Bundesarchiv Koblenz:
Nachlaß Rudolf Wissell

Staatsarchiv Marburg:
Bestand Regierung Kassel

Niedersächsisches Staatsarchiv Oldenburg:
Bestand 136

Stadtmuseum Quakenbrück:
Meldebuch

Stadtarchiv Weyhe:
Evangelisch-lutherisches Pfarrarchiv Weeste, Geburts- und Taufbuch 1868–75

II. Zeitungen und Zeitschriften

Das Illustrierte Blatt, 1925.

Braunschweigisches Unterhaltungs-Blatt, 1890.

Bremer Bürger-Zeitung, 1890–1905; 1970.

Bremer Courir, 1892.

Bremer Nachrichten, 1892; 1927.

Heidelberger Anzeiger, 1889.

Heidelberger Zeitung, 1869.

Neuer Social-Demokrat, 1872.

Der Sozialdemokrat, 1890.

Sozialpolitisches Correspondenzblatt, 1892.

Südwestdeutsches Volksblatt, 1889.

III. Quellensammlungen zu Ebert und selbständige Schriften Eberts

BIRKENFELD, Wolfgang: Der Rufmord am Reichspräsidenten. Zu Grenzformen des politischen Kampfes gegen die frühe Weimarer Republik 1919–1925, in: Archiv für Sozialgeschichte 5 (1965), S. 453–500.

BLÄNSDORF, Agnes: Friedrich Ebert und die Internationale, in: Archiv für Sozialgeschichte 9 (1969), S. 321–428.

EBERT, Friedrich: Schriften, Aufzeichnungen, Reden. Mit unveröffentlichten Erinnerungen aus dem Nachlaß, 2 Bände, Dresden 1926.

EBERT, Friedrich: Kämpfe und Ziele. Mit einem Anhang: Erinnerungen von seinen Freunden, Dresden o. J. (1926).

EBERT, Friedrich: Die Organisation der bremischen Sozialdemokratie, in: Bremen und die Sozialdemokratie, S. 61–65.

Ergebnis einer statistischen Erhebung über die Lebensverhältnisse der bremischen Arbeiter, bearbeitet vom Arbeiter-Sekretariat Bremen und Umgebung, Bremen 1902.

MÜHLHAUSEN, Walter (Hrsg.): „... im übrigen wünsche ich Euch viel Glück". Persönliche Briefe Friedrich Eberts (in Vorbereitung).

Parteiagitation und Wahlkreisvertretung. Eine Dokumentation über Friedrich Ebert und seinen Reichstagswahlkreis Elberfeld-Barmen 1910–1918, hrsg. und eingeleitet von Dieter K. Buse, Bonn 1975. (Archiv für Sozialgeschichte, Beiheft 3)

SCHULZ, Ursula: Friedrich Ebert in Bremen. Aus seinem parlamentarischen Wirken 1900 bis 1905, Bremen 1963.

SCHULZ, Ursula: Die Bremer Anfänge Friedrich Eberts. Eine Dokumentation. Zugleich ein Beitrag zur Geschichte des Sozialdemokratischen Vereins Bremen und der „Bremer Bürger-Zeitung" in den neunziger Jahren, Bremen 1968.

IV. Weitere Quellen

(einschließlich der als Quellen benutzten zeitgenössischen Literatur)

Arbeiter-Sekretariat Bremen und Umgebung. Jahresberichte, 1900–1906.

Arbeiterstatistik. Erhebung über die Arbeitszeit in Bäckereien und Konditoreien. Veranstaltet im September 1892. (StAB: 3–S. 3. Nr. 309, 18.)

BEBEL, August: Zur Lage der Arbeiter in den Bäckereien, Stuttgart 1890.

Bericht der Siebener-Kommission über ein zu begründendes Arbeitersekretariat in Bremen, Bremen 1899.

BLAUSTEIN, Arthur: Die Entstehung der gewerkschaftlichen Arbeiterbewegung im Deutschen Sattlergewerbe, Tübingen, Leipzig 1902. (Volkswirtschaftliche Abhandlungen der Badischen Hochschulen, VI, 3)

Bremen und die Sozialdemokratie. Festschrift zum Parteitag der sozialdemokratischen Partei Deutschlands, hrsg. vom Lokalkomitee, Bremen 1904.

Brockhaus' Konversations-Lexikon. Vierzehnte vollständig neubearbeitete Auflage. In sechzehn Bänden. Elfter Band, Leipzig, Berlin und Wien 1894.

Damit nichts bleibt wie es ist. Dokumente zur Geschichte der Arbeiterbewegung in Heidelberg 1845–1949. Bearbeitet von Peter Merz, hrsg. von der Verwaltungsstelle Heidelberg der Industriegewerkschaft Metall, Kösching 1986.

Die Lage der Arbeiter im Bremer Bäckergewerbe und die nothwendigsten Aufgaben der Bäckerbewegung. Ergebniß einer statistischen Erhebung des Gewerkvereins der Bäckergesellen Bremens und Umgegend, Bremen 1892, StAB: 3–S. 3. Nr. 309, 3. Teilabdruck in: Ebert, Schriften, Bd. 1, S. 131–154.

Die verfassunggebende Deutsche Nationalversammlung. Lebensgang, Lebensarbeit, Lebensziele ihrer Mitglieder nach eigenen Mitteilungen und mit Bildnissen / Hrsg. unter Obhut des Deutschen Wohlfahrtsbundes von Georg Maas, Charlottenburg 1919.

Ergebnisse der über die Verhältnisse der Lehrlinge, Gesellen und Fabrikarbeiter auf Beschluß des Bundesraths angestellten Erhebungen, zusammengestellt im Reichskanzler-Amt, Berlin 1877.

Erhebung über Verhältnisse im Handwerk. Veranstaltet im Sommer 1895. Bearbeitet im Kaiserlichen Statistischen Amt. 1. und 2. Heft, Berlin 1895.

Erhebungen über die Lage des Kleingewerbes im Amtsbezirk Mannheim 1885, veranstaltet durch das Großherzogliche Ministerium des Innern, Karlsruhe 1887.

Gesamtverzeichnis des deutschsprachigen Schrifttums (GV). 1700–1910. Bearbeitet unter Leitung vom Hilmar Schmuck und Willi Gorzny. Bibliographische und redaktionelle Beratung: Hans Popst und Rainer Schöller, Bd. 123, München, New York, London, Paris 1984.

Geschäfts-Bericht des Arbeiter-Sekretariats Nürnberg für 1894/95, Nürnberg 1895.

Gesetzes- und Verordnungs-Blatt für das Großherzogthum Baden, Karlsruhe 1874; 1876.

Gewerkschaftskartell Bremen, Jahresbericht 1898.

GLOCK, A.: Das im Großherzogtum Baden geltende Reichs- und Landesrecht in übersichtlicher Zusammenstellung, Karlsruhe 1903.

Großherzoglich Badisches Regierungsblatt, Karlsruhe 1854.

HOFFMANN, F.: Die Organisation des Handwerks und die Regelung des Lehrlingswesens auf Grund des Reichsgesetzes vom 26. Juli 1897, Berlin 1897.

HOHORST, Gerd; Kocka, Jürgen; Ritter, Gerhard A.: Sozialgeschichtliches Arbeitsbuch, Bd. 2. Materialien zur Statistik des Kaiserreichs 1870–1914, 2. Aufl., München 1978. (Statistische Arbeitsbücher zur neueren deutschen Geschichte)

110 Jahre Bürgerschaftswahlen im Lande Bremen. 1854 bis 1963, in: Statistische Monatsberichte Land Freie Hansestadt Bremen, 1966, Heft 5/6.

Mannheim in Vergangenheit und Gegenwart. Bearbeitet und dargestellt von Friedrich Walter und dem Statistischen Amt im Auftrage des Stadtrates, Bd. 3, Mannheim 1907.

Meyers Konversations-Lexikon. Eine Encyklopädie des allgemeinen Wissens, 4., gänzlich umgearbeitete Auflage, Leipzig 1885–1890.

Nach zehn Jahren. Material und Glossen zur Geschichte des Sozialistengesetzes, Bd. 2, Die Opfer des Sozialistengesetzes, London 1890.

NESTRIEPKE, Siegfried: Werben und Werden. Geschichte und System der gewerkschaftlichen Agitation, Nürnberg 1914.

90 Jahre Wahlen in Bremen. 1871 bis 1961, in: Statistische Monatsberichte Land Freie Hansestadt Bremen, 1965, Heft 3/4.

Protokoll der Verhandlungen der ersten Konferenz der Arbeitersekretäre, abgehalten zu Köln a. Rh. am 29. und 30. Mai 1905, beigebunden dem Protokoll der Verhandlungen des fünften Kongresses der Gewerkschaften Deutschlands, abgehalten zu Köln am Rh. vom 22. bis 27. Mai 1905, in: Protokolle der Verhandlungen der Kongresse der Gewerkschaften Deutschlands, Bd. 2, Bonn 1979.

Protokoll über die Verhandlungen des Parteitages der Sozialdemokratischen Partei Deutschlands, Berlin 1891–1906.

Reichs-Gesetzblatt. 1890, Berlin o. J. (1890).

RICHTER, Eugen: Sozialdemokratische Zukunftsbilder. Frei nach Bebel, Berlin 1892.

RITTER, Gerhard A.: Wahlgeschichtliches Arbeitsbuch: Materialien zur Statistik des Kaiserreichs 1871–1918, von Gerhard A. Ritter. Unter Mitarbeit v. Merith Niehuss, München 1980. (Statistische Arbeitsbücher zur neueren deutschen Geschichte)

SCHMOLLER, Gustav: Zur Geschichte der deutschen Kleingewerbe im 19. Jahrhundert. Statistische und nationalökonomische Untersuchungen, Halle 1870.

SCHOTT, Sigmund: Zur Ortsgebürtigkeit der Mannheimer Bevölkerung, in: Mannheim in Vergangenheit und Gegenwart, Bd. 3, S. 180f.

SEIDL, Anton: Ergebniß der statistischen Erhebungen im Bäckergewerbe Münchens nebst einem kleinen Anhang über die Lage der Conditoren, München 1890.

SOUDEK, Richard: Die deutschen Arbeitersekretariate, Leipzig 1902. (Volkswirtschaftliche und wirtschaftsgeschichtliche Abhandlungen, hrsg. v. Wilhelm Stieda, Heft 6)

SPECHT, Fritz; Schwabe, Paul: Die Reichstags-Wahlen von 1867 bis 1903. Eine Statistik der Reichstagswahlen nebst den Programmen der Parteien und dem Verzeichnis der gewählten Abgeordneten. Zweite Auflage, Berlin 1904.

TROELTSCH, Walter; Hirschfeld, Paul: Die deutschen sozialdemokratischen Gewerkschaften. Untersuchungen und Materialien über ihre geographische Verbreitung 1896–1903, Berlin 1905.

Verhandlungen der Bremischen Bürgerschaft, Stenografisch aufgezeichnet. 1900–1906.

VOIGTEL, Max: Die direkten Staats- und Gemeindesteuern im Großherzogtum Baden, eine Darstellung ihrer Entwicklung und Ergebnisse von 1886–1901. Inaugural-Dissertation zur Erlangung der Doktorwürde einer hohen philosophischen Fakultät der Ruprecht-Karls-Universität Heidelberg, Jena 1903.

WIBERG, Alfred: Das öffentliche Vereinsrecht und die Gewerkschaftsbewegung, Diss. jur. Bonn/Leipzig 1906.

WOERISHOFFER, Friedrich: Die soziale Lage der Fabrikarbeiter in Mannheim und dessen nächster Umgebung, Karlsruhe 1891.

B. Literatur

I. Biographien und biographische Skizzen über Ebert

BESSON, Waldemar: Friedrich Ebert. Verdienst und Grenze, Göttingen 1963.

BUSE, Dieter K.: Friedrich Ebert and German Socialism, 1871–1919, Ph. D. (Masch.) University of Oregon 1972.

BUSE, Dieter K.: Friedrich Eberts Aufstieg in der Sozialdemokratie des Deutschen Kaiserreichs, in: Friedrich Ebert und seine Zeit. Bilanz und Perspektiven der Forschung, S. 35–53.

Die Friedrich-Ebert-Gedenkstätte in Heidelberg. Hrsg. von der Stadt Heidelberg und der Friedrich-Ebert-Stiftung, Heidelberg und Bonn 1962.

DIEDERICH, Franz: Fritz Ebert. Mit Einführung v. Kultusminister Konrad Haenisch, Berlin o. J. (1919). (Führer des Volks, 1. Heft)

EARLEY, George William: Friedrich Ebert, the Ideology of the Social Democratic Party, and the November Days, Ph. D. (Masch.) University of Colorado 1970.

ECKERT, Georg: Friedrich Ebert in Braunschweig, in: Braunschweigisches Jahrbuch 47 (1966), S. 219–229.

EFFEROTH, Hugo: Vom Sattlergehilfen zum ersten deutschen Präsidenten. Ein Lebensbild Friedrich Eberts, Leipzig o. J. (1919).

ERNST, Fritz: Friedrich Ebert 1871–1925, in: Ruperto-Carola, 14. Jahrgang, Bd. 31 (Juni 1962), S. 30–41.

FELDEN, Emil: Eines Menschen Weg. Ein Fritz-Ebert-Roman, Bremen 1927.

FISCHART, Johannes: Friedrich Ebert, in: ders., Das alte und das neue System, Die politischen Köpfe Deutschlands, Berlin 1919, S. 16–24.

FISCHER, K.: Aus dem Jugendland des Reichspräsidenten, in: Das Illustrierte Blatt, Nr. 2, 11. Januar 1925, S. 3.

FRIEDRICH Ebert 1871–1925. Mit einem einführenden Aufsatz von Peter-Christian Witt, 2., veränd. Auflage, Bonn 1980.

FRIEDRICH Ebert und seine Zeit. Bilanz und Perspektiven der Forschung, hrsg. von Rudolf König, Hartmut Soell und Hermann Weber im Auftrag der Stiftung Reichspräsident-Friedrich-Ebert-Gedenkstätte, München 1990.

FRIEDRICH Ebert und seine Zeit. Ein Gedenkwerk über den Ersten Präsidenten der Deutschen Republik, Charlottenburg o. J.

KAMPFFMEYER, Paul: Fritz Ebert. Ein Lebensbild, Berlin 1923.

KAMPFFMEYER, Paul: Friedrich Ebert. Ein Lebensbild, in: Ebert, Schriften, Bd. 1, S. 11–128.

KOTOWSKI, Georg: Friedrich Ebert. Eine politische Biographie, Bd. 1. Der Aufstieg eines deutschen Arbeiterführers 1871 bis 1917, Wiesbaden 1963. (Veröffentlichungen der Historischen Kommission zu Berlin beim Friedrich-Meinecke-Institut der Freien Universität Berlin. Sonderband I)

MASER, Werner: Friedrich Ebert, der erste deutsche Reichspräsident. Eine politische Biographie, München 1987.

MISHARK Jr., John W.: Friedrich Ebert and German Social Democracy 1914–1919, Ph. D. (Masch.) University of Michigan 1954.

MÜLLER-FRANKEN, Hermann: Friedrich Ebert als Parteiführer, in: Friedrich Ebert und seine Zeit, S. 73–86.

PETERS, Max: Friedrich Ebert. Erster Präsident der Deutschen Republik, Berlin 1950.

PETERS, Max: Friedrich Ebert. Erster Präsident der Deutschen Republik. 2. veränderte Auflage, Berlin 1954.

REBENTISCH, Dieter: Verpaßte Chancen und verhinderte Katastrophen. Friedrich Ebert und sein Platz in der deutschen Geschichte. Eine Bilanz, in: Friedrich Ebert und seine Zeit. Bilanz und Perspektiven der Forschung, S. 161–173.

Reichspräsident-Friedrich-Ebert-Gedenkstätte Heidelberg, Braunschweig 1989. (Reihe „museum", Ausgabe Februar 1989)

ROOK, Orville W.: Friedrich Ebert; First President of the German Weimar Republic, Ph. D. (Masch.) University of Wisconsin 1958.

SCHADT, Jörg: Der erste Reichspräsident und Mannheim. Zur politischen Herkunft Friedrichs Eberts, in: Mannheimer Hefte. 1973, Heft 3, S. 20–26.

WEINITSCHKE, Norbert: Friedrich Ebert in Hannover 1889/90. Zur Geschichte der sozialdemokratischen Arbeiterbewegung Groß-Hannovers unter dem Sozialistengesetz, in: Hannoversche Geschichtsblätter, Neue Folge 39 (1985), S. 189–235.

WITT, Peter-Christian: Friedrich Ebert. Parteiführer, Reichskanzler, Volksbeauftragter, Reichspräsident, in: Friedrich Ebert 1871–1925, S. 7–73.

WITT, Peter-Christian: Friedrich Ebert. Parteiführer, Reichskanzler, Volksbeauftragter, Reichspräsident, Bonn 1987.

WITT, Peter-Christian: Friedrich Ebert: Stadien der Forschung nach 1945, in: Friedrich Ebert und seine Zeit. Bilanz und Perspektiven der Forschung, S. 11–33.

II. Weitere Literatur

Ahnentafeln um 1800. Eine Ahnentafelsammlung, hrsg. von F. Wecken, Bd. 1. Leipzig 1919/1931.

ALBRECHT, Willy: Fachverein — Berufsgewerkschaft — Zentralverband. Organisationsprobleme der deutschen Gewerkschaften 1870–1890, Bonn 1982.

BARCLAY, David E.: Rudolf Wissell als Sozialpolitiker 1890–1933, Berlin 1984. (Einzelveröffentlichungen der Historischen Kommission zu Berlin Bd. 44)

BEIER, Gerhard: Arbeiterbewegung in Hessen. Zur Geschichte der hessischen Arbeiterbewegung durch einhundertfünfzig Jahre (1834–1984), Frankfurt 1984.

Badische Geschichte. Vom Großherzogtum bis zur Gegenwart, hrsg. v. der Landeszentrale für politische Bildung Baden-Württemberg von Josef Becker, Lothar Gall, Gerd Hepp,

Hugo Ott, Bernd Ottnad, Paul Sauer, Hermann Schäfer, Franz X. Vollmer, Paul-Ludwig Weinacht und Hans Georg Zier, Stuttgart 1979.

Birker, Karl: Die badischen Arbeiterbildungsvereine vor dem Ersten Weltkrieg. Internationale wissenschaftliche Korrespondenz, Jg. 18 (1973), S. 1–22.

Birker, Karl: Die deutschen Arbeiterbildungsvereine 1840–1870. Mit einem Vorwort von Ernst Schraepler, Berlin 1973.

Born, Karl Erich: Von der Reichsgründung bis zum Ersten Weltkrieg, 9. Auflage, München 1984. (Gebhardt. Handbuch der deutschen Geschichte, 9. neu bearbeitete Auflage, hrsg. von Herbert Grundmann, Bd. 16)

Born, Karl Erich: Wirtschafts- und Sozialgeschichte des Deutschen Kaiserreichs (1867/71–1914), Stuttgart 1985. (Wissenschaftliche Paperbacks 21. Sozial- und Wirtschaftsgeschichte, hrsg. von Hans Pohl)

Böttcher, Ulrich: Anfänge und Entwicklung der Arbeiterbewegung in Bremen von der Revolution 1848 bis zur Aufhebung des Sozialistengesetzes 1890, in: Veröffentlichungen aus dem Staatsarchiv der Freien Hansestadt Bremen, Heft 22. (Schriften der Wittheit zu Bremen. Reihe F: Veröffentlichungen aus dem Staatsarchiv der Freien Hansestadt Bremen 22)

Bremische Biographie 1912–1962, hrsg. von der Historischen Gesellschaft zu Bremen und dem Staatsarchiv Bremen in Verbindung mit Fritz Peters und Karl H. Schwebel, bearbeitet von Wilhelm Lührs, Bremen 1969.

Cantor, Dr.: Eduard Pickford, in: Badische Biographieen, 2. Teil, hrsg. von Friedrich von Weech, Heidelberg 1875, S. 136–138.

Deutsche Verwaltungsgeschichte. Im Auftrag der Freiherr-vom-Stein-Gesellschaf e.V. hrsg. von Kurt G. A. Jeserich, Hans Pohl, Georg-Christoph von Unruh, Bd. 3, Das Deutsche Reich bis zum Ende der Monarchie, Stuttgart 1984.

Donat, Helmut: Emil Felden – Ein Leben für Frieden, Freiheit und soziale Gerechtigkeit, in: „Nieder die Waffen – die Hände gereicht!". Friedensbewegung in Bremen 1898–1958. Katalog zur gleichnamigen Ausstellung. Hrsg. im Auftrag des Staatsarchivs Bremen von Helmut Donat und Andreas Röpcke, Bremen 1989, S. 109–114.

Engelberg, Ernst: Revolutionäre Politik und Rote Feldpost, 1878–1890, Berlin (Ost) 1959.

Fricke, Dieter: Handbuch zur Geschichte der deutschen Arbeiterbewegung 1869–1917. In zwei Bänden, Berlin (Ost) 1987.

Gerlach, Hellmut von: Von Rechts nach Links, Zürich 1937.

Gewollt und durchgesetzt. Die SPD-Bürgerschaftsfraktion des Landes Bremen von der Jahrhundertwende bis zur Gegenwart, hrsg. von Klaus Wedemeier, Opladen 1983.

Groh, Dieter: Negative Integration und revolutionärer Attentismus. Die deutsche Sozialdemokratie am Vorabend des Ersten Weltkrieges, Frankfurt/Main, Berlin, Wien 1973.

Groh, Dieter: Die Sozialdemokratie im Verfassungssystem des 2. Reiches, in: Sozialdemokratie zwischen Klassenbewegung, S. 62–83.

Grüner, Michael: Zu der Auseinandersetzung um die Arbeitszeit im Bremer Bäckerei- und Konditoreigewerbe zwischen 1890 und 1914. Schriftliche Hausarbeit im Rahmen der Ersten Staatsprüfung für das Lehramt an öffentlichen Schulen im Studiengang Arbeitslehre/Politik im Fach Geschichte an der Universität Bremen, (Masch.) Bremen 1980.

Hoch das Maienfest der Arbeit! Die Anfänge der Maifeiern in Heidelberg und Bremen (1890–1914). Mit Beiträgen von Udo Achten, Walter Mühlhausen und Klaus Schönhoven. Hrsg. von der Stiftung Reichspräsident-Friedrich-Ebert-Gedenkstätte, Heidelberg 1990.

Hübner, Manfred: Zwischen Alkohol und Abstinenz. Trinksitten und Alkoholfrage im deutschen Proletariat bis 1914, Berlin (Ost) 1988.

125 Jahre Gewerbeschule Heidelberg, 1828–1953, Heidelberg 1953.

HUNTEMANN, Georg: Emil Felden, in: Bremische Biographie, S. 144–147.

HUSCHKE, Wolfgang: Zur Herkunft führender Persönlichkeiten der Revolution von 1918. Beiträge zu Ahnenlisten von Friedrich Ebert, Philipp Scheidemann, Wilhelm Dittmann und Gustav Noske, in: Genealogie 17 (1968), S. 363–376.

KISTLER, Franz: Die wirtschaftlichen und sozialen Verhältnisse in Baden 1849–1870, Freiburg 1954.

KLINK, Dieter: Stark und Stabil, Die SPD im Bremer Landesparlament, in: Gewollt, S. 17–26.

KÖLLMANN, Wolfgang: Bevölkerung in der industriellen Revolution. Studien zur Bevölkerungsgeschichte Deutschlands, Göttingen 1974. (Kritische Studien zur Geschichtswissenschaft 12)

KÖLLMANN, Wolfgang: Die deutsche Bevölkerung im Industriezeitalter, in: ders., Bevölkerung in der industriellen Revolution, S. 35–46.

KÖLLMANN, Wolfgang: Industrialisierung, Binnenwanderung und „Soziale Frage". Zur Entstehungsgeschichte der deutschen Industriegroßstadt im 19. Jahhundert, in: ders., Bevölkerung in der industriellen Revolution, S. 106–124.

KÜHNE, Ingo: Der südöstliche Odenwald und das angrenzende Bauland, Heidelberg 1964. (Heidelberger geographische Arbeiten 13)

LAMBI, Ivo Nikolai: The Navy and German Power Politics, 1862–1914, Boston, London, Sydney 1984.

LEWALD, F.: Die direkten Steuern im Grossherzogtum Baden, in: Finanz-Archiv. Zeitschrift für das gesamte Finanzwesen, hrsg. von Georg Schanz, Jg. 3, 1886, S. 309–360.

LÜHRS, Wilhelm: Julius Bruhns, in: Bremische Biographie, S. 78–80.

LÜHRS, Wilhelm: Hermann Rhein, in: Bremische Biographie, S. 402–403.

Marine und Marinepolitik im kaiserlichen Deutschlands 1871–1914, hrsg. vom Militärgeschichtlichen Forschungsamt durch Herbert Schottelius und Wilhelm Deist, Düsseldorf 1972.

MARTINY, Martin: Die politische Bedeutung der gewerkschaftlichen Arbeiter-Sekretariate vor dem Ersten Weltkrieg, in: Vom Sozialistengesetz, S. 153–174.

MEYER-RENSCHHAUSEN, Elisabeth: Weibliche Kultur und soziale Arbeit. Eine Geschichte der Frauenbewegung am Beispiel Bremens 1810–1927, Köln, Wien 1989.

MILLER, Susanne; Potthoff, Heinrich: Kleine Geschichte der SPD. Darstellung und Dokumentation 1848–1980, 4., überarbeitete und erweiterte Auflage, Bonn 1981.

MORING, Karl-Ernst: Die Sozialdemokratische Partei in Bremen 1890–1914. Reformismus und Radikalismus in der Sozialdemokratischen Partei Bremens, Hannover 1968. (Schriftenreihe des Forschungsinstituts der Friedrich-Ebert-Stiftung. B. Historisch-politische Schriften)

MOSEBACH-TEGTMEIER, Ellen: Politischer Wandel in Oldenburg. Eine Untersuchung der Wahlen zum 32. Landtag des Großherzogtums Oldenburg 1911, in: Parteien und Wahlen in Oldenburg, S. 133–179.

MÜHLHAUSEN, Walter: „Hoch das Maienfest der Arbeit". Die Anfänge der Maifeiern in Heidelberg und Bremen 1890–1914, in: Hoch das Maienfest der Arbeit!, S. 14–64.

MÜLLER, Dirk H.: Idealismus und Revolution. Zur Opposition der Jungen gegen den Sozialdemokratischen Parteivorstand 1890 bis 1894, Berlin 1975. (Historische Kommission zu Berlin. Beihefte zur Internationalen wissenschaftlichen Korrespondenz zur Geschichte der deutschen Arbeiterbewegung (IWK). Hrsg. v. Henryk Skrzypcak. 3)

NEUMANN, Frank: Sozialdemokratische Bildungspolitik im wilhelminischen Deutschland. Heinrich Schulz und die Entstehung der „Mannheimer Leitsätze", Bremen 1982. (Bremer Beiträge zur Arbeiterbewegung, hrsg. von Adolf Brock, Wolfgang Hindrichs und Hans-Dieter Müller)

OTT, Hugo: Die wirtschaftliche und soziale Entwicklung von der Mitte des 19. Jahrhunderts bis zum Ende des Ersten Weltkriegs, in: Badische Geschichte, S. 103–142.

Parteien und Wahlen in Oldenburg. Beiträge zur Landesgeschichte im 19. und 20. Jahrhundert, hrsg. von Wolfgang Günther, Oldenburg 1983.

PETERS, Fritz: Über die Herkunft der bremischen Senatoren von der Verkündung der ersten demokratischen Verfassung bis zur Gegenwart (1849–1955), in: Jahrbuch der Bremischen Wissenschaft, Bd. 1 (1955), S. 189–240. (Schriften der Wittheit zu Bremen)

POTTHOFF, Heinrich: Die Sozialdemokratie von den Anfängen bis 1945, Bonn 1975. (Kleine Geschichte der SPD, Bd. 1)

PRASUHN, Wilhelm: 75 Jahre SPD Brühl, 1908–1983. Chronik des Ortsvereins. Teil I, 1908–1945, hrsg. vom Ortsverein Brühl der Sozialdemokratischen Partei Deutschlands, Brühl 1983.

REITH, Reinhold: Zur beruflichen Sozialisation im Handwerk vom 18. bis ins frühe 20. Jahrhundert. Umrisse einer Sozialgeschichte der deutschen Lehrlinge, in: Vierteljahrschrift für Sozial- und Wirtschaftsgeschichte, 76. Band, Heft 1 (1989), S. 1–27.

RITTER, Gerhard A.: Die Arbeiterbewegung im Wilhelminischen Reich. Die Sozialdemokratische Partei und die Freien Gewerkschaften 1890–1900. 2. durchges. Auflage, Berlin 1963.

RITTER, Gerhard A.: Arbeiterbewegung, Parteien und Parlamentarismus. Aufsätze zur deutschen Sozial- und Verfassungsgeschichte des 19. und 20. Jahrhunderts, Göttingen 1976. (Kritische Studien zur Geschichtswissenschaft, hrsg. von Helmut Berding, Jürgen Kocka, Hans-Christoph Schröder, Hans-Ulrich Wehler, Bd. 23)

RITTER, Gerhard A.: Der Durchbruch der Freien Gewerkschaften Deutschlands zur Massenbewegung im letzten Viertel des 19. Jahrhunderts, in: ders., Arbeiterbewegung, Parteien und Parlamentarismus, S. 55–101.

ROTH, Reinhold: Politische Themen und Ziele, Die Bremer SPD in den Bürgerschaftswahlkämpfen 1899–1979, in: Gewollt, S. 27–46.

SAUL, Klaus: Der Staat und die „Mächte des Umsturzes". Ein Beitrag zu den Methoden antisozialistischer Repression und Agitation vom Scheitern des Sozialistengesetzes bis zur Jahrhundertwende, in: Archiv für Sozialgeschichte 12 (1972), S. 293–350.

SAUL, Klaus: Staat, Industrie, Arbeiterbewegung im Kaiserreich. Zur Innen- und Sozialpolitik des Wilhelminischen Deutschland 1903–1914, Düsseldorf 1974.

SCHADT, Jörg: Vor 100 Jahren, in: Heidelberger Fremdenblatt, 1969, Nr. 1, S. 14f.

SCHADT, Jörg: Die Sozialdemokratische Partei in Baden von den Anfängen bis zur Jahrhundertwende (1868–1900), Hannover 1971.

SCHEIDEMANN, Philipp: Memoiren eines Sozialdemokraten, 2 Bde., Dresden 1928.

SMOLZE, Gerhard: Albert Kalthoff, in: Neue deutsche Biographie, hrsg. von der Historischen Kommission bei der Bayerischen Akademie der Wissenschaften, Bd. 11, Berlin 1977, S. 74–75.

SCHÖNHOVEN, Klaus: Expansion und Konzentration. Studien zur Entwicklung der Freien Gewerkschaften im Wilhelminischen Deutschland 1890–1914, Stuttgart 1980.

SEPAINTNER, Fred Ludwig: Die Reichstagswahlen im Großherzogtum Baden. Ein Beitrag zur Wahlgeschichte im Kaiserreich, Frankfurt 1983. (Europäische Hochschulschriften, Reihe III. Geschichte und ihre Hilfswissenschaften 192)

Sozialdemokratie zwischen Klassenbewegung und Volkspartei. Verhandlungen der Sektion „Geschichte der Arbeiterbewegung" des Deutschen Historikertages in Regensburg, Oktober 1972, hrsg. von Hans Mommsen, Frankfurt/Main 1974.

Sozialdemokratische Reichstagsabgeordnete und Reichstagskandidaten 1898–1918. Biographisch-Statistisches Handbuch. Bearbeitet von Wilhelm Heinz Schröder, Düsseldorf 1986.

SONNTAG, Jakob: Alt-Brühler Bilderbuch. Ein Brühler Heimatbuch, Gummersbach 1980. (Schriftenreihe Brühler Geschichten Bd. 3)

STEINBERG, Hans-Josef: Die deutsche Sozialdemokratie nach dem Fall des Sozialistengesetzes. Ideologie und Taktik der sozialistischen Massenpartei im Wilhelminischen Reich, in: Sozialdemokratie zwischen Klassenbewegung, S. 52–61.

STEINBERG, Hans-Josef: Sozialismus und deutsche Sozialdemokratie. Zur Ideologie der Partei vor dem 1. Weltkrieg, 5. Auflage, Bonn-Bad Godesberg 1979.

VARAIN, Heinz-Josef: Freie Gewerkschaften, Sozialdemokratie und Staat. Die Politik der Generalkommission unter der Führung Carl Legiens (1890–1920), Düsseldorf 1956. (Beiträge zur Geschichte des Parlamentarismus und der politischen Parteien 9)

Vom Sozialistengesetz zur Mitbestimmung. Zum 100. Geburtstag von Hans Böckler, hrsg. von Heinz Oskar Vetter, Köln 1975.

VOSSKE, Heinz: Friedrich Ebert. Ein Lebensbild, Berlin (Ost) 1987.

VOSSKE, Heinz; Nitzsche, Gerhard: Wilhelm Pieck. Biographischer Abriß, Berlin (Ost) 1975.

WACHENHEIM, Hedwig: Die deutsche Arbeiterbewegung 1844 bis 1914, Köln, Opladen 1967.

Wie wir den Weg zum Sozialismus fanden. Erinnerungen badischer Sozialdemokraten, hrsg. und bearbeitet von Jörg Schadt, Stuttgart, Berlin, Köln, Mainz 1981. (Veröffentlichungen des Stadtarchivs Mannheim 8)

WIENAND, Peter: Revoluzzer und Revisionisten. Die „Jungen" in der Sozialdemokratie vor der Jahrhundertwende, in: Politische Vierteljahresschrift 17 (1976), S. 208–241.

WITT, Peter-Christian: Reichsfinanzen und Rüstungspolitik 1898–1914, in: Marine und Marinepolitik im kaiserlichen Deutschland, S. 146–177.

Bildnachweis

(Auswahl Walter Mühlhausen/Ronald A. Münch)

Dokumente

S. 24: Generallandesarchiv Karlsruhe
S. 28: Friedrich Ebert, Kämpfe und Ziele, Dresden o. J.
S. 30: Hans Reiß, Heidelberg
S. 37: Katholisches Kirchenbuchamt Heidelberg
Stadtarchiv Heidelberg
S. 48: Historische Kommission zu Berlin
S. 50: Hessisches Staatsarchiv Marburg
Stadtarchiv Kassel
S. 55: Stadtmuseum Quakenbrück
S. 59: Staatsarchiv Bremen
S. 64: Staatsarchiv Bremen
S. 75: Staatsarchiv Bremen
S. 94: Staatsarchiv Bremen
S. 101: Staatsarchiv Bremen
S. 110: Reichspräsident-Friedrich-Ebert-Gedenkstätte, Heidelberg
S. 117: Staatsarchiv Bremen
S. 122: Archiv der sozialen Demokratie in der Friedrich-Ebert-Stiftung, Bonn
S. 125: Bundesarchiv Koblenz

Fotos im Mittelteil

Internationales Institut für Sozialgeschichte, Amsterdam: 12, 13, 16; Deutsches Historisches Museum, Berlin: 3, 14; Institut für Geschichte der Arbeiterbewegung, Berlin: 9, 10, 17; Archiv der sozialen Demokratie in der Friedrich-Ebert-Stiftung, Bonn: 8; Bremer Landesmuseum/Focke Museum, Bremen: 11; Staatsarchiv Bremen: 15; Irmgard Throm, Heidelberg: 2; Conrad Scherz (L. Day), Wesel: 7; Reichspräsident-Friedrich-Ebert-Gedenkstätte, Heidelberg: 1, 5, 6; aus »Friedrich Ebert und seine Zeit«, Charlottenburg o. J.: 4.

Personenregister

(Kursive Seitenzahlen verweisen auf die Anmerkungen der jeweiligen Seite)